文 庫

33-146-3

偶 然 性 の 問 題

九 鬼 周 造 著

岩 波 書 店

凡例

一、本書は九鬼周造著『偶然性の問題』(岩波書店、一九三五年刊)を文庫化したものである。今回の文庫化にあたっては、右記初版の手沢本を底本として成った『九鬼周造全集 第二巻』所収のテクストに拠った。

一、本文においては、旧字体は新字体に、旧仮名づかいは現代仮名づかいにあらためた。ただし、引用文が文語文である場合は、旧仮名づかいのままとした。

一、漢字で表記された代名詞、副詞、接続詞などのうち、使用頻度の高いものを一定の枠内で平仮名にあらためた。また、読みやすさを考慮して、送り仮名を補った場合がある。

一、底本にある振り仮名を再現するとともに、読みにくい語や読み誤りやすい語には新たに振り仮名を付した。

一、圏点。は傍点、にあらためた。

一、本文の＊1、＊2……は、著者自身による手沢本への書込みの箇所を示す。

一、本文の(1)(2)……の箇所に適宜注解を付し、巻末にまとめて掲載した。
一、本文の〔　〕内は、本文庫版での注解・解説者による補足である。
一、注解・解説における引用文についても、本文中におけるものと同様に表記を整理した。

目　次

偶然性の問題

序

偶然性という題目で私は昭和四年大谷大学秋期公開講演会で私見を述べた。昭和五年度の京都帝国大学の講義にも同じ題目を選んだ。それゆえ私はこの問題にはかなり前から関心を有《も》っていたのであるが、思索をこの一点に集注することは事情が許さなかった。しかしこの問題は実存の中核に触れている問題であって、いつかは何らかの究竟《くきょう》的な形を取らなければ、私を休息させないものである。ひとまずこの位の形で公けにしておこうと思う。

なお私はこの書の成立に同情と教示とを与えられた先輩知友わけても朝永三十郎、田辺元の両博士に深い感謝の意を表しておきたい。

昭和十年八月

著　者

序説

一　偶然性と形而上学

偶然性とは必然性の否定である。(1)必然とは必ず然《し》か有ることを意味している。すなわち、存在が何らかの意味で自己のうちに根拠を有《も》っていることである。偶然とは偶々然《たまたま》か有るの意で、存在が自己のうちに十分の根拠を有っていないことである。すなわち、否定を含んだ存在、無いことのできる存在である。換言すれば、偶然性とは存在にあって非存在との不離の内的関係が目撃されているときに成立するものである。有と無との接触面に介在する極限的存在である。有が無に根ざしている状態、無が有を侵している形象である。

偶然性にあって、存在は無に直面している。しかるに、存在を超えて無に行くことが、形を越えて形而上のものに行くことが、形而上学の核心的意味である。形而上学は「真の存在《オントス・オン》」を問題としているに相違ない。しかし「真の存在」は「非存在《メ(ー)・オン》」との関係においてのみ原本的に問題を形成するのである。(2) 形而上学の問題とする存在は、非存在すなわち無に包まれた存在である。そうして形而上学すなわち勝義における哲学と他の学問との相違もまさにこの点に存している。他の学問は存在もしくは有の断片を、与えられた存在および有の断片として問題とするだけで、無については、また有と無との関係については、何ものをも知ろうとしない。(3)

偶然性の問題は、無に対する問《とい》と離すことができないという意味で、厳密に形而上学の問題である。また従って、形而上学としての哲学以外の学問は偶然性ということを本来の意味において問題としない。数学に所属する確率論(4)が偶然性を自己の問題としていると考えられるかもしれない。確率論は偶然の場合を取扱っているに相違ない。しかし確率論の意図は偶然を偶然として偶然性において摑もうとするのではない。偶然性の意味それ自身をそれ自身において闡明《せんめい》しようとするのではない。確率論の関心は、一事象の生起および不生起のすべての可能的な場合と、その事象の生起する偶然的な場合との間に存する数量的関係ということに尽きている。しかも理論上の数量的関係は、経験上には観測の回数を無限に大にした場合に初めて妥当性をもち得るのであるから、確率論は偶然的事象の生起する数量的関係の理念的恒常性を巨視的に規定しようとするにすぎない。微視的なる細目に存する偶然的可変性は少しも触れられない。しかも偶然の偶然たるゆえんはまさに細目の動きに存している。要するに、確率論とは偶然そのものの考究ではない。「偶然」の「計算」とさえもいえない。偶然そのものは計算はできない。確率論が一定の視角において偶然性へ斜視を投げることによってその構造を或る度まで目撃させることは否むことはできないが、偶然性の全貌に関して何らの把握を許すものではない。量子力学的理論[5]が偶然性を問題とすると考える者があるかもしれない。しかし量子力学の理論は量子力学的現象として位置と速度との両条件を同時に決定し得ないことを断定し、従って或る度の偶然性の支配を許容するだけのことである。そのいわゆる不確定性原理[5]は偶然性を単に原理として承認しているにすぎない。量子力学的偶然は量子力学そのものにとってあくまでも「不可知な次元」に属するものである。自己の原理に関する反省を存在の全面にわたって原理的になすことを、量子力学的理論に求めることはできない。偶然性は科学の原理的与件となることはできても、まさにその偶然性そのものによって、科学には対象として取り扱えないという根源的性格を有ったものである。偶然を偶然としてその本来の面目において問題となし得るものは形而上学としての哲学を措《お》いてほかにはない。

　しかしながら、またすべての学問は、事物の必然的ないし蓋然的関係を究明しようとする理由そのものによって、原理的には偶然性の問題と離れることができない。すべての学問は、自己の労作に関して原理的反省をする場合には必ず、ただしその時に初めて、偶然性の問題に本来の面目において当面するのである。それはほかでもない。一切の学問はその根柢において形而上学に連《つらな》っている(6)からである。要するに、偶然性の問題は、無に関するものである限り、すなわち無の地平において十全に把握されるものである限り、厳密に形而上学の問題である。もとより、この問題は完全に解決し得られる問題であるか否か、それはおのずからまた別問題である。ただ我々は偶然性ということを哲学の問題としてあくまでも追求してみなければならない。シェストフ(7)の言葉を借りていえば、我々は「この世界の中に何らか統計学と「必然性」以外のものを発見しようという希望を棄てることを欲しない人たち」に属する(L. Chestov, La Philosophie de la Tragédie, Paris, 1926, Préface, p. XV)のである。そうして偶然性の存在論的構造と形而上的理由とをでき得る限り開明に齎《もたら》すことを願うものである。

二　必然性の本質とその三様態

偶然性が必然性の否定である限り、偶然性の意味を把握するためには、まず必然性の意味を闡明することから出発しなければならない。しからば必然性とは何ぞというに、既にいったように、必ず然《し》か有ること、すなわち反対の不可能なることを意味している。

反対が不可能なりとは、自己のうちに存在の理由を有し、与えられた自己が与えられたままの自己を保持することである。そうして、自己があくまでも自己を保持する場合には、自己保存または自己同一の形を取ってくる。すなわち必然性の概念は同一性を予想している。従って「甲は甲である」という同一律の形式が最も厳密なる必然性を表わしている。必然とは、畢竟《ひっきょう》、同一という性質上の規定を様相の見地から言表したものにほかならない。トレンデレンブルクもいっている。「必然的なものは、その概念上、不変のものであって、従って既にアリストテレスでは ἀίδιον(永遠)と呼ばれ、スピノザでは aeternum(永遠)と呼ばれているが、必然的なものの中には同一的なものが現われている。すべての必然的なものは自己同一であって、かかるものとして自己を固守するものである」(Trendelenburg, Logische Untersuchungen, II, 3. Aufl., S. 210)。「同一性の後には必然性が背中合せに立っている」(ibid., S. 175)。ヘーゲルも「必然性とはそれ自身においては、一つの自己同一的な、ただし内容の充実した本質である」といい、また「必然的なものはそれ自身の中で絶対的関係である。すなわち、関係が自身をもまた絶対的同一性へ止揚するところの、展開された過程である」(Hegel, Encyklopädie, hrsg. v. Bolland, 1906, §§ 149, 150)といっている。

同一、従って必然という規定は㈠概念性、㈡理由性、㈢全体性において認められる。

すなわち㈠概念と徴表との関係、㈡理由と帰結との関係、㈢全体と部分との関係に関して把握されるものである。ロッツェは甲と乙との相互間の関係にあって必然的認識へ導く形式が三つあるとしている。㈠普遍的判断(三〇頁参照)を造って、類概念甲の中にそれ自身既に思惟されているような乙を求める。そうすれば、この乙は必然的に甲の各々の種に帰属する。㈡仮説的判断を造って、xという条件が甲に加わることによって、この条件なしには存在しないであろうところの乙が、その甲に生ずることを示す。そうすれば、同様の条件が同様の仕方で作用を及ぼすところの各々の甲に関して、この乙は必然的に妥当する。㈢離接的判断を造って、或る問題を厳密な「一か他か」へ還元するならば、それと同時に事態を確実に握るようになる。そうすればもはや一つの経験を要するだけで、各々の個々の場合において、乙か丙か二つの述語のうちのいずれが甲に関して必然性を有って措定されるかを決定することができる。必然的認識へ到達する道は以上の三種に限られたもので、他の道というものは無い(Lotze, Logik, hrsg. v. Misch, Leipzig, 1912, S. 65)。ヘーゲルも必然性を具現する絶対的関係として㈠実体性と属性との関係、㈡因果性の関係、㈢交互作用の関係の三つを挙げている。そうして実体が必然性の概念を充実するためには実体が原因として、属性が結果として把握されなければならぬ、すなわち実体属性の関係が因果関係へ移り行かなければならぬとしている。また、因果系列が真に無限であるためには因果系列は直線の形を取らずに円形を取らねばならぬ、すなわち因果性は交互作用にならねばならぬといって、三種の必然性の内的関聯を説いている(Hegel, Encyklopädie, hrsg. v. Bolland, 1906, §§ 150-156)。

我々は必然性のこの三つの様態を㈠定言的必然、㈡仮説的必然、㈢離接的必然と名付けておこう。いったい、判断の関係上の区別は、定言的、仮言的、選言的の語をもって表わされることがむしろ普通であるが、我々は特に、定言的、仮説的、離接的の語を用いようと思う。

三　偶然性の三様態

偶然性は必然性に対立した意味であるから、必然性の三様態に対して偶然性の三様態が存するはずである。㈠定言的偶然、㈡仮説的偶然、㈢離接的偶然の三つ(8)がなければならない。偶然性をかように三つの様態に区別することによって初めて偶然性の意味が雑多と統一とにおいて明《あき》らかになると思う。偶然に関する理論が常に明晰を欠くのは、問題そのものの困難にもよっているのはもちろんであるが、問題提出の出発点において、偶然性の様態の区分がなんら原理に基いて明晰に行われず、その統一的把握が主題として明かに意識されないことに基くところが多いと思う。

事実としてこの三様態の区分に相当するものはアリストテレスに見ることができる。[9]後に詳論するところであるが、アリストテレスのいう「シュムベベコス」(συμβεβηκός, accidens)は定言的偶然に当り、「アウトマトン」(αὐτόματον, casus)と「テュケ」(τύχη, fortuna)とは仮説的偶然に当り、「エンデコメノン」(ἐνδεχόμενον, contingens)は離接的偶然に当っている。なおミローは「アリストテレスおよびクールノーにおける偶然」という論文のなかでアリストテレスの偶然論とクールノーの偶然論にあって共通なる偶然の三方面を指摘している。第一は「遭遇」(rencontre)である。第二は「稀有」(rareté)である。第三は「一つの可能」(un possible)である(Gaston Milhaud, Études sur la Pensée Scientifique, 1906, pp. 137–158; Revue de Métaphysique et de Morale, 1902, pp. 667–681)。しかるに「遭遇」とは一つの理由系列と他の理由系列との遭遇を意味しているから、仮説的偶然にほかならない。また「稀有」とは稀れにしか所属せぬ意味であるから、概念と徴表との間に存する定言的偶然でなければならない。また「一つの可能」とは同等に可能なる幾つかの離接肢の中における一つの可能を意味しているから、離接的偶然にほかならない。リッケルトも偶然の三つの意味を挙げている。㈠法則的でないもの、㈡原因を有《も》たぬもの、㈢本質的でないものがそれである(H. Rickert, Die Grenzen der naturwissenschaftlichen Begriffsbildung, 3. Aufl., 1921, S. 286–287)。法則的でないものの例としては、地球でなくて土星が環を有っていること、フレデリック大王がロイテンの戦闘に勝利を占めたこと等を挙げているから、法則の普遍的包摂性に対して離接的偶然の離接的孤在性を指しているのである。原因を有たぬものとは、因果性の外にあるものとして仮説的偶然である。本質的でないものとは、概念の本質に所属せざるものとして定言的偶然である。偶然性を定言的、仮説的、離接的の三つに分けることが事態に即したものであることは、これらの範例に照してもほぼ明かであると信ずる。[10]

なお後に示すように、定言的偶然は論理学上の概念的見地に終始し、仮説的偶然は経験界における因果性に関して顕著に現われ、離接的偶然は形而上的の絶対者に対して特に浮き出てくるものであるから、優勢的命名法によって三者を論理的偶然、経験的偶然、形而上的偶然と呼ぶのも一つの仕方である。しかし偶然性はその根源において論理学的様相性に所属するものであるから、この種の優勢的命名法は厳密にいえば不適切であることを免れない。以下、偶然性の問題を、定言的偶然、仮説的偶然、離接的偶然の三項に分けて考察しよう。[11]

第一章　定言的偶然

一　概念と定言的偶然

概念の構造は個々の諸表象に何らか共通な普遍的同一性を目撃することに基いている。そうして概念の構成的内容は同一性として抽象された本質的徴表の全体であり、その可能的内容は捨象によって同一性の圏外に置かれた非本質的徴表に通路を与えることによって成立する。本質的徴表の特色は、それを否定する場合に概念そのものも否定されるということに存する。概念の構成的内容と、本質的徴表の全体とが同一のものであるからである。また、本質的徴表と概念との関係は、かような同一性によって規定せられている限り、必然的である。それに反して、非本質的徴表と概念との関係は、通路が与えられるか否かということに依属するものとしてそれ自身の同一性を欠くために、偶然的である。本質的徴表は必然的徴表と呼ばれ、非本質的徴表は偶然的徴表と呼ばれる。定言的偶然とは偶然的徴表の偶然性にほかならない。

例えば、三角形という概念にとって、三つの線に囲まれた面の一部ということは、必然的徴表である。それはすなわち三角形という概念の構成的内容をなすもので、この性質を否定するとともに三角形の概念も解消されるのである。三角形という概念と三つの線に囲まれた面の一部ということとは同一性によって結ばれているがゆえに、両者の関係を必然的というのである。それに反して角が直角であるとか、鈍角であるとか、鋭角であるとかいうようなことは単に三角形の可能的内容をなすだけのものである。すなわちそれらの徴表は三角形の概念にとっては偶然的徴表である。三角形の概念は単にこれらの徴表に通路を与えることによってのみこれらの徴表と関係付けられるものであって、両者間にはそれ自身の同一性を欠いているゆえに、両者の関係を偶然的というのである。内角の和が二直角に等しいというようなことも、三角形の概念と同一性を有《も》っていない限り、三角形にとっては偶然的なものである。非ユークリッド幾何学が三角形の内角の和を二直角よりも小さいとか大きいとか考え得る[1]のもそのためである。

概念に実在性を付与したものが実体である。実体とは同一律によって時間内に自己を不変的に保持するものである。カントの言葉を借りていえば「基体の同一性」(カント『純粋理性批判』B. 229)ということが実体の意味である。ヘーゲルも実体の「絶対的同一性」(Hegel, Encyklopädie, hrsg. v. Bolland, 1906, § 150, S. 202)について述べている。実体に対して属性が考えられる。属性とは実体のもろもろの規定で、一つの実体の存在様態を意味する。すなわち実体と属性との関係は、概念と徴表との関係に対応している。従って本質的属性と非本質的属性または偶然的属性とが考えられる。概念を実在化して、実体の意味を明確に言表した顕著な例はいうまでもなくプラトンのイデアである(2)。イデアは概念として、多数の個物に対して「共通者」(τὸ κοινόν)、従って「一者」(μονάς)である。しかもそれ自身に独立した世界を形成する「真の存在」である。個物は一方にはイデアに分預するものであるが、また他方には空間と解された「非存在」に根ざしている。そうして偶然性とは、イデアへの分預が非存在によって不完全にされることを、すなわち原型と模写との間に存する隔りを意味している。アリストテレスはこの種の偶然性を「シュムベベコス」(συμβεβηκός, accidens)と呼んだ。シュムベベコスとは「或るものに所属し、また真に言明され得るものであるが、しかし必然に(ἐξ ἀνάγκης)でもなく、多くの場合に(ὡς ἐπὶ τὸ πολύ)でもない」(Aristoteles, Metaphysica, Δ. 30, 1025^{a}〔15–21〕)。かくしてアリストテレスは「それ自身による」(καθ' αὑτό, per se)と「偶然による」(κατὰ συμβεβηκός, per accidens)との区別を明瞭にした。「それ自身による」のは「本質」または「本質に属するすべてのもの」または「直接に自身のうちに、もしくは自己の一部分のうちにものを受け入れたとき」である(ibid., Δ. 18, 1022^{a}〔29–30〕)。例えば「人間はそれ自身によって生きている。なぜならば生が直接に宿っているところの精神は人間の一部であるからである」(ibid.)。すなわち「彼が生物であることは偶然によってではない」(ibid., E. 2, 1026^{b}〔37〕)。しかしながら「或る人間が白色であることは偶然である。なぜならば、常に(ἀεί)でもなく、多くの場合にでもないからである」(ibid.)。そうして「物質(ὕλη)が偶然の原因である」[3](ibid., E. 2, 1027^{a}〔13–15〕)。従って「偶然とは非存在に近いもの(ἐγγύς τι τοῦ μὴ ὄντος)である」(ibid., E. 2, 1026^{b}〔21〕)。なおアリストテレスは、内角の和が二直角に等しいということは、三角形にとって、また少し違った意味で、偶然であるといっている。そういう種類の偶然は、たまたま「永遠」(ἀίδιον)であることができて、その対象に「それ自身によって所属するが、しかし、その本質の中に(ἐν τῇ οὐσίᾳ)あるのではない」(ibid., Δ. 30, 1025^{a}〔31〕)。この種の「それ自身による偶然」(καθ᾽ αὑτὸ συμβεβηκός)(ibid., B. 1, 995^{b}〔25–26〕)という概念[4]はいわば矛盾を含んだものであるが、フッサールのいう「偶然的アプリオリ」[5](kontingentes Apriori)(Husserl, Formale und transzendentale Logik, Jahrbuch für Philosophie und phänomenologische Forschung, Bd. X, S. 25–26)などとも或る意味で比較し得るものである。

要するに、定言的偶然とは、概念に対して、偶然的徴表の偶然性をいうのである。

二　綜合的判断の偶然性

概念を判断の要素と見る場合、判断は展開された概念ということになる。従って概念に基く偶然性が判断にも何らかの形を取って現われてこなければならない。或る概念を判断の主語とするとき、述語の位置を占める徴表が概念の偶然的徴表である場合に、主語と述語との関聯において偶然性が見られるのである。そうして、主語と述語との結合が判断であるから、両者の関聯に偶然性が存することは、判断そのものが偶然性の性格を有っていることにほかならない。分析的判断と綜合的判断との区別を立てた場合、分析的判断とは、主語概念の同一性内における分析を基礎とするから、判断の述語は概念の必然的徴表でなければならない。それに反して綜合的判断とは主語概念と可能的内容との綜合を本質とするから、述語の位置に、概念の偶然的徴表が来るわけである。従って、綜合的判断は偶然性の性格を有ったものである。

カントは『純粋理性批判』のうちで「分析的判断(肯定的)は述語と主語との結合が同一性によって思惟せられるものである」(B. 10)といい、また『論理学』のうちでも「分析的命題とはその確実性が概念の(述語と主語の観念との)同一性に基く命題をいう」(Kant, Logik, hrsg. v. Jäsche, 3. Aufl., § 36)といっている。すなわち、分析的判断とは、同一性において把握せられた概念の、同一性内における分析にほかならない。「すべての物体は延長している」ということは、物体なる概念をa×bとすれば、その概念のうちには延長bが含まれていることを主張しているのである。そうして、同一性が基礎をなす限り、我々はこの種の「判断の必然性を意識することができる」(『純粋理性批判』B. 12)のである。分析的判断の特徴の極限に達したものは「物体は物体である」というような同一判断であって、「甲は甲である」という同一律に伴う必然性をそのままに有している。それに反して、綜合的判断とは述語と主語との結合が「同一性なくして思惟せられるもの」(B. 10)である。「すべての物体は重い」ということは、物体なる概念a×bに引力cも結合していることを主張するのである。そうしてcなる述語は概念a×bとは何らか別のものである限り、重さと物体との結合は「単に偶然的」(B. 12)である。いったい、綜合(σύνθεσις)とは自己同一を脱して、偶然にも他のものと合って(σύν)存立していることを意味している。

もとより、一つの特殊な知覚判断についていえば、知覚する主観に与えられた知覚の具体的内容が分析せられて判断が生ずるのであるから、「この人間は黄色である」というような判断も分析的判断といわるべきで、従って「この人間」と「黄色」との結合は必然的である。我々は、主語を一般概念とみなす仮定の下に、分析的判断と綜合的判断との区別を許容した上で、前者は必然性を、後者は経験的綜合的判断を意味する限り偶然性を備えていることを指摘しようとするにすぎない。すなわち「若干の人間は黄色である」という経験的綜合的判断において、「人間」という概念と「黄色」という述語との結合は全く偶然的である。換言すれば、人間という概念の構成に当って、皮膚の色の黄という徴表は偶然的徴表として捨象されたものである。人間という概念的同一性の外に置かれたものである。綜合的判断が概念としての人間と黄色とを経験的に綜合する場合に、人間と黄色との結合が偶然的であるのはもちろんである。

三　特称判断の偶然性

判断の主語と述語とが概念同一性を基礎として必然的結合を示している場合には、判断は全称判断の形を取ることができる。それに反して、偶然的結合より存しない場合には、判断は特称判断の形を取るべきである。特称判断は定言的偶然性に基いて判断そのものにおける偶然性を示しているのである。例えば「すべての物体は重い」というときには、厳密にいえば、重さが物体なる概念の必然的徴表であること、すなわち重さと物体との間に必然的関係の存することが予想されているべきである。この必然性が否定された場合には、特称判断によって「若干の物体は重い」が「若干の物体は重くない」といわれる。そうして重さが物体なる概念の偶然的徴表にすぎないことが表明される。また、重さが物体の偶然的徴表にすぎない以上は、仮りに「すべての物体は重い」といっても、その場合の普遍性は厳密なる普遍性ではなくて「単に比較的」(Kant, Welches sind die wirklichen Fortschritte, die die Metaphysik etc., Beilagen I, Abschnitt I)のものである。カントは『純粋理性批判』では「すべての物体は重い」という全称判断を用いていたが、『プロレゴメナ』においては、偶然性をいっそう適確に言表するために、特称判断に改めて「若干の物体は重い」(Prolegomena, § 2, a)といっている。

ロッツェによれば、全称判断(das universale Urteil)は一般的事実を主張するだけで、従って単に言明的(一七四頁参照)である。「すべての人間は死ぬものである」(alle Menschen sind sterblich)といっても、事実上遂には生きていないというだけで、死ぬことの必然性は根拠づけられていない。それに反して普遍的判断(das generelle Urteil)は必然的妥当の根拠をも見せているもので従って確証的(一七四頁参照)といえる。「人間とは死ぬものである」(der Mensch ist sterblich)というときに、人間の性格のなかに、この性格に与《あずか》るものは誰れでも死を避け得ないことが含まれていることが主張されている。要するに全称判断は必然性を表わすことはできぬ。必然性を表わすためには普遍的判断を選ばなければならぬ(Lotze, Logik, hrsg. v. Misch, 1912, S. 93)というのである。しかしながらベンノー・エルドマンも論じているように、なるほど全称判断では主語が外延から考えられ、普遍的判断では内包から考えられているから、この二種の判断を区別する必要はあるが、ロッツェは両者の区別をあまりに誇張している。全称判断は単に一般的事実を主張するに止《とど》まるとはいえない。事実はすべての人間は今まで死んだというだけのことである。すべての人間は一般に死ぬものだというのは既に単なる事実の主張より以上のものである(Benno Erdmann, Logik, 3. Aufl. S. 456)。それゆえに、我々は必然性は全称判断によって表わされ、偶然性は特称判断によって表わされると考えても差支えないのである。

特称判断の偶然性は記号的論理学の記号によって象徴的に表現されている。クーテュラー(6)の記号法に従えば(L. Couturat, L'Algèbre de la Logique, 2e éd.)、全称肯定はaとbとの包摂関係を＜の記号で端的に表わす。

$$a < b$$

全称否定の「すべてのaはbでない」というのは「すべてのaはnon-bである」ことを意味している。すなわち全称否定は否定的述語を有った全称肯定と同じである。名辞の否定は記号′で表わされるから、全称否定は左のように書かれる。

$$a < b'$$

特称判断についていえば、特称判断は全称判断の否定である。そうして、判断全体を否定するためには、繋辞$<$を否定すればよい。繋辞の否定は縦に棒を引いて消すことを表わす。すなわち記号$\not<$を用いる。さて、特称肯定は全称否定の否定であるから左のように表わす。

$$a \not< b'$$

特称否定は全称肯定の否定であるから左のように表わす。

$$a \not< b$$

なおaとbとの包摂関係の基礎は何にあるかというに、一方に$a \times b$すなわちabと、他方にaとの間に存する同一性の関係である。それゆえに全称肯定は左のように表わすこともできる。

$$a = ab$$

全称否定におけるaとbとの非包摂性は、aとb'との包摂性と考えることができる。従って一方に$a \times b'$すなわちab'と、他方にaとの間に存する同一性と見ることができる。全称否定は左のように表わす。

$$a = ab'$$

特称判断は全称判断の否定であるから、特称肯定と特称否定とは左のように表わすことができる。

$$a \neq ab'$$

$$a \neq ab$$

この両者はそれぞれ、ab'とaとの同一性、abとaとの同一性を否定しているのである。同一性の様相は必然性であるから、同一性の否定は偶然性である。特称判断の基礎をなす定言的偶然性は、同一性としての必然性を表わす記号＝の否定として≠の形で、最も明瞭に記号化されているのである。

なお特称判断と定言的偶然との関係は、推理と特称判断との関係を考えることによってますます明かになる。直接推理のうちに「偶然による換位」(conversio per accidens)というのがある。「すべての甲は乙である」という場合には、「若干の乙は甲である」ということができる。この換位法が「偶然による」といわれるのは、甲と乙との間に偶然性が介在しているからである。「すべての甲は乙である」と全称判断が用いられる以上は甲と乙との間に何らかの同一関係としての必然関係がなければならない。しかしその必然関係は$a \wedge b$すなわち$a=ab$の必然関係である。$a=b$という絶対的同一関係、絶対的必然関係がない以上は$b \wedge a$すなわち$b=ba$の関係は成立しないのである。「すべての乙は甲である」とはいえないのである。特称判断として「若干の乙は甲である」とだけしかいえないのである。そのゆえは$b \not\subset a$、または$b \neq ba$、の記号が表わしているように、甲と乙との間に偶然性の介在の余地が残っているからである。例えば「すべての黄色人種は人間である」ということができる。それに対して「すべての人間は黄色人種である」とはいえない。「若干の人間は黄色人種である」ということができるだけである。全称判断を特称判断に改めて「若干の人間は黄色人種である」というより道がないのである。この定言的偶然性が潜んでいる限り、「偶然による」換位として特称判断を用いるより道がないのである。

また間接推理にあって、結論として新たに特称判断を齎《もたら》すものは三段論法の第三格である。(7)

(Darapti)　すべてのエチオピア人は黒色である。
すべてのエチオピア人は人間である。
ゆえに、若干の人間は黒色である。

(Felapton)　すべてのエチオピア人は白色でない。
すべてのエチオピア人は人間である。
ゆえに、若干の人間は白色でない。

この場合、結論の特称判断は、人間という一般概念に対して皮膚の黒色(白色でない)ということが偶然的徴表にすぎず、たまたまエチオピア人において、黒色(白色でない)という徴表が、人間という概念の可能的内容をなすことを示しているのである。要するに、定言的偶然性は特称判断によって論理的言表を索《もと》めなければならないのである。換言すれば、特称判断の有つ偶然性は偶然的徴表の定言的偶然性に基いているものである。

四　孤立的事実としての偶然

以上において定言的偶然性が、偶然的徴表の偶然性として、綜合判断および特称判断の偶然性の基礎をなすことを述べた。ここにさらに偶然的徴表の意味を考察して、偶然を孤立的事実として規定することができる。偶然的徴表が非本質的のものとして概念の同一性の圏外へ置かれるゆえんは、その孤立性に基くのである。かくして偶然性は一般に体系に対する孤立的事実を意味し、従ってまた個物を意味することともなる。

コーヘンは偶然性に関して「事実は、たとえその現実性が証明されようとも、或る一般的な、というよりはむしろ最も一般的な関聯にまだ嵌《は》め込まれない間は偶然的とみなされなくてはならない」(Cohen, Logik der reinen Erkenntnis, 3. Aufl., S. 580)といっている。

例えば、数学的自然科学の有する物体という一般概念にとっては有機体は孤立的事実にほかならない。「数学的自然科学は、機械的なものに制限されているから、有機的なものを有機的なものとして、規定することもできなければ記述することすらもできない。それゆえに偶然的なものとは有機体を表わしている。有機的自然形態は機械的なものに対して、単に相対的にだけでなく概念的にも、偶然的である」(Cohen, Kants Theorie der Erfahrung, 3. Aufl., S. 708)。ヴィンデルバントも偶然を「孤立した事実」(das vereinzelte Factum)とみなしている(Windelband, Die Lehren vom Zufall, S. 28)。次の例にこの種の偶然性の意味がよくあらわれている。「美術品蒐集の歴史的発展から見ても芸術科学的の興味は極めて二次的のものであって、芸術的の興味や文化史的の興味が主であった。装飾欲や好奇心や宗教心などが主となっていた時代は別として一番最初に主として蒐集されたのは古代美術の遺品であった。漸《ようや》く文芸復興期に至って各代の作品が蒐集されるようになった。その結果各代の遺品を系統的に整理する必要を感じて遂に美術史的の研究が起ってきた。しかし古来の名高い蒐集はその成立ちの歴史が非常に個人的偶然的であるために美術史的の興味によって整理拡張されていくというようなことは少かった。そういうことはただ新たに成立した蒐集に限られていた。現在の各国の国立美術館は中央集権の結果多数の名高い蒐集が一ケ所に合せられてその基本になってそれから次第に系統的に発展してきたものなのである」(児島喜久雄「国立美術館の問題」『大阪朝日新聞』昭和六年三月十八日所載)。この場合の一般概念は「芸術科学」もしくは「美術史的体系」という形をとっている。

なおいわゆる「偶発性犯罪」の観念のごときものも、一定の人格に関する一般概念に対して、或る種の犯罪を孤立した事実の位置に置こうとするのである。次の例もほぼ同様の場合である。「子華之門徒皆世族也、縞衣乗軒緩歩闊視、顧二見商丘開年老力弱、面目黎黒衣冠不レ検、莫レ不レ眲レ之、既而狎侮欺詒、攩㧙挨抌亡レ所レ不レ為、商丘開常無二慍容一、而諸客之技単、憊二於戯笑一、遂与二商丘開一倶乗二高台一、於二衆中一漫言曰、有二能自投下者一賞二百金一、衆皆競応、商丘開以為二信然一、遂先投下、形若三飛鳥揚二於地一、骪骨無レ碼、范氏之党以為二偶然一、未二詎怪一也、因復指二河曲之淫隈一曰、彼中有二宝珠一、泳可レ得也、商丘開復従而泳之、既出、果得レ珠焉、衆昉同疑、子華昉令レ予二肉食衣帛之次一、俄而范氏之蔵大火、子華曰、若能入レ火取レ錦者、従二所レ得多少一賞レ若、商丘開往無二難色一、入レ火往還、埃不レ漫、身不レ焦、范氏之党以為二有道一、乃共謝レ之曰、吾不レ知二子有道一、而誕レ子、吾不レ知二子之神人一辱レ子、子其愚レ我也、子其聾レ我也、子其盲レ我也、敢問二其道一」(『列子』「黄帝」[8])。范氏子華の客たちは商丘開の人物に関して、軽侮すべき人間という一般概念を造っていたのである。それゆえにその概念に包摂され得ない一つの孤立的事実を偶然と考えたのである。類似の事実が商丘開の行為として幾度か繰り返されるに及んで、その偶然でないことを悟って、さきの一般概念を破棄したのである。そうしてその代りに有道者または神人の概念を同一性において構成したのである。

孤立的事実が個物または個体を意味するようにもなる。アリストテレスも「普遍的のもの(τὰ καθόλου)はそれ自身によって帰属するが、偶然的のものはそれ自身によるのではない。個々のもの(τὰ καθ' ἕκαστα)に関して単に語られるのである」(Aristoteles, Metaphysica, Δ. 9, 1017^{b}〔35〕)としている。フッサールも次のようにいっている。「各種の個体的存在は一般的にいって偶然的である。……しかしながら、事実性を意味するこの偶然性の意味は、必然性へ相関的に関係を有っている点においておのずから限定されている。その必然性とは、空間的時間的諸事実を整頓するところの一つの妥当的規則の単なる事実的存立をいうのではない。本質必然性の性格を有し、従って本質普遍性へ関係を有っているものである。……各々の偶然的のものの意味の中にはまさしく一つの本質を、従って純粋に把握さるべき一つの形相を有つということが含まれている。……例えば各々の音はそれ自身に、個々の音から看取すべき契機として純粋に理解された一つの本質を有っている。そうして最上位には音一般またはむしろ聴覚的のもの一般という普遍的本質を有っている」(Husserl, Ideen zu einer reinen Phänomenologie, S. 9)。なおフッサールによれば現象学的領域は超越論的還元と形相的還元とによって形成されるものであるから「現象学的領域[9]にあっては偶然は無い」(ibid., S. 288)のである。フッサールの現象学はイデア直観の本質学であるから、本来の課題より見て偶然を容れる余地はないのである。定言的偶然が個物または個体を意味することに基いて、偶然的属性がしばしば個体的属性と呼ばれる理由も明かになる。またシュライエルマッヘルが「本来的判断」(eigentliches Urteil)としての綜合的判断の適用範囲を個々の事実に限ろうとした訳もわかるのである(Schleiermacher, Dialektik, Ausg. v. Jonas, § 155, S. 88–89, 405 参照)。

五　例外的偶然

前節において、定言的偶然が孤立的事実もしくは個物、個体の意味を取ってくることを考察した。ここに一般概念が法則を意味し、偶然が例外を意味する場合を考えてみよう。いったい概念の構成的内容は普遍的規定を意味する限りその概念の下に包摂さるべき個々の表象に対して法則の価値を有っているものである。従って、構成的内容に反する可能的内容は可能的例外と見られる。

アリストテレスは夏の土用に寒い気候であることを偶然の例に挙げている(Aristoteles, Metaphysica, E. 2, 1026^b〔33–35〕)。我々はまた例えばクローバーという概念を有っている。

三葉ということは「多くの場合に」または「ほとんど常に」[10]クローバーに見出されるものであるから、我々は同一性においてそれを目撃して、本質的徴表としてクローバーの概念の構成的内容とするのである。厳密なる意味において必然的徴表と呼ぶことはできないが、同一性において捉えた限り「準必然的」のものとみなすのである。そうしてそれが法則の価値を有ってくる。個々のクローバーは三葉という準普遍性に現実的に依存している。三葉という規定は個々のクローバーに法則として妥当するのである。それに反して、四葉ということはクローバーの可能的内容をなし得るものであるが、概念との間に同一性を欠く限り、偶然的徴表にすぎないものであって、法則に対する可能的例外と見られるのである。なお一例を挙げれば、或る気象台技師の天気予報が九分九厘までは当るという大きい適中率を有っている場合、「当る」ということが構成的内容となってその技師の天気予報という一般概念を構成してくる。そうしてその「当る」ということが個々の場合に対して法則的価値を有ってくるから、「外れる」という可能的内容は法則に対する例外的偶然とみなされるのである。定言的偶然はかように例外的偶然の形を取る場合がある。

次の例に例外的偶然があらわれている。「自分は、自然の状態において、或る偶然の構造の偏向、例えば畸形のごときものが保存されることは稀な事実であるべきこと、及び最初に保存されても、それはそれに続く正常な個体との雑交によって、一般に失われるべきであることを見た」(ダーウィン、小泉丹訳『種の起原』上巻、二六六頁)。次の例では或る事実が例外的偶然でないといわれているのである。「労働争議は労働者が労働条件について不平を懐くというだけでは起るものではない、また起すべきものでもない。争えば勝ち得ると信ずる場合にはじめて起るのである。統計的に見て争議の最も多いのは、好景気がまさに不況時代に転ぜんとする場合と、不況時代を脱して活躍期に一歩を踏入れた場合とである。前の場合においては事業家はいち早く将来に不安を感じて労働条件を低下しようとするが、景気の微妙なる動きに鈍感な労働大衆は、ややもすれば実勢の観測を誤って、雇傭者の緊縮に反抗しようとする。後の場合においては、企業利潤は増加し、物価は騰貴し、生計費は昂騰しているのに労働収入はなかなか増加しないから、労働者は業を煮やして争議を構えようとする。事業家の方では景気の芽生えがどこまで伸び得るか不安であるから、容易に緊縮の手を緩めようとせぬ。大戦直後における労働争議の頻発は前の場合に当るものであって、最近アメリカや我国における争議の増加は後の場合の適例であろう。だから昨今の労働争議を偶然の出来事と思うて軽々に看過してはならぬ。むしろ労働争議時代を迎えつつあるものと覚悟して、その惨禍を未然に防ぐ用意をなすべきであろう」(『大阪朝日新聞』昭和九年九月十四日)。労働争議時代という一般概念と個々の労働争議の事実との関係についての考察であるが、目下は労働争議時代であるから、昨今の労働争議は例外的偶然ではないというのである。非労働争議時代に起る労働争議は例外的偶然である。

いったい、偶然的徴表としての定言的偶然は普遍的同一性の包摂機能に与《あずか》らないものである。そうして、その包摂機能は「常に」または「ほとんど常に」という図式をもって営まれるのであるから、その機能に捨象された定言的偶然は「常に」および「ほとんど常に」の否定として「或るときは」または「稀れに」という構造をもつのである。偶然が一般的法則に対する例外の意味を取ってくるのは特に「稀れに」の場合である。また偶然を表わす語が「稀れに」ということに根柢を有する場合があるのはそのためである。「わくらばに」という偶然を意味する古語があるが、わくら葉とは夏のころ紅葉のように色づいてうら枯れた木の葉で「稀れに」しか見ないものである。夏の葉は青いことを法則としている。しかるに稀れに色づいたものがある。青い夏の葉にとって、色づいているということは稀れに見る例外である。「たまたま」の語も偶然を意味するとともに「稀れに」の意味をも有している。元来「たまたま」は「たま」を反覆することによってその意味を強調しているものである。しかるに「たま」は「手間」の義であるという。そうしてこの「たま」は「まま」すなわち「間間」とほとんど同一の意味をもっている。従って核心的意味は「たま」と「まま」とに共通の「ま」に存するのでなければならぬ。「ま」とは何であるか。「ま」は「間」である。間隔である。空間的および時間的の間隔である。また間隔はやがて間隔を置いてより存在せぬものを意味する。従って「まれ」なものを意味する。「まれ」も実に「間有れ」の約である(『言海』参照)。「ま」は稀れにより存在せぬものであるから「ま」はまた偶然を意味する。「まに合う」とは偶然の機会に適合することである。「まがわるい」とは遭遇した偶然が適合性を欠いていることである。「こんなまになった」とはかような偶然の事態に成り行ったことを意味している。[*1] 要するに「ま」を基礎として「まま」も「たま」も「たまたま」も「まれ」もみな同一の語群をなしている。そうして「わくらばに」および「たまたま」が「稀れに」としての例外的偶然を意味しながら一般に偶然を意味する語となったという事実は、定言的偶然が特に例外的偶然にあって把握されやすいことを証している。

　形式論理学の虚偽論で「偶然の虚偽」(σόφισμα παρὰ τὸ συμβεβηκός, fallacia ex accidente)といわれるものも主として例外的偶然に関している。いわゆる「単純偶然の虚偽」は一般概念に関する立言を例外的偶然的内容にまで適用するものである。例えば、「夢は寝《い》目《め》の義で寝ながら見るもので視覚的内容が多い」ということから、「盲人の夢も視覚的内容が多い」と考えるような場合である。夢という一般概念に関する一般的立言を、盲人の夢という例外的偶然にも適用するところに虚偽が生ずるのである。盲人にとっては夢は見るものではなくて聞くものとして聴覚的内容が多いことは盲人の日記その他に照しても明かである。「倒逆偶然の虚偽」は例外的偶然に関する真理を直《ただち》に一般化するものである。例えば「モルヒネは医薬として価値がある」という事実から、「阿片の主成分はモルヒネであるから阿片は健康に利がある」と主張するような場合である。麻酔剤または鎮痛剤を必要とする病体という例外的偶然的事象と身体一般とを弁別しないために起る虚偽である。

以上、例外的偶然を考察したのであるが、要するに、一般概念に対する非本質的徴表が、例外としての偶然的徴表である場合に、非本質性、偶然性が特に浮出《うきで》てくるのである。

六　定言的偶然の存在理由

『那先比丘経《なせんびくきょう》』のうちで弥蘭《みらん》が那先《なせん》に次の問《とい》を発している。[11]「世間人頭面目身体四支皆完具、何故有㆓長命者㆒有㆓短命者㆒、有㆓多病少病者㆒、有㆓貧者富者㆒、有㆓長者㆒有㆓卑者㆒、有㆓端正者㆒有㆓醜悪者㆒、有㆓為㆑人所㆑信者為㆑人所㆑疑者㆒、有㆓明者㆒有㆓闇者㆒、何以故不㆑同」(巻上)。この問は人間の喜びと悩みとを蔵する哲学的な問であるが、畢竟、個物の偶然性、定言的偶然性に対する問にほかならない。個々の人間が、人間という一般概念に対する限り有つ偶然的規定に関する問である。那先はこれに答えて「譬若㆘衆樹木生㆑菓、有㆓酢者㆒有㆓苦者㆒、有㆓辛者㆒有㆗甜者㆖」といった。しかし、これは単に定言的偶然の他の一例を挙げたにすぎない[*2]。

定言的偶然の存在に対するこの種の疑問は、一般的には、個々の事実および個物の存在に対する疑問[12]を意味する。個物の存在に対する疑問は、何故に類や種のほかに個物が存在するかという問である。そうしてこの問は結局は存在そのものに対する問である。なぜならば、与えられた種はその内に個物を含まないならば、自己が個物となって、類に対して存在するであろう。その類はまた自己内の特殊を否定することによって、自己が個物となって、上位の類に対して存在することとなる。かくして、最高類に遡るのである。そうして、個物を否定して最高類の存在のみを考えるということは、一つの空虚と抽象とを考えることにほかならない。もとより、普遍者が個別化する際に一切の個別態が、普遍者の同一性に基いて、相互間に厳密なる相等性を有っているような場合も考えられないことはない。しかしその場合には個物とはフッサールのいうイデア的単体性(形相的単体性)のごときものとなってしまって真の個体性を有ったものとはいえないのである。現実の世界にあってはあくまでもライプニッツの「不可弁別即同一」の原理が支配しているもの[13]と考えなければならない。各々の単子は「形而上学的点」として、「数学的点」に位置を占めて、その独自の立脚地から宇宙を表現しているの[14]でなければならない。従って宇宙には完全に相同じな二つの事物はない。完全に相同じな二つの葉もなければ、完全に相同じな二つの雨滴もない。個物がイデア的単体性より以上に差別性を表わすことは現実の現実性の不可欠条件でなければならない。なおまた種とか類とかいうような一般概念がもともと個物を基礎として同一化的抽象の作用によって構成されたものである以上は、捨象によって同一性の圏外へ置かれた偶然的徴表が定言的偶然として逆に個物の存在を語るのは当然のことである。[15]

定言的偶然の存在に対する疑問は、さらにまた偶然的徴表が例外の形を取って一般概念そのものを危くする場合に対する疑問をも含んでいる。それに対しては、例外を許容する一般概念は固定的静的のものではなくて、生成的動的のものとしてむしろ一般概念への動向を意味していると答えなければならない。この種の一般概念は限定判断的普遍性、すなわち既成的普遍性を有ったものではなくて、反省判断的普遍性、すなわち課題的普遍性を有ったものであるといってもよい。一般概念と個物との間には動きがある。個物は論理に対して非公約性を有っている。そこに例外の可能性が存するのである。ヘーゲルも「自然の表面ではいわば偶然が自由に発動している。それはそういうものとして認めるべきである。そうでだけあり得て他のようにはあり得ないことをそこに見出そうと欲する(時として誤って哲学に帰せられる)要求を有ってはならぬ。……学問の任務、そうして仔細には哲学の任務は一般に偶然性の仮象の下にかくれている必然性を認識することにあるとするのは全然正しい。しかしながら、そのことは偶然的なものが単に我々の主観的表象に属するもので、従って真理へ到達するためには端的に排除さるべきものであるかのように理解されてはならぬ。この方向を追うことに偏する学問的努力は、空虚な遊び事といわれたりまたは融通のきかない杓子定規的な腐儒《ふじゅ》といわれたりする正当な非難をまぬがれ難い」(Hegel, Encyklopädie, hrsg. v. Bolland, 1906, S. 195)といっている。また法則と個体的事実との関係について「法律および司法は一面において偶然性を包含している。そうしてそのわけは法律は一般的規定であって個々の場合に適用されなければならぬからである。もしもこの偶然性に反対の態度を取るならば、一つの抽象を主張することになるであろう」(Hegel, Grundlinien der Philosophie des Rechts, hrsg. v. Lasson, 1911, S. 341)といっている。これは特に法律に関して一般的規定の内部に存する偶然の動きをいっているのであるがまた一般に自然法則と個々の偶然に関してもいわれることである。ブートルーは自然法則内の偶然性に関して「法則とは事実の急流が過ぎ行く河床である。事実はその河床に従っては行くが、もともと事実が河床を凹《くぼ》めたのである」(Les lois sont le lit où passe le torrent des faits: ils l'ont creusé, bien qu'ils le suivent.)という有名な語を述べている(Boutroux, De la contingence des lois de la nature, 9e éd., p. 39)。すべて法則とは一般概念と個々の事実との包摂関係に存するものであるから、一般概念が反省判断的課題的普遍性の性格を有つ限り、法則の裏面に例外としての偶然性が伴うのはむしろ当然のことでなければならぬ。

七　定言的偶然から仮説的偶然へ

定言的偶然の存在に対する疑問は、やがて問題が新たなる地平において展開されなければならぬことを示している。夏の土用にうす寒い日があるとすれば、それは夏の土用という一般概念にとっては偶然である。しかし或る一定の年の夏の土用に温度の低いことには、太陽の黒点か何かにその原因がなくてはならぬ。また「このクローバーは四葉である」という一つの特殊な知覚判断にあって「このクローバー」と「四葉」との結合は必然性をもっている。「クローバー」と「四葉」との結合が偶然的であるのは、一般的な概念が思惟された場合においてだけである。「この」という指示代名詞によって「クローバー」に限定を与えると同時に、一つの特殊なクローバーと四葉との関係はもはや偶然的ではなくなるのである。「このクローバー」が「四葉」であるのは、営養の状態か、気候の影響か、創傷の刺戟か、何らかの原因がなくてはならぬ。二頭一身の蛇というようなものが極めて稀れな偶然的存在であることは誰しも認める。しかしながら、生物学者の実験によれば、手術によって人工的に二頭一身の蛇を造ることができるから、自然界に見られる二頭一身の蛇のごときも、ごく若いうちに頭部が二つに切れたために生じたものと考えられている。二頭一身の蛇を偶然的と考えるのは蛇という一般概念に関聯させて見る限りにおいてである。「この」蛇が二頭を有っているには何らかの原因がなくてはならぬ。生来の不具者や白痴などを偶然的と考えるのも「人間」という一般概念との関聯においてである。「この」不具者、「かの」白痴にはそれぞれの発生学的その他の原因がなくてはならぬ。外貌の「端正醜悪」を偶然的と考えるのも、「人間」という一般概念を立てて、その一般概念との関係において特殊を目撃するからである。「この」人が「端正」であり、「かの」人が「醜悪」であるのには、男女両性の生殖細胞の結合の仕方か、妊娠時の母体の健康状態か、何らかの原因がなくてはならぬ。同様に、皮膚の色の相違による人種の差別は「人間」という概念的本質にとっては偶然的のものである。しかし一つの特殊な人種と皮膚の色との関係は決して偶然的ではない。「この」人種が一定の皮膚の色を有っているのは光線、温度その他にその原因がなくてはならぬ。また同様に、適中率が九分九厘に達している気象台の或る技師の天気予報が外れるというのは、適中率の九分九厘の天気予報という一般概念に対してこそ例外的偶然であるが、「この」特殊な場合には、天気の急激な変化とか予報者の精神の興奮とかいうような何らかの原因がなくてはならぬのである。

我々はかようにして、概念性の問題から、理由性の問題へ移るのである。定言的偶然の問題から、仮説的偶然の問題へ移るのである。

第二章　仮説的偶然

一　理由的偶然

矛盾律と充足理由律とをライプニッツは「二大原理」と称した(1)(Leibniz, Opera philosophica, éd. Erdmann, pp. 515, 707)。矛盾律とは畢竟、同一律にほかならない。「同一性の公理または同じことであるが矛盾の公理」(ibid., p. 136)といっている。カントも両者の区別をしなかった(Kant, Logik, hrsg. v. Jäsche, S. 58)。しからばこの二大原理たる「同一律」と「理由律」とはいかなる関係に立つか。ライプニッツは断片「第一真理」(Primae veritates)において理由性を同一性へ還元せしめることの可能を示した。述語は主語の内に、帰結は前件の内に常に内在している(Semper praedicatum seu consequens inest subjecto seu antecedenti)。そうして内在(inesse)は同一(idem esse)にほかならない。従って理由性は結局は同一性に根ざしている。いったい真理の証明は「理由なくしては何物もない」という理由律によるのである。理由律が妥当しないとすれば、アプリオリに証明のできない真理があるということになる。そのような真理は同一性へ解体されない真理を意味する。しかしそれは真理の性質に反する。真理は、現にであるにせよ、暗にであるにせよ、ともかくも常に同一的である(Alioqui veritas daretur, quae non potest probari a priori, seu quae non resolveretur in identicas, quod est contra naturam veritatis, quae semper vel expresse vel implicite identica est)。そうして第一真理とは「甲は甲である」という命題にほかならない(Opuscules et fragments inédits de Leibniz, éd. Couturat, pp. 518-519)。クーテュラーの簡明な言い表わしを借りれば「すべての同一命題(分析的)は真であると同一律はいう。すべての真なる命題は同一的(分析的)であると理由律は肯定する」(Couturat, Sur la métaphysique de Leibniz, Revue de Métaphysique et de Morale, t. X, 1902, p. 8)。エミール・メイエルソンも理由律が同一律に基づくことを指摘して「合理性のこの確信、必然的連結のこの確信は、前件と帰結との間に存する同一性への還元にのみ、その根源を有《も》っているのである」(Émile Meyerson, Du cheminement de la Pensée, I, 1931, p. 55)といっている。

理由と帰結とは以上のごとき意味において同一性を有している。従って両者の関係は必然的である。それに反して理由帰結の関係に立っていないものは、偶然的のものである。それを理由的必然に対する理由的偶然ということができる。そうして、後に説くところの因果的偶然と目的的偶然とこの理由的偶然とを総称して仮説的偶然という。仮説的偶然をこの三つに区別するのは、仮説的関係を理由性、因果性、目的性の三つに区別することにもとづいている。ショーペンハウエルは充足理由律に四つの根を分けた。「成の充足理由の原理」(principium rationis sufficientis fiendi)、「認識の充足理由の原理」(principium rationis sufficientis cognoscendi)、「存在の充足理由の原理」(principium rationis sufficientis essendi)、「行為の充足理由の原理」(principium rationis sufficientis agendi)の四つである。成の充足理由の原理とは我々の後に取扱う因果性に当り、認識の充足理由の原理とはいま述べた理由性に当り、行為の充足理由の原理とは後に述べる目的性にほぼ当っている。存在の充足理由の原理といっているのは、直観的存在の理由すなわち数学的理由に関する原理をいっているのである(Schopenhauer, Über die vierfache Wurzel des Satzes vom zureichenden Grunde)。そうして充足理由律の四つの区分に対応してショーペンハウエルは必然性を、物理的必然性、論理的必然性、数学的必然性、実践的必然性の四つに区分している(Schopenhauer, Die Welt als Wille und Vorstellung, Anhang. Kritik der Kantischen Philosophie, Sämtliche Werke, hrsg. v. Deussen, I, S. 549)。数学的理由を論理的理由から区別し、従って論理的必然性のほかに数学的必然性を立てることの当否は認識論上重要な問題の一つに属しているが、今はその問題に深く立ち入るわけにはゆかない。ここではただロッツェが「必然的で非存在が不可能なものとは次のように制約されたものだけである。すなわち㈠帰結として理由によって規定されたもの、㈡結果として原因によって規定されたもの、㈢手段として目的によって規定されたものである」(Lotze, Mikrokosmus, III, 1864, S. 551)といっているのに従って、仮説的関係を理由性、因果性、目的性の三つに区別し、理由的必然性、因果的必然性、目的的必然性の三つに対応して理由的偶然性、因果的偶然性、目的的偶然性の三つを分けたのである。

理由的偶然には二種ある。一は、一つのものに関して理由の非存在を消極的に目撃する場合であり、他は、二つあるいは二つ以上のものの間に理由性ならざる何らか他の関係の存在することを積極的に目撃する場合である。前者を理由的消極的偶然と呼び、後者を理由的積極的偶然と呼ぶことができる。

二 理由的消極的偶然

理由的消極的偶然とは理由の非存在を消極的に目撃する場合であるが、次の例にこの種の偶然の概念があらわれている(2)。「何が真であるかを十分明晰にかつ判明に認識しない場合には、もしも自分が判断を下すことを差控えるならば、自分は明かに正しいことをしているので誤ってはいない。しかし、もしも自分が肯定するか否定するかをするならば、自分は自由意志を正当に用いないのである。もしも間違った方へ自分が向ったならば、自分は確かに誤っている。他の方を自分が捉えたならば、自分は偶然に真理の中へ落ちるが、しかしそれだからといって罪が無いわけではない。なぜならば、知性の認識がつねに意志の決定に先行しなければならぬことは自然の光によって明白なことである」(Descartes, Meditationes IV. Œuvres, éd. Adam & Tannery, VII, pp. 59-60; Principia philosophiae, I, § 44. Œuvres, éd. Adam & Tannery, VIII, p. 21 参照)。真理を肯定するに足る明晰判明な理由を欠いていながら、ほしいままに肯定したのであるから、それは偶然に真理の中へ落ち込んだのである。この場合の偶然とは理由の非存在としての理由的消極的偶然である。次の例も同様である。「科学がその説明の最高かつ最完全な表現を原子論において見出すのは、科学の構造そのものによることであって、一種の偶然の結果ではない。数よりしか明晰判明に認識しないところの悟性の労作としての科学が、現実の不明乱雑な多様を統御するのは数によってのみ可能である」(Arthur Hannequin, Essai critique sur l'hypothèse des atomes, Paris, Alcan, p. 129)。論者によれば、科学が原子論という帰結に到達するのは科学の構造そのものに充足な理由があるのである。科学と原子論とは理由的必然性によって結ばれているので、理由の非存在としての偶然は見出すことができない。次の場合も同様である。「弁証法的構造を少しも歪めずに保つ時は、相対的に相対立する有と無とが全く同位同格となって、吾々《われわれ》はその間に優先、劣後を区別するに道なく、有から無にその無から有に転化するという普通の解釈による弁証法の構造を棄てて、有と無とは二つながら、同様に直接に、絶対有の中から、その自己限定または自己否定によって顕示せるものと考えねばならぬであろう。またそれゆえに絶対者の見地からすれば、有と無とは相互に交換しえられるものとなる。そして二者の発生に先後を附することは、単にこれを考える個人の偶然なる恣意に帰せられるほかあるまい」(高橋里美『全体の立場』二七七頁)。論理的には有と無とは全く同位同格で、いずれを先とし後とすべき理由はない。もしもいずれかを先とし後とするならば、それは必然的な理由なく単にほしいままにすることで、すなわち理由的偶然である。要するに理由的消極的偶然とは充足なる理由を欠いた精神的所産である。

充足な理由を欠いた精神的所産とは一般的にいって非合理的なものである。そういう非合理的な理由的消極的偶然が比較的な恒常性をもって存在の場所を見出すのは夢や狂気や芸術制作においてである。夢のうちの観念措定の動向は全く偶然の思いつきにほかならない。ベルクソンもいっているように夢の中では我々は偶然の事件に幾つとなく遭遇するのである。追想の種々雑多の破片を記憶があちこちから搔《か》き寄せてきて、辻褄も合わさずに眠る者の意識に提供する。その無意味な搔き集めに対して、何らかの意味を索める。その辻褄の合わないのは空隙《くうげき》があるからだと考えて、それを埋めるために、他[3]

の諸種の追想を喚び起してくるのであるが、それもまたしばしば同じ乱雑さをもってあらわれてくるから、さらに新しい説明が必要となってきて際限なく同じことが続けられていく。いったい夢の不安定性は感覚を正確に追想に対応させないで、そこにいたずらの余地を残しておくことに基いているのである。同一の感覚に対して非常にちがった種々雑多の追想が夢では適合するようになるのである。内田百閒《うちだひゃっけん》の『百鬼園随筆』の中に「八月八日秋に入る。夜明けに一度目がさめた時、障子と窓とを明け放しておいて、また眠った。伝通院の坂の下を、向うから黄色い大きな馬が歩いて来た。胴体が馬鹿に長くて、四本の足のうち、後の左側のが一本短かった。だれも人がついていないから危いと思った。一しょに来た奇異公にあぶないから逃げようかといったら、馬がこちらを向いた。その拍子に、馬の向う側に黒い着物を着た男が二人いるのが見えた。その馬がどこかへ行ってしまったら、目がさめた。近所で鳥のないている声が聞こえた。変に低い声で、長く啼き続けていた」とある。感覚的所与は「鳥が変に低い声で長く啼き続けていた」ことである。それが、伝通院の陰気な坂道の追想や、変に低い色調の黄色の追想や、胴体の長い馬の追想や、四本の足のうち一本だけ短い異様な形態の追想や、鳥のような黒い着物を着た芝居の黒坊の追想を喚び起したのである。それらの追想はみな感覚のうちに蘇生しようとして、感覚を追っ駆け廻すのである。そこに黄色い馬というような偶然の産物が生ずる。それが伝通院の坂の下を向うから跛を引きながら歩いて来る。また、違った追想は、一緒に感覚に縋《すが》り付いたり、前後して代わる替わるに感覚に追い付いたりする。馬の向う側に黒い着物の男がいるかと思うと、今度は黄色い馬が黒い着物の男に早変りしてしまう。夢みる者は「だれも人がついていないから危い」とか、「あぶないから逃げよう」とか、「逃げようかといったら、馬がこちらを向いた」とか、「馬がこちらを向いた、その拍子に」とかいうように夢の中で推論をしたり、論理的聯絡を付けたりして、夢の馬鹿馬鹿しさを除こうとするのであるが、かえってなおさら愚にも付かないようにしてしまう。夢の展開する偶然の気紛れはほとんど説明が付かないものである(Bergson, L'Énergie spirituelle, pp. 91, 114 参照)。

狂人の知的世界も同様に偶然の気紛れの錯綜である。「赤貧でありながら帝王であると頑固に言い張り、裸でいながら紫衣を纏《まと》っているといってきかず、あるいはまた自分の頭は瀬戸物だといったり、あるいはまた自分を南瓜《かぼちゃ》か硝子瓶と思込《おもいこ》んでいる」とデカルトは叙述している(Descartes, Meditationes I. Œuvres, éd. Adam & Tannery, VII, p. 19)。シェークスピアの狂ったリヤ王の言葉を理由的偶然の例に引くこともできる。「リーガンめの解剖を願いましょう。彼奴の心《むね》にはそもそもいかなるものが生育いたすか、それが取調べていただきたい。ああいう酷薄な心を醸し出す原因が、何か特に有るものでござるか？　その方を予が百人武士の一人に召抱《めしかか》える。ただその服制が気に入らん。その方は、これはパーシャ式じゃとでもいうであろうが、更《か》えてもらいたい。静かにせい、静かに。カーテンを引け。そう、そう。のう、朝の間に夕食をすまそう」(第三幕、第六場)。肉体の解剖と酷薄な心の取調、裸体と服制、朝の間と夕食。観念の措定に充足な理由が欠けている。

芸術が一方において夢と狂気とに接近しながら、他方において差別を有つ(4)ことはしばしば説かれるところであるが、或る種の芸術制作には理由的消極的偶然が極度に現われていて、夢または狂気そのものを思わしめるものがある。例えば『万葉集』巻第十六に「心の著《つ》く所無き歌」が二首ある。「吾妹子《わぎもこ》が額《ぬか》に生ひたる双六《すぐろく》の牡牛《ことひのうし》の鞍の上の瘡《かさ》」「吾背子《わがせこ》が犢鼻《たふさぎ》にする円石《つぶれいし》の吉野の山に氷魚《ひを》ぞさがれる」。舎人親王《とねりしんのう》が「もし由る所無き歌を作る人あらば、賜ふに銭帛《せんぱく》を以《も》ちてせむ」という令を発せられた結果としてできた歌である。「由る所無き」とは理由の非存在の謂《いい》に他ならない。『歌経標式《かきょうひょうしき》』の「離会《りかい》」の歌(5)「春日山峰漕ぐ船の薬師寺淡路の島の犂《からすき》の耳《へら》」も同様である。言葉と言葉との間に何らの論理的聯絡がない。積極的のものはほとんど見出すことはできないで、語脈にあって理由の非存在が消極的に目撃されているに止まるものである。しかしなおそこに何らかの芸術があることを拒むことはできない。シェークスピアの『真夏の夜の夢』は偶然の抽象的ノンセンスの象徴化の一例であるとともに、人生の最も具体的な真理の写実である。織屋のボトムが告白するように「滅法界もねえ不思議な夢」「人間の智慧《ちえ》じゃ何ちゅうこともできねえような夢」「人間の眼でもって聞いたこともなけりゃア、耳でもって見たことも、手でもって味《あじわ》ったことも、舌でもって考えたことも、心でもって言い伝えたこともねえ夢」である。「こんな夢の説明しべい思う奴がありゃア大驢馬」である。「大馬鹿」である。「ボトムの夢」として「まるッきし底《ボトム》が脱けてる」(It hath no bottom)のである。「底が無い」とは「由るところ無い」のである。理由の非存在である。この種の「無意味」すなわち「ノンセンス」の「出世間的な遊戯と超現実的な笑」とに関して高橋里美氏は興味ある哲学的考察を述べていられる(『東北帝国大学法文学部十周年記念哲学論集』五三頁)。

三　理由的積極的偶然

理由的積極的偶然にあっては二つあるいは二つ以上のものの間に、理由性による必然的関係でない何らか他の積極的な関係が目撃されるのである。この種の偶然は往々数の関係の上にあらわれてくる。例えば円周率についていわゆるアルキメデスのπの値$3\frac{1}{7}$を小数に直せば次のような循環小数を得る。

3.142857142857……

循環節142857が「またしてもまたしても」(6)(*πάλιν καὶ πάλιν*)繰返されるのであるが、この場合、円周とその径との比の近似値の有つ数の性質が、命数法(7)とは何の関係もなく、理由的必然的関係において存している。従って、小数第一位から第六位までに当る部分は数の性質によって必然的に制約され、同様に小数第七位から第十二位までに当る部分も必然的に制約されている。しかるに、その近似値を数字で表わすために採用された十進命数法という技巧があって、それに基いて142857と142857とが偶然性として積極的に目撃されるのである。小数第十二位以下にあっても同じ関係が無限に繰返される。さらにこの142857という数を取ってみる。そうして円板上で円に内接する六角形の各頂点に、この数の数字を時計の針の動く方向に順次に列べてみる。この数を二倍すれば285714となり、三倍すれば428571となり、四倍すれば571428となり、五倍すれば714285となり、六倍すれば857142となる。これらの数は円板上のものと同じ数字で同じ順序である。二倍を得るには出発点を2に取って時計の針の方向へ廻りさえすればよい。三倍を得るには出発点を4に取り、四倍を得るには5に、五倍を得るには7に、六倍を得るには8に、各々出発点を取って同様に時計の針の方向へ廻ればよい。この142857という数は七倍すれば999999となる数であり、従って百万を七で除した商の整数の部分である。いったい142857と、その二倍、三倍、四倍、五倍、六倍の諸数の間に存する必然的関係は、公約数に当る一つの数とその各種の倍数であるという関係である。そうして公約数が九の倍数であるという理由に基いて、公約数の各種の倍数もまた九の倍数であるという帰結が出てくる。しかるにそれ以外に、上述のような特殊の関係の存することは、各数を究竟《くきょう》的のものと見て、右端の数字から左端の数字へ戻ってゆく円形運動を考えることに基いている。円形運動によって描き出されるこの種の符合は、一つの数およびその数の各種の倍数の間の必然的関係とは全く縁のない偶然的関係である。そこには「世には居ない」(四二八五七一)などと読み得る一つの動かない全く静止したもの、二倍、三倍、四倍、五倍、六倍しても少しも変化しないものがある。それはともかくも注目に価する関係である。その関係を積極的に目撃するところに積極的偶然が存するのである。

姓名判断にあって幾つかの姓名が文字の画数によって積極的関係を有ってくるのも論理的関係なきところに存する理由的積極的偶然である。行雄、久徴、禎介、武郎、宣治などは相互間に何らの論理的関係なきにかかわらずいわゆる地格(8)すなわち名の全画数十八という点で偶然的関係を示し、そこに姓名判断の一つの基礎を築いている。論理的関係は名の表わす意味と名自身との間にあるのである。一定の名が生ずる理由はその名の表わす意味に存している。一定の理由によって行雄という名が帰結し、他の一定の理由によって久徴という名が帰結する。行雄と久徴との間には何ら理由性による必然的関係はない。画数がともに十八であるということは積極的に目撃された偶然性である。名と名との間の論理的関係は意味の上の関係でなければならぬ。例えば行雄と次雄と光雄と吉雄と安雄とは意味の上の公約数ともいうべき雄の字を共通に有っている。或る一定の理由、例えば「男らしい」というような意味が理由となって行雄、次雄、光雄、吉雄、安雄という名が生じたに相違ない。この場合、その各々は同一の理由の帰結であるということに基いて相互に論理的必然的関係を有っている。ただしその他になお見られる全画数十八という共通点は理由性以外に積極的に把《と》えられた偶然性である。

理由的積極的偶然はなお言語の音韻関係の上にも著しく見られるものである。(9) すなわち理由性による論理的関係なきところに、音韻上の関係が積極的に存在する場合である。例えば「鉢」と「蜂」と「八」との関係、または「線香」、「詮衡」、「専攻」、「潜行」、「鮮紅」、「戦功」、「仙公」の相互関係のごときものである。これらの言語の間には一方が理由とし他方が帰結として措定を相制約する何らの論理的関係も存しない。のみならず、共通の理由から生じた各種の帰結であるという論理的関係をも有っていない。積極的に存在するものは、ただ音韻上の関係のみである。それゆえにその関係を偶然というのである。この種の偶然性は頭韻、脚韻、掛詞、枕詞、折句、廻文などの形で文学上に一定の価値を有っている(九鬼「日本詩の押韻」『岩波日本文学講座』八頁、一一九頁、一五五頁参照)。枕詞についていえば「百敷《ももしき》の、大宮《おほみや》どころ」、「草枕、旅やどりせす」などにあっては枕詞と次の七字句との措定は意味の論理的関係によって互《たがい》に必然的に制約されている。しかるに「稲舟《いなぶね》の、いなにはあらず」、「うの花の、うきことあれや」など頭韻によるものや、「玉垂《たまだれ》の、を(緒、越)智の大野の」、「梓弓《あづさゆみ》、はる(張、春)の山べを」など掛詞によるものは、いずれもみな枕詞と次の七字句との間に真の理由性を欠くもので、単に音韻上の偶然的関係が存するのみである。なお掛詞の本質は、一つの音を異った二つの意味に分解して、二つの意味の有する音韻上の偶然的符合を把握するのである。脚韻についていえば「洛陽城東桃李花[10]」という句は論理的関係によって各々の語が必然的に制約されている。「飛来飛去落誰家[10]」という句も同様である。さてこの両句の間には「花」と「家」がともに平声麻韻《ひょうしょうまいん》であるという音韻上の性格によって、言語の意味による理由性とは何らの関係ない偶然的関係が設立されているのである[11]。「奥つ鳥(i)鴨着く島に(i)我がゐ寝し(i)妹は忘れじ(i)世のことごとに(i)」は一韻到底《いちいんとうてい》の偶然的関係によって無限に繰返される回帰的円形運動をなしている。また「からごろもきつつなれにしつましあればはるばるきぬるたびをしぞおもふ[12]」というごとき折句にあっては言語の意味上の理由性によって貫かれた一首の全体に、さらに音韻上の偶然的関係による他の新しい意味が二重に附加されている。[13]廻文は「なかきよのとおのねぶりのみなめざめなみのりぶねのおとのよきかな」のごとく上から読んでも下から読んでも同一の歌であるが、円形運動によって論理的必然的関係以外に特殊な偶然性を生むところに、さきに挙げた数142857などと類似の性格を有っているものである。

寺田寅彦氏の『万華鏡』に「英語や独逸《ドイツ》語と段々に教わるうちに、しばしば日本語とよく似た音をもった同義の語に出逢う事がある。これは偶然であろうとは思ってもその悉《ことごと》くが偶然の暗合であるという事を証明する事も可也《かなり》に六《むつ》かしそうに思われた」(一九六頁)といって、beat と butu、flat と filattai、new と nii、fat と futo、easy と yasasi、clean と kilei、angry と ikari、anchor と ikari、tray と tarai、mattress と musiro 等の例が挙げてある。最初に音韻上の偶然性と考えられたものが必然性に解体される場合はもちろんしばしばある。例えば神、上、髪はすべて頭の方に位する尊ぶべきものである。狼も恐ろしい「かみ」である。それらはみな共通の理由に制約された諸々の帰結である。相互間には理由性に基く論理的必然的関係が存している。理由的積極的偶然性がかようなものに見られないのはいうまでもない。

四　因果性と目的性

ライプニッツのいわゆる充足理由律は「認識理由」と「実在理由」との二者を含むものとして因果律の意味をも有している。このことは、クラークに宛てた第五書のうちで「この原理は、一つの事物が存在し、一つの事件が起り、一つの真理が生ずるために、充足理由を必要とする原理である」(Leibniz, Opera philosophica, éd. Erdmann, p. 778)といっている言葉によっても明かである。いったい認識理由(理由)と実在理由(原因)との区別は認識論にとって不窮の獲得であると考える論者もあるのであるが、そういう論者に対してエミール・メイエルソンは次のようにいっている。(14)「あるいはそうかもしれない。しかし我々の主張は、推理の本質は多少とも意識的にこの区別を脇へ退けることに存するという点にあるのである」(É. Meyerson, Du Cheminement de la Pensée, I, 1931, p. 55)。ともかくも、理由律が同一律へ還元される以上は、因果律もまた同一律へ還元されると考えても差支えないであろう。メイエルソンは「因果律は、時間内の諸事物の存在に適用された同一律にほかならない」(É. Meyerson, Identité et Réalité, 3e éd., p. 38)といっている。我々が或る事象に関してその原因と呼ぶものは、他の事象のうちに見出される同一者である。水素と酸素とが化合した結果として水が生じたということは、水素なり酸素なり元素と呼ばれるものが化合物のうちにも自己を同一に保持していることである。それゆえに因果関係は方程式をもって表わし得ることを理想とする。「原因と結果とは等し」(causa aequat effectum)とはその意味である。すなわち因果性も同一性に帰せしめることが可能である。そうして因果関係が同一関係にほかならないとするならば、同一律の有する必然性を因果律も有しているはずである。我々は水素と酸素とを化合すれば必然的に水になると考える。水素と酸素の化合ということと水との間には必然的関係が存する。なぜならば、水素と酸素とは水のうちに自己を同一に保持している。そこには同一者がある。従ってそこには必然性がある。

なお、目的手段関係も広義の因果関係の一種と見ることができる。その意味で「動力因」(causa efficiens)に対して「目的因」(causa finalis)の概念がある。すなわち、アリストテレスは「運動の起始」(*ἡ ἀρχὴ τῆς κινήσεως*)と「そのために」(*τὸ οὗ ἕνεκα*)とをともに「何故」(*διὰ τί*)の問に答える「原因」(*αἰτία*)と見た(Aristoteles, Physica, II. 3; Metaphysica, Δ. 2)。同様にカントも「因果性の二種」について語り、狭義の因果関係を「実在的原因聯関」と呼び、目的手段関係を「観念的原因聯関」または「理性概念による因果結合」と呼んでいる(Kant, Kritik der Urteilskraft, § 65)。ただ因果関係と目的手段関係とにおいては、その関係が逆になっている。結果として後に来ることが、目的として先に考えられ、原因として先に来ることが手段として後に考えられる。目的が原因として働き、その結果として手段を生ずるから、もと結果であったものが原因となり、もと原因であったものが結果となる。ルヌーヴィエは「手段とは、目的的と呼ばれる原因に独得な一種の結果である」(Renouvier, Traité de Logique générale, 1912, II, p. 164)といっている。それゆえに、アムランの言葉を借りていえば、目的性とは「未来による決定」(Hamelin, Essai sur les éléments principaux de la représentation, 2e éd., p. 332)である。そうして、現実性を欠いているはずの未来が、現実性を帯びて原因として働くことができるのは、意識の時間的先取の事実によるのほかはないから、目的性ということは厳密には意識の範囲に限り妥当性をもった概念である。この概念を意識の範囲を超えて自然界にも構成的原理として認めようとするにはおそらくベルクソンのいわゆる「取消された意識」(conscience annulée) (Bergson, L'Évolution créatrice, 25e éd., p. 156)としての無意識の概念の媒介によるほかはないであろう。意識的行為が習慣によって無意識的な反射運動に変ずる事実に基いて、意識が習慣によって無意識になった極限を自然界と見る考え方がある。習慣とはいわば意志が自然に至る微分的連続である。「習慣の歴史は自由が自然へ帰還する路を表わす、あるいはむしろ自然的自発性によって自由の領域が侵されることを表わす」「かくしておそらく自然の領域に認識と先見の支配が現われる」とラヴェッソンはいっている[(15)](Ravaisson, De l'habitude, nouvelle éd., 1927, pp. 62, 16)。カントは天才が「自然として」(Kant, Kritik der Urteilskraft, § 46)半ば無意識に芸術的制作をなすことを説いているが、[16]彼の天才論はまさしく彼の美学と自然哲学とを結ぶ絆である。カントは自然界における目的性の適用を単に規制的原理としてのみ許容しながら、なお構成的原理として承認するために仮定する必要の概念、すなわち無意識の概念を暗示している。ともかくも、目的手段関係は倒逆的の因果関係である。

さて、目的手段の関係は「甲のためには、乙をなさねばならぬ」という形を取って、目的と手段との間に必然的関係のあることを示している。この必然性は結局は因果関係から来ている。「甲のためには、乙をなさねばならぬ」という目的手段関係は「乙をなせば、必ず甲が生ずる」という原因結果の関係を予想している。従ってそこに必然性がある。およそ目的の実現は因果関係によることを要する。目的は或る事象の結果として齎《もたら》されねばならぬ。そのためには原因を手段として取らなければならぬ。しかるに原因と結果との間には必然的関係がある。それゆえに一定の結果を目的として意志する場合には、一定の原因を手段として意志することが必然的に要求される。もとより、因果関係の必然性と目的手段関係の必然性とには「不可不」(Müssen)と「当為」(Sollen)[17]とによって表わし得る相違があるともいえるが、ともに必然性たるにおいては同じである。アリストテレスが必然性の三つの意味を挙げた中に「それ無くしては善が無いもの」(τὸ οὗ οὐκ ἄνευ τὸ εὖ)といっている(Aristoteles, Metaphysica, Λ. 7, 1072^{b}〔12〕)のは目的的見地における必然性である。ヘーゲルが「それ自身とのこの純粋な交錯は、包被を脱いだ、または定立された必然性である」とか「必然性のこの真理はそれゆえに自由である」とかいっているのも目的手段関係の有する必然性についていっているのである(Hegel, Encyklopädie, hrsg. v. Bolland, §§ 157, 158)。ニコライ・ハルトマンも狭義の当為すなわち倫理的絶対的当為の有つ必然性に関して次のようにいっている。「当為の本質の中には迫動、傾向、強要が存する。その強要たるやたとえ強要の対象が実現され能わぬものであっても依然として成立しているものである。様相的にいえば、それは、対象の必然性よりほかのものを意味し得ない。しかもその必然性には対象の現実化への可能性が欠けているものである。かような倫理的必然性の特異性は、それがみずから様相的に何らか新しいもの、例えば畢竟、一つの新しい様相性を意味するというようなことに存するのではない。理論的存在論的必然性に対する倫理的必然性の差異は、この必然性は可能性を顧慮しないで、すなわち対象の現実性の現実的諸制約を顧慮しないで、その対象を必然的として措定する点にのみ存する」(N. Hartmann, Logische und ontologische Wirklichkeit, Kantstudien, XX, S. 21)。要するに因果性も目的性もともに同一性に基いて必然性を有ったものである。

五　因果的偶然と目的的偶然

偶然性とは必然性の否定であったから、因果的必然性と目的的必然性とに対して、その各々の否定として、因果的偶然性と目的的偶然性との二つがあるはずである。因果的偶然とは因果性を欠くことによって成立する偶然である。目的的偶然とは目的性を欠くことによって成立する偶然である。そうして、この因果的偶然と目的的偶然との二つに、理由的偶然を加えて、仮説的偶然の三つの様態と考えることは既にいった（五二―五三頁参照）。

偶然を表わす言葉のうちで、否定語を契機として有する「ゆくりなく」、「端《はし》なくも」、「不図《ふと》」などはいずれもみな理由性または因果性または目的性の否定に成立の基礎をもっているものである。「ゆくりなく」は「縁なく」すなわち「縁由なく」の義であるからおそらく理由性の否定であろう。「端なくも」の端は首始、いとぐちのことであるから、「原因なく」というように因果性を否定したものと見てよいであろう。「不図」は当字であるかもしれないが「不意と」と関係あると考え得る限り、目的性の否定と見て差支えないであろう。ギリシア語の αὐτόματον も αὐτὸ（おのずから）μάτην（理由なく）から来ていて、やはりこれらの日本語と同様の根柢に成立するものである。なお「不図」は擬声音「フット」と関係あるかもしれぬ。「フット」「ヒョット」「ヒョッコリ」「ポックリ」等は偶然を暗示しているが、「フット」と「ヒョット」と「ヒョッコリ」とはおそらく気息または風の音に基き、「ポックリ」は水中から水面に浮び出る際の音に基いたものであろう。これらは仮説的偶然すなわち理由性、因果性、目的性の否定としての偶然性の聴覚的象徴としては極めて適切なものである。ついでに偶然性の視覚的象徴を挙げようとするならば、ラ・メトリイに倣《なら》って「日々に生え出る茸のように」(semblable à ces champignons qui paraissent d'un jour à l'autre) という (La Mettrie, L'Homme machine, Paris, 1865, p. 98) こともできる。*3 成瀬無極《なるせむきょく》氏の『偶然問答』(18)には「縁の下から飛び出した蛙」(『偶然問答』四三三頁、四三六頁) という譬喩が用いてある。ギリシアでは偶然すなわちテュケ(*τύχη*)*4を女神として祭った場合、その持物としては転々する「球」とか「車輪」とか、または翩々《へんぺん》たる「羽」を持たせた。様相的範疇の一つとしての偶然性の視覚的象徴は記号的論理学にとっても全然関心を欠くべき事柄ではない。後に偶然性の記号としてꭓを選んだのは、「独立なる二元の邂逅《かいこう》」としての偶然性の象徴化にほかならない(一七三頁参照)。ルイス(C. I. Lewis, A Survey of Symbolic Logic, 1918, pp. 293, 312)(一七〇頁参照)は確証性(19)(一七四頁参照)すなわち不可能性(~)と必然性(~—)とに共通の性質を「厳密包含」(Strict Implication)といい、言明性[19]すなわち真理性(　)と虚偽性(—)とに共通の性質を「質料包含」(Material Implication)といい、問題性[19]すなわち可能性(—∼)と偶然性(—∼—)とに共通の性質を「並立」(Consistency)といっているが、「厳密包含」を表わすには○の⅄の記号を用い、「質料包含」を表わすには∩の記号を用い、「並立」を表わすには○の記号を用いている。並立とは甲と乙とが両立し得る性質をいっているので、甲であることも可能であり、甲でないことも可能(甲は偶然)である場合を指しているのである。p○q は—∼p(p は可能である)または—∼—p(p でないことが可能である＝p は偶然である)を表わしている。p と q との関係を○で表わしているのは p か q かいずれになるかが不確定のまま問題として残されていることを示している。○で象徴された「球」は p の方へ転《ころが》るか q の方へ転るか全く不確実である。「質料包含」が鎹《かすがい》の形∩で表わされ、「厳密包含」が錨の形⅄であらわされているのとは全然趣を異にしている。かように記号的論理学で○が問題性の象徴となっているのはギリシア人が女神テュケの持物に「球」を選んだのと全く同一の心理に基いている。

仮説的偶然の三様態のうち、理由的偶然はいわゆる「認識理由」に関するものとして純粋に論理学の範囲に属するものであった。それに反して、因果的偶然と目的的偶然とは「実在理由」に関するものとして、論理学の抽象的範囲から脱して自然哲学および精神哲学の経験的領域において成立するものである。それゆえに因果的偶然と目的的偶然とを総称して経験的偶然ということができる。

およそ機械観[20]はその徹底した形においては因果的必然性のみより認めない。従って因果的偶然性の存在の余地はない。しかし、目的的必然性を否定し、その結果として、目的的偶然性を承認する。自然科学的世界観はこの傾向を代表している。それに反して、目的観が徹底的な形を取った場合には、目的的必然性によってのみ一切を説明しようとする。従って目的的偶然性は存在しない。その代りに、因果的必然性の否定の結果として、因果的偶然性は存在することができる。基督《キリスト》教神学が神の意志によってすべてを説明する場合、因果的偶然を意味する奇蹟の存在を認めるのはこの関係に基いている。この意味において、因果的必然性は目的的偶然性と結合しやすく、目的的必然性は因果的偶然性と結合しやすい。「偶然の必然」というような逆説的の語はこういう結合の可能性に基いたものである。例えばプラトンが「偶然(*τύχη*)によって必然(*ἀνάγκη*)から」(Platon, Leges, X. 889c)[21]といったり、ライプニッツが「すべてを物質の必然または或る偶然に帰しようとする」(Leibniz, Discours de métaphysique, § 19)といったり、エンゲルスが「偶然に内在する必然性をもって」(『自然弁証法』下巻、岩波文庫、二八頁)といっている場合は、因果的必然性と目的的偶然性との結合を指している。それに反して、トーマス・アクィナスが「神はそれが偶然に起ることを欲した」(Thomas Aquinas, Summa theologiae I. 19. 8c)[22]とか「何ものも自身の中に何らかの必然を有たないほどまでも偶然ではない」(ibid., I. 86. 3c)とかいっている場合には、目的的必然性と因果的偶然性との結合を考えているのである。トーマスのいわゆる「必然性または偶然性の法則」(lex necessitatis vel contingentiae)は自由としての因果的偶然性と摂理としての目的的必然性との結合を提唱しているものである。またランゲが『唯物論史』のうちで「偶然と必然ほど完全に相矛盾するものは他にない。それにもかかわらず、両者ほどしばしば混同されるものも他にない」(Lange, Geschichte des Materialismus, I, S. 13)といっているのも、一方に因果的必然性と目的的偶然性、他方に目的的必然性と因果的偶然性との結合が容易に成立するためである。いまこの結合の仕方を仮りに「異種結合」と名付けておこう。しかし、異種結合だけが可能的な結合の仕方である訳ではない。因果的必然性と目的的必然性とが結合して、必然性を強調する哲学となり、因果的偶然性と目的的偶然性とが結合して、偶然性を力説する哲学を構成する場合もある。ストア派は目的的必然性から発して因果的必然性に至る徹底的な決定論を説き(二五〇―二五一頁参照)、エピクロスは因果的偶然性から出て目的的偶然性に終る一義的な非決定論を唱えた(一〇六―一〇七頁、一一六頁参照)。こういう結合の仕方を「同種結合」と名付けることができる。これらの関係を左〔次頁〕のような図形によって現わしてみよう。この図にあって、同種結合(因果的必然と目的的必然との結合、因果的偶然と目的的偶然との結合)は垂直の方向に行われ、異種結合(因果的必然と目的的偶然との結合、目的的必然と因果的偶然との結合)は水平の方向に行われる。

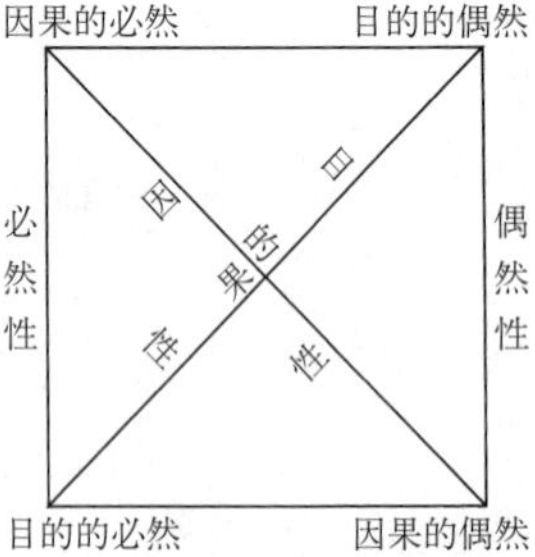

因果的偶然と目的的偶然とは、ギリシアではもともとに τύχη という語によって表わされた。それゆえに、デモクリトスが機械観の立場から因果的偶然を攻撃する場合にも、プラトンが目的観の立場から目的的偶然に反駁を加える場合にも、双方ともに τύχη という同じ語を用いている。デモクリトスが「人間は自分の当惑の口実として偶然(τύχη)という偶像を造った」(Diels, Fragmente der Vorsokratiker, II, Demokritos, Fr. 119)とか「偶然(τύχη)は施《ほどこし》を好む。しかし当《あて》にならない。自然(φύσις)はそれに反して確かである」(ibid., Fr. 176)などといっている場合の偶然は、自然に反対の、すなわち因果的必然に反対の、因果的偶然と解すべきであろう。それに反して、プラトンが原子論者を批評して「彼らの言うところによれば、最も大なるものおよび最も美しいものを自然(φύσις)および偶然(τύχη)が造ったらしく、より小なるものを技術が造ったらしい」(Platon, Leges,

X. 889)とか「精神によるのではない。また何らの神によるのでもない。また技術によるのでもない。しかし自然(φύσις)と偶然(τύχη)によるのである」(ibid.)などといっている場合の偶然は、自然と呼ばれる因果的必然と異種結合をしている目的的偶然と解するのが正当であろう。

ライプニッツは偶然に contingence と hasard とを区別した(Leibniz, Opera philosophica, éd. Erdmann, p. 763)。contingence とは自由や自発性と一群をなすものとされているから、目的的必然と異種結合をしている因果的偶然と見て差支えない。また hasard は強制力や絶対的必然性と同類として取扱われているから、因果的必然と異種結合をしている目的的偶然と見てよい。現代にあってもブートルーはライプニッツに倣って因果的偶然を contingence といい、目的的偶然を hasard といっている。例えば、自説に対する反対論者の立場に立って因果的偶然が目的的偶然へ導かれはしないかとの疑問を掲げている場合に「contingence の原理は hasard でないとしたら、一体何であり得るか」(Boutroux, De la contingence des lois de la nature, 9e éd., p. 140)といっている。また、それに対する答弁として「もしも決定的原因の系列のうちに或る度まで contingence が支配しないとしたならば、目的原因の系列のうちに hasard が支配するであろう」(ibid., p. 143)といっている。

しかし、そういう用語法は一般には必ずしも行われていない。例えばアムランは因果的偶然と目的的偶然とを合せたものをhasardと呼び、そうして因果的偶然を「因果性の非存在による偶然」(hasard par néant de causalité)といい、目的的偶然を「目的性の非存在による偶然」(hasard par néant de finalité)といっている(Hamelin, Essai sur les éléments principaux de la représentation, 2e éd., pp. 324, 329)。ベルクソンも同様に「動力因の欠如」(absence de cause efficiente)と「目的因の欠如」(absence de cause finale)とをともにhasardといっている(Bergson, L'Évolution créatrice, 25e éd., pp. 254-255)。ヴィンデルバントも両方を合せてZufallといい、その各々にはkausaler Zufallとteleologischer Zufallの語を用いている(Windelband, Die Lehren vom Zufall, S. 65)。

因果的偶然と目的的偶然との区別ははなはだ重要であるにかかわらずベルクソンも指摘しているように、一から他へうつり行って「精神の特異な動揺」(le singulier ballottement de l'esprit)を示すものである(l. c. p. 255)[23]。それゆえに両者の区別が言語の上に表わされていない場合には、特に細心にその区別を認知することが肝要である。例えばランゲが「我々は目的論者に対して、目的の羈絆《きはん》を脱せんがためにのみ事象の偶然性を主張する。しかし我々は、充足理由律が問題となるやいなや直ちに、その同じ偶然性を再び放棄する」(Lange, Geschichte des Materialismus, I, S. 14)といっている。彼は「同じ偶然性」

(dieselbe Zufälligkeit) といっているが、その実、同じではない。前のは目的的偶然であり、後のは因果的偶然である。また例えばヤスパースは「人間は交互に一によって他から逃れようと求める。必然性という思想によって任意な偶然から逃れようとし、偶然の可能性と機会という思想によって無慈悲な必然性から逃れようとする」(Jaspers, Philosophie, II, S. 217) といっている。その意は、目的的必然性という思想によって目的的偶然から逃れようとし、因果的偶然という思想によって因果的必然性から逃れようとするというのである。換言すれば、目的的必然と因果的偶然との異種結合の思想によって、因果的必然と目的的偶然との異種結合の脅威から逃れようというのである。

既にいったように、因果的偶然は因果性の否定によって成立し、目的的偶然は目的性の否定によって成立する。そうして因果的偶然にあっては、一つの事象に関して因果性の非存在を消極的に目撃する場合と、二つあるいは二つ以上の事象間に因果性以外の関係の存在することを積極的に目撃する場合とがあるが、いずれの場合にあっても因果性の否定という点においては変りない。同様に目的的偶然にあっても、一つの事象について目的の非存在を消極的に把握する場合と、二つあるいは二つ以上の事象間に目的以外の関係の存在することを積極的に把握する場合とがあって、しかもいずれの場合にも目的性の否定という共通点を有っている。要するに因果的消極的偶然、因果的積極的偶然、目的的消極的偶然、目的的積極的偶然の四種が存在するのである。さきに取扱った理由的消極的偶然、理由的積極的偶然の二種を加えて、仮説的偶然には六種の偶然性が考えられるわけである。

我々は偶然性の開明に際して、主観的なものから次第に客観的なものへ進んでいこうとする。まず初めに、一般概念と徴表との論理的構造に基礎を有する定言的偶然を取扱った。次《つい》で同じく純論理的次元に属する理由的偶然を取扱った。今や論理的領域を脱して経験的偶然の開明に向うに当って、比較的主観的な目的的偶然から始めて、後に因果的偶然へ移るのは当然の順序でなければならない。

- 仮説的偶然
  - 理由的偶然
    - 消極的
    - 積極的
  - 経験的偶然
    - 因果的偶然
      - 消極的
      - 積極的
    - 目的的偶然
      - 消極的
      - 積極的

六　目的的消極的偶然

目的的消極的偶然は目的の非存在を消極的に把握するのであるが、それにはさらに無目的としての偶然と、反目的としての偶然との二通りの場合がある。無目的としての偶然とは単に目的性を否定する場合であり、反目的としての偶然とは実現さるべき目的を肯定するとともに、その目的の非実現を特殊の事例において目撃する場合である。

第一の場合に属するものは、例えば機械観的決定論の半面として宇宙の全体に目的的偶然性が主張されるごとき場合である。この場合には、目的的偶然の観念が因果的必然との異種結合によって存在の全面にわたって適用されている。例えばラ・メトリイの『人間機械論』にあらわれている。「人間はおそらく偶然に地球の表面のどこか一点へ投げ出されたものである。……ところで汎神論者は質問を発する。しからば、偶然とは偶然がその作者であると考えられている多くの作品を、かくのごとく自分の勝手に変化せしめ、しかもかくのごとき多様性もそれが同一目的に達することを妨げ得ない、というほどの大幾何学者なのであろうか？……これは確《たしか》に或る神の存在に対していい得る最も有利なことのすべてである。……だが無神論者は同じ位に強いしかも絶対に正反対のものを対抗せしめることができるのである。けだしさらに自然科学者のいう所を聴くならば、彼らはこういうであろう。化学者の手において、種々なる偶然の混合によって、最初の鏡を作った同じ原因は、自然の手においては澄んだ水を作り、これはただ名もない羊飼の女の役に立っている。……鏡や水が人が姿を写すことができるように作られているのでないことは、同じ特性を持った他のすべての表面の滑《なめらか》な物体と変りはない。眼は実際のところ、一種の壁鏡のごときものであって、魂はその中で、対象の姿を、それらの物体によって現されている通りの姿で、眺めることができるのであるが、この器官が実際この眺めることのために特別に作られていることは証明されていないし、特別に眼窩の中に置かれていることも証明されてはいない。……眼が見えるのは、現在のごとく組織され、現在のごとき場所に置かれているからにほかならぬのであり、一度、自然の従っている同じ運動の法則を人体の生産と発達とに仮定すれば、このいみじき器官が別の組織を持ち、別の場所に置かれるということはあり得ない」(ラ・メトリイ、杉捷夫訳『人間機械論』岩波文庫、一〇〇―一〇四頁)。この場合、偶然と言われているのは、目的的消極的偶然の第一の場合で、無目的としての偶然を意味し、目的性を単に否定しているものである。同様の偶然の意味は次の二つの例にもあらわれているが、立場としてはもちろんラ・メトリイとは反対に目的的偶然を否定する立場である。「フェヒネルのごとく植物の魂というごときものを考えるのは、空想的かもしれない。しかし何らかの意味において意識的なるもの、例えば無意識的意識というごときものを考えなければ、生物というも、物力の偶然的結合と考えるのほかない、それ自身の存在というものを考えることはできない」(西田幾多郎『哲学の根本問題』一三四頁)。「皮膚は、いずれも生後三ヶ月位を経過した後でなければ、十分に発達せぬものであるが、独り口唇部における皮膚及び粘膜の触覚は、例外で、生後一日にして既にその作用を現わすものである。すなわち児童が生れるや、生命の唯一の糧を供給すべき母の乳房を探がし、もって、自己の生存を保つに大切な場所では、触覚がつとに佳良なる発達を示すものである。これ実に偶然でない」(永井潜『生物学と哲学との境』二三一頁)。

次に第二の場合は、反目的としての偶然、すなわち実現さるべき目的に反する事実が目撃される意味の目的的消極的偶然であるが、白痴のごときはその一例である。人間にとって思考活動の存在ということが実現さるべき一つの目的性を意味しているとして、白痴はその思考活動の非存在を意味するから偶然的のものと考えられるのである。花が八重になる現象も目的的偶然と見られる。花の機能が植物体の生殖を司るものとした場合、雄蕊が花弁に変ずるごときことは目的に反するから、八重の花は植物学上では畸態、すなわち偶然的現象とみなされるのである。また、三葉を有つことがクローバーにとって実現さるべき目的の一つであると見た場合、四葉のクローバーは目的の実現を欠いているから、偶然的のものである。一身の蛇には一頭を実現することが合目的的であるから、二頭一身の蛇は反目的的すなわち偶然的存在である。この種の目的的偶然をアリストテレスは「反自然」(*παρὰ φύσιν*)と呼び(Aristoteles, Physica, II. 6, 197ᵇ〔34〕)、ヘーゲルは「自然の無力」(Ohnmacht der Natur)に帰した(Hegel, Encyklopädie, hrsg. v. Bolland, § 250)。そうして、反自然なりと言明する背後には「自然は何物をも理由なく(*μάτην*)造らない」(Aristoteles, De caelo, I. 4, 271ᵃ〔33〕)という目的観がある。また自然を無力なりと断定するためには、あらかじめ概念規定としての類型を特殊者の仕上げの目的として自然に課しているのである。

この種の「反自然」は定言的偶然の中で特に例外的偶然と呼んだものと一致する場合がある(第一章第五節参照)。目的的消極的偶然のこの第二の様態は定言性における一般概念を目的とみなして目的の実現を要請するところに生じてくるのである。プラトンのイデアが「善のイデア」として当為の性格において妥当するがゆえに、現実は「反自然」の例外を呈供することによって自己の「無力」を暴露するのである。いったい、定言性と目的性とは不離の内的関係に立っている。一般概念はそれ自身目的として妥当するものと見ることができることは、その反省判断的課題的普遍性に照して明かである。(24)「論理的秩序、すなわち諸事実を概念へ従属せしめる作用はおそらく内的理性または目的因の自発的活動を隠匿している。概念は目的因の論理的記号にすぎないであろう。かくして諸々の個体はその存在理由を種《しゅ》において有っているのであろう」とブートルーもいっている(Boutroux, De la contingence des lois de la nature, 9e éd., p. 168)。

七　目的的積極的偶然

目的的積極的偶然は二つあるいは二つ以上の事象間に目的以外の関係の存在することを積極的に目撃する場合である。例えば樹木を植えるために穴を掘っていると地中から宝が出てきたというような場合である。この例はアリストテレスが『形而上学』第五篇(Aristoteles, Metaphysica, Δ. 30, 1025a〔15–18〕)に挙げ、後、ボエティウス(Boethius, De interpretatione, Ed. II. lib. III. Migne, pp. 491, 506)が解説して以来、偶然の例としてしばしば挙げられるものである。樹木を植えることが目的で、宝を得ることは目的の中に含まれていなかったから、宝を得たことを偶然というのである。一方に、植木屋が地を掘って樹木を植える行動の系列と、他方に、盗賊か何かが地中に宝を隠匿した行動の系列とがあって、その各々独立した両系列間に目的性以外の何らか積極的な関係が立てられたのである。また例えば、十七世紀の化学者ブランドが錬金術に従って銀を金に変える物質を得ようとして、尿を蒸発し強熱した結果、光を発する元素を得たことを、彼が燐《りん》を偶然に発見したという。この場合に偶然というのも、燐を得ることが目的のうちに含まれていなかったからである。この場合も、一方に錬金術的意図の実行として行動の系列があり、他方に燐酸塩《りんさんえん》から燐が遊離した化学的系列がある。そうしてこの両系列間に目的性でない他の関係が積極的に立てられたのである。

いったい日常生活にあって偶然といわれるものの大部分はこの目的的積極的偶然である。二、三の例を挙げておこう。[25]「十二月の十五日に偶然にも東鶏冠山北堡塁《ひがしけいかんざんきたほるい》で敵の陸正面防御司令官のコンドラテンコ少将が戦死した。コンドラテンコ少将はただに要塞防禦戦術において優秀なばかりでなく、非常に信望があったらしく、コンドラテンコがやっているから守備兵は安心して戦うことができるというふうに前から噂がありましたが、その少将が十二月の十五日に東鶏冠山北堡塁に来ているかいないか知らなかったが、我が二十八サンチの弾が偶然にもそこに中《あた》ってやられてしまったのです」(『大阪朝日新聞』昭和十年三月四日)。我が砲弾は敵を撃つことを目的としていたが、特にコンドラテンコ少将を目標としたわけではなく、砲弾が東鶏冠山北堡塁に向って発射されたことと、同少将がその日にその堡塁に来たこととは独立した二つの系列であるから、同少将の戦死を偶然というのである。また「昭和電力社長増田次郎氏は二十六日午前東京地方裁判所に召喚され金沢検事の長時間にわたる取調べを受けたのちさらに山口予審判事の拘留訊問を受けたが午後六時に至り瀆職罪として起訴前の強制処分で市ケ谷刑務所に収容された。聞くところによると同氏は過般来警視庁並《ならび》に検事局で取調べを進めていた昭電疑獄の参考人として最初は昭電事件係中島検事の取調べを受けたる際、偶然にも買勲事件に深い関係のあることを同検事に摑まれ、それがため改めて買勲事件係金沢検事の調べ室に廻されたものである」(『大阪朝日新聞』昭和四年九月二十七日)。初めに取調べた検事は昭電事件を取調べるのが唯一の目的であった。それゆえに、買勲事件に関する発見は全く目的外のものとして偶然といわれるのである。一方に昭電事件の取調べと他方に買勲事件の取調べとは全く独立した二つの目的的系列をなしていた。この両系列間に全く目的としなかった新しい積極的関係が立てられたのである。なお一例を挙げれば、昭和九年九月十日の東京放送局ラジオ放送番組の演芸放送は全部大阪放送局からの中継であったが「偶然が生んだこの番組」としてその日の新聞に論議された。まず事実が述べてある。「今日は昼の「独唱と管絃楽」(26)を初め、夜の「義太夫」と「落語」など、演芸放送は全部大阪からの中継で、このところAK文芸部本日休業というかたちである、これは全く偶然にこうした番組が編成されたものでプロ編成委員会でかく決定した以上何んとも致し方がないとAK当局ではいっている」。次にどうしてそうなったかの説明がしてある。「今日の演芸放送はAKとしては全く前例のない番組編成であるが何故こうした変形的なものが生れたか？　放送協会改組以来、各局のプログラム編成は、毎月一回開かれる放送編成会で半月先きの一ケ月分の番組が決定される事になっているが、今日の番組を決定した時には夜八時からの義太夫は文楽座からの中継放送と予定され、これに要する放送時間不確定のため、その次の演芸をBK[26]にまかす事になり、さらに昼は軽い音楽をというので「独唱と管絃楽」を入れた、ところがこれが偶然BK発であったというのである。すなわち編成委員会は発局を考えない訳ではないが放送種目を主として考えているため、かかる結果になったといっているが、これは放送編成会の失態であるとの非難の声が挙がっている」。すなわち「地方局ならいざ知らず、これは全く親局としてのAKの体面を失ってしまったようなものである」というので放送編成会幹事長は「演芸が全部BK発になってしまったのは全く偶然の結果でもちろん今後はこうした事のないよう気をつけたいと思います」と弁解している（『東京朝日新聞』昭和九年九月十日）。説明によると、夜の演芸放送の「義太夫」と「落語」とがともにBKであるのは、それに要する放送時間不確定の関係上、BKにまかせた事柄であって、そこには何らの偶然もない。偶然というのは、昼の演芸放送「独唱と管絃楽」もまたBKであったことが、偶然であったのである。何故に偶然かというに、編成委員会では昼の演芸放送に関しては放送種目だけを目的系列の中へ取入れていたのである。BK発のものを採用することは目的の中に含まれていなかったのである。夜の演芸放送番組をBK発に決定した目的的系列と、昼の演芸放送番組を「独唱と管絃楽」に決定した目的的系列とが同じ編成委員会の決定であるにかかわらず二個の独立した系列を構成したために思いがけない偶然が現象したのである。

八　目的なき目的

目的的積極的偶然にあって、積極的に目撃されるものは何であるかというに、その場合目的として立てられはしなかったが、しかも目的たり得べきようなものである。目的的積極的偶然には特に一種の「目的なき目的」が強い陰影を投げかけているのが常である。ベルクソンの語を借りていえばそこに「善霊」(un bon génie)または「悪霊」(un mauvais génie)が働いているかのような観を呈するのである(Bergson, L'Évolution créatrice, 25e éd., p. 254; Les deux sources de la morale et de la religion, 7e éd., pp. 152-157)。コンドラテンコ少将の戦死についていえば、我軍にとっては善霊が目指した目的のごとく、露西亜《ロシア》軍にとっては悪霊が目指した目的のごとくに思われる。また放送番組の例についていえば、東京放送局にとっては悪霊の目的的行為のごとく、大阪放送局にとっては善霊の目的的行為のごとくに考えられる。もちろん目的的消極的偶然にあっても、目的の非存在が主張される以上は、何らかの「目的なき目的」があって、それに対して「目的なき」ことが、目的の非存在が、特に主張されるのである。しかしながらその場合に目的の非存在そのものの把握に一切の重点が置かれている限り、目的的偶然は消極性においてあらわれるのである。それに反して、目的的積極的偶然にあっては特に「目的なき目的」の存在が積極的に強調されて目撃されるのである。換言すれば「目的なき——目的」という二肢的構造にあって、目的的消極的偶然は上肢を特に強調し、目的的積極的偶然はむしろ下肢に力点を置くのである。

左のような新聞記事があった。「無敵艦隊五十鈴艦長から招かれて十九日大阪入港中の巡洋艦五十鈴を訪問し、山田艦長始め若い士官たちから歓待をうけて感激した第一映画社スター山田五十鈴は、二十日の大阪城東練兵場における海軍観兵式で山田五十鈴艦長が第一艦隊陸戦隊を指揮する勇壮なる光景をラジオのマイクに耳傾けたが、同日午後、山田五十鈴艦長に対し歓待をうけた礼状と艦上における山田艦長との記念撮影の写真にサインして贈ったが、自宅にはこの記念撮影の引伸写真を掲げて永くこの奇縁を記念することになった」(『大阪朝日新聞京都版』昭和九年十月二十一日)。この場合、山田大佐が巡洋艦五十鈴の艦長に任命された動機は、山田と五十鈴との結合が目指されたものではない。しかるに、山田と五十鈴との結合によって映画女優山田五十鈴と同名が現出した。

それは全く目的的偶然にすぎないがあまりにも著しい「目的なき目的」を有っている。もし山田五十鈴という女優がいなかったならば、山田大佐が五十鈴の艦長であるという偶然性はほとんど何の響きも有っていないのである。女優山田五十鈴の存在によって共鳴箱が備えられて強大な音響を発したのである。「目的なき目的」を積極的に強調して把握するところに目的的積極的偶然の本質があるということができる。

「目的なき目的」の強調の結果、偶然は偶然でないごとき相を呈して、自己否定の志向的構造を取るようになる。「アメリカの銀価救済目的の銀借款問題の擡頭により、国内に響応する一派ありて、銀の輸入による貨幣制度改革案の動揺をいかんともすることができない情勢に陥った。この時ライヒマン氏の慫慂《しょうよう》により財経部長ソルター氏と交通部長アース氏の招請を見るに至ったのは、南京政府の分裂を防止し借款計画に統一を保たしめようとする深慮から出《い》でたものと見るとも必ずしも独断ではあるまい。アース氏の入京後二日、ソルター氏の着く前二日、銀借款の共鳴者たる胡漢民氏の失脚を見たのは、偶然にして偶然でないような出来事であった」(『大阪朝日新聞』昭和六年三月十二日)。武者小路実篤の『その妹』のうちにも「あの日あなたの処へ行ったのは偶然とは思えない気がします」(第三幕)という言葉がある。「偶然にして偶然でない」とか「偶然とは思えない」とかいうのは、「目的なき——目的」の下肢の強調のあまり、上肢がほとんど響を失った形である。

心理学者アンリ・ピエロンは「偶然論、一概念の心理学」(Henri Piéron, Essai sur le hasard: la psychologie d'un concept) という論文の中で、偶然性のこの方面を特に力説している。彼に従えば、湖畔を通っていてそこにボートがあっても別に偶然とはいわない。ボートを漕いで遊びたいという強い欲望をその瞬間に有っていたとして初めてそれを「幸福な偶然」というのである。道を歩いていて猫が前を横切ってもそれを別段偶然とはしない。自転車乗りが自動車を避けようとした途端に猫にぶつかって猫を轢《ひ》き殺したとすれば、その時に初めてその猫を道へ置いた「不幸な偶然」を憎むのである。ピエロンはかくして偶然には「主観的関心」(intérêt subjectif) が重要な契機をなしているとして、偶然の現象の「主観的側面」(côté subjectif) または「人間的要素」(élément humain) を強調しているが、心理学者の説として興味あるものである (Revue de Métaphysique et de Morale, 1902, pp. 688–691)。

なお偶然の心理的解釈に属するものとして、原因における微小の差異が、結果において大きい差異を齎《もたら》すものが偶然であるという考《かんがえ》がある。例えばルナンは「偶然とは結果に釣合った精神的原因を有たぬもの」(ce qui n'a pas de cause morale proportionnée à l'effet) といい (Ernest Renan, L'Avenir de la Science, p. 24)、ポアンカレ[27]も偶然に関して「原因中の差異は知覚できぬものであり、結果中の差異は私にとって非常に重大なものである」(La différence dans la cause est imperceptible, et la différence dans l'effet est pour moi de la plus haute importance) といっている(H. Poincaré, Science et Méthode, p. 71)。結果が原因に比して大きいと考える場合、その評価の標準は主として目的性にあるので、いわゆる「重大な結果」とは畢竟「目的なき目的」にほかならないことが多い。重大なる結果の例として、ルナンが「リュッツェンで砲弾に中《あた》ったグスターフ・アドルフ」[28](l. c. p. 494)を挙げ、ポアンカレが「戦慄すべき災害」[29](l. c. p. 69)を挙げているのに照しても明かである。またルナンが特に「精神的」といい、ポアンカレが「私にとって」といっているのもそのためである。

九　故意と偶然

目的的積極的偶然にあって「目的なき——目的」の下肢の強調が極度に達するときは、実際問題として偶然か故意かを弁別し難い場合も生ずる訳である。「松平大使とイギリス首相マグドナルド氏との間における日英予備交渉は二十八日さらに第三次の会見をなしたが……一方アメリカにおいてスチムソン氏と出淵駐米大使との間に行われつつある日米間の予備交渉においてもスチムソン氏はイギリス首相と同じく同氏の私案として一の解決案を文書によって出淵大使に提示し、故意か偶然か、イギリス同様日本の七割要求の代りに隻数の明示を求めている模様である」(『大阪朝日新聞』昭和四年十二月二日)。夏目漱石の『こころ』のうちにも「奥さんは滅多に外出した事がありませんでした。たまに宅を留守にする時でも、御嬢さんと私を二人ぎり残して行くような事はなかったのです。それがまた偶然なのか、故意なのか、私には解らないのです」(下、十四)という言葉がある。

　およそ故意と偶然とを識別することは、法律上責任の所在を明かにするものとして、犯罪の成立にあたって決定的意味をもっている。『書経』康誥《こうこう》篇(30)に「王曰、嗚呼、封、敬明㆓乃罰㆒、人有㆓小罪㆒、非㆑眚乃惟終、自作㆓不典㆒、式爾有㆓厥罪小㆒、乃不㆑可㆑不㆑殺、乃有㆓大罪㆒非㆑終、乃惟眚災適爾、既道極㆓厥辜㆒、時乃不㆑可㆑殺」という言葉があるが、「適《たまたま》」すなわち偶然は、「終」すなわち故意に遂行することに対立しているもので、目的的偶然にほかならない。法律上特に問題になる偶然性は目的的積極的偶然である。犯罪を完全に成立させるものは犯罪への意志すなわち犯意としての故意である。刑法第三十八条(31)に「罪を犯す意なき行為は之《これ》を罰せず」といって勝義の犯罪を目的的必然性の領域においてのみ成立させている。いわゆる「過失」は目的的積極的偶然である。過失に関しては「過失は不注意をその骨子とす。この点において偶然の事実(不可抗力)と区別することを要す」(牧野英一『改訂日本刑法』一七八頁)という説明もある。しかし偶然という概念は或る種の過失をも不可抗力をも外延的に包含し得る上位概念である。偶然を特に狭義に解して不可抗力と同視しなければならぬ理由はない。過失と不可抗力との相違は、前者は偶然が除去し得べかりし場合、後者は偶然が除去し得べからざりし場合である。偶然を量的に見るとき、過失における偶然性は小で、不可抗力における偶然性は大である。両者の相違は偶然性の程度の差に存する(一八五―一八七頁参照)。猟師の撃った弾丸が鹿に中《あた》らないで、附近に居た樵夫に中った場合、そこにはもちろん不可抗力は存在しないで、不注意が存在している。不注意によって犯罪事実が認識されなかったところに過失が成立する。しかしながら、不可抗力ではないといっても、偶然でないとはいえない。猟師の意志活動の目的的必然性は猟師と鹿とを連結しているのである。弾丸がはからずも樵夫に中ったことは、目的的必然性にとって目的的積極的偶然を構成しているのである。刑法第三十八条第一項但書に(31)「但《ただし》法律に特別の規定ある場合は此限《このかぎり》に在らず」として、過失殺傷その他の場合に過失を処罰することを定めているのは、不幸なる偶然に対して、偶然が除去し得べかりし点を、偶然性の量の微小なる点を、強調して、不注意による責任を問うからである。目的的積極的偶然が不可抗力を意味し、従って犯罪と何らの関係を有たない場合は次のような場合である。「予見すべからざる偶然なる事情の新《あらた》に附加したるがため偶然なる因果連絡を形成したる場合においては、刑法上その結果を当該意思活動に帰することを得ざるものとす。例えば微傷を負いたる者、治療のため病院に運搬せらるる途中、暴風雨により倒潰したる工作物に圧殺せられ、または入院中、火災に罹りて焼死したる場合のごときは、彼の傷害行為と焼死との間に刑法上の因果関係ありと認むることを得ず」(泉二《もとじ》新熊《しんくま》『日本刑法論』総論、第四十三版、三〇六頁)。甲が乙に故意に暴行傷害を加えた場合、病院へ運搬される途中または入院中、天災によって乙が圧死または焼死したことは、甲の犯罪意志活動の目的的必然性にとって、「競合する偶然なる事情」として目的的積極的偶然性を構成している。「偶然なる事情の競合」および「過失」は、犯罪と全然関係なきかまたはいわゆる過失犯として例外的に処罰を受けるに止まっている。目的的積極的偶然性によってのみ辛うじて犯罪の成立不成立が問題とされるからである。それに反して目的的必然性の地平において犯罪が意志されながら、偶然の障礙《しょうがい》によって犯罪の完成が阻止された場合は、「障礙未遂」として原則的には既遂と同視されるのが当然である。「犯罪の既遂が偶然なる事情のため全うせられざりしときは、裁判所は事実及《および》行為の態様に従いて、既遂に対して定められたる制裁を適用するの権を有す」(「イタリヤ」一九二一年案第十六条)(牧野英一『改訂日本刑法』二七七—二七八頁)。障礙として偶々《たまたま》作用する事象が、犯罪意志の目的的必然に対して目的的積極的偶然であることは明かである。それゆえに、この種の犯罪は必ずしも刑の減軽を受けるとは限らないのである。

法律上に問題となる偶然が目的的積極的偶然であることは、賭博及び富籤《とみくじ》に関する罪の理論について見ても明かである。刑法第百八十五条[31]によって「偶然の輸贏《しゅえい》に関し財物を以て博戯《ばくぎ》又は賭事を為したる者」が処罰されるが、「賭博及び富籤の行為を処罰するゆえんのものは、その風俗上射倖心を放縦ならしむることによって健全なる経済的思想を麻痺せしめ、はなはだしきに至っては国民経済の機能に障礙を与うる虞《おそれ》あるゆえである。その行為の違法とせらるるゆえんのものは、およそ財産の得喪《とくそう》には正当なる原因がなければならぬはずであるにかかわらず、単なる偶然の事情を原因とすることが、経済社会における正義の理念に反するゆえである」(小野清一郎『刑法講義』四六〇頁)。経済的意志活動の目的的必然性に対して賭博および富籤が目的的積極的偶然を構成する限りにおいて、国民経済の機能を害するものとして法律が禁ずるのである。「偶然の輸贏」の概念は後に説く離接的偶然の概念によって初めて根源的理解を可能にされるのであるが(第三章第八節参照)、法律の関心の領域にあっては目的的積極的偶然の概念をもって足るといっても差支えないのである。要するに、目的的積極的偶然は法律上にいう偶然の属する次元であり、その「目的なき目的」によって「故意」と外見的接近に置かれることがある。

一〇　アウトマトンとテュケ

「目的なき目的」の媒介によって、目的的積極的偶然が「故意」と弁別し難い様態をさえ取り得ることを述べた。アリストテレスの「アウトマトン」(αὐτόματον)と「テュケ」(τύχη)との区別もこの点から理解することができる。

　プラトンは未だこの区別をしなかった。「テュケによる」(τύχῃ)と「アウトマトンによる」(ἀπὸ τοῦ αὐτομάτου)とを全く同じ意味に用いている。例えば『プロタゴラス』のうちで、正義というような徳は「自然によるのでもなく偶然によるのでもなく」(οὐ φύσει οὐδ' ἀπὸ τοῦ αὐτομάτου)教育によるもので、その所有者は努力によってこの徳を獲得したのである。それに反して、醜いとか矮小とか虚弱とかいうような欠点やその反対の長所は「自然によるかまたは偶然による」(φύσει ἢ τύχῃ)ものとしている(Platon, Protagoras, 323d)。ここで自然と偶然とが一組となって二回出てきているが、「偶然による」という場合に、一方では「アウトマトンによる」といい他方では「テュケによる」といっている。すなわち両者は全く同じ意味に用いられている。

　それに反して、アリストテレスは『自然学』のうちでアウトマトンとテュケとの区別を立てた。彼の説くところによれば、両者の共通点は、目的性の領域に属する事象が、事実上齎《もたら》されたことを目的として起ったのでなく、他に原因(動力因または目的因)をもっていた場合という点にある。換言すれば、両者とも、目的性の領域に属する事象の「シュムベベコスによる原因」(αἰτία κατὰ συμβεβηκός)である。「シュムベベコスによる原因」とは真の原因結果または目的手段の体系とは何ら必然的関係のない単なる「目的なき目的」を指している。事実上齎《もたら》された事象の単なる「目的なき目的」を指している。この「目的なき目的」はその場合に存する真の因果的必然または目的的必然に対して、本質に対する偶然的属性の偶然性《シュムベベコス》(συμβεβηκός)(二五頁参照)を有っている。それゆえに「シュムベベコスによる原因」と呼ばれるのである。例えば石像の原因は彫刻家である。「シュムベベコスによる原因」は白人または音楽家である。白人または音楽家ということは本質的な原因である彫刻家に対して単に偶然的属性の偶然性より有っていない。彫刻家がたまたま白人種に属し、または音楽の才能を有っていたのである。それゆえに白人または音楽家は石像の「シュムベベコスによる原因」である。要するにアウトマトンもテュケもともに目的性の領域に属する事象の「シュムベベコスによる原因」として単なる「目的なき目的」より有っていない。両者に共通の点もまた実に目的的必然性の否定ということである。すなわち両者とも目的的偶然である(Aristoteles, Physica, II. 5)。

両者の差異点はどこにあるかというに、テュケとは偶然的事象が、「意図」(προαίρεσις)によって行為し得るものに関係している場合をいうに対して、アウトマトンとはしからざる場合にも妥当する概念である。すなわちアウトマトンは外延上テュケを包摂する上位概念である。テュケはアウトマトンであるが、アウトマトンは必ずしもテュケではない。従ってまたアウトマトンは動物にも無生物にもあるが、テュケは目的的行為を意図し得る者に限られている。すなわちテュケは「幸運」(εὐτυχία)と「幸福」(εὐδαιμονία)との二概念の媒介によって「行為」(πρᾶξις)に結び付けられて実践的領域に属せしめられる。従って意図をもたない無生物や動物や小供はテュケを知らない(l. c. II. 6)。換言すれば、テュケにあっては「故意」か否かが実際上問題となり得るものであり、アウトマトンにあってはその本質上この問題が起らないものである。

アリストテレスが『自然学』で挙げているテュケの例は次のものである。甲が或る場所へ集金以外の他の目的で行った。しかるにそこで偶々《たまたま》集金ができた。集金ということは、甲がその場所へ行った目的の中には含まれていなかったのである。集金が「シュムベベコスによる原因」すなわち「目的なき目的」である。このテュケの例は、意図によって行為し得るものに関している限り、故意か偶然かが問題となり得るものである。甲が「故意に」集金のためにその場所へ行ったという場合も考え得るのである。

アウトマトンの例は四つ挙げてある。第一の例は、三脚椅子が下へ落ちたが脚が立って腰掛けられるようになった場合、第二の例は、石が落ちて人を打ったという場合、第三の例は、馬がこっちへ来たためにその馬が助かったという場合である。三脚椅子が高い処から下へ落ちてその三つの脚が立ったことは単なる因果的必然であって、腰掛けられるようになったことは三脚椅子が下へ落ちたことの目的ではあり得ない。同様に、石が或る一定の場所へ落ちたのは単なる因果的必然であって、その石が人を打ったということは石が落ちたことの目的ではあり得ない。また同様に、馬がこっちへ来たことは単なる因果的必然であって、馬が助かったことは馬がこっちへ来たことの目的ではあり得ない。三脚椅子も石も馬も意図によって行為し得ないからアウトマトンの例である。また目的というものは三脚椅子や石や馬の性質上、絶対にあり得ないものとして「目的なき目的」が「故意」と解せられる可能性の全く無い場合である。なお、これら三つの例は、後に説く因果的積極的偶然の例ともなるものであるが、そのことは後に述べる(二二六頁参照)。

アウトマトンの第四の例は、何ものかが自然に反して(*παρὰ φύσιν*)起った場合が挙げてある。この例は、目的観に従って自然界には目的的必然が支配していることを仮定した上で、反自然現象として目的が実現されていない場合である。これはさきに目的的消極的偶然の中の「反目的」の場合として取扱ったものである(八四頁参照)。既にいったように、目的的消極的偶然にあっても、目的の非存在が主張される限りは、何らかの「目的なき目的」が潜在しているもので(八九—九〇頁参照)、消極的偶然と積極的偶然とは結局峻別し難い点がある。この第四の例も、自然目的には関したものであるが、意図によって行為し得る実践的人間に関したものではない。「故意」に反目的を目的としたというようなことは考えられない。それがアウトマトンのアウトマトンたるゆえんである。ただしこの第四の例は、第一、第二、第三の諸例に比較するとき、否定される目的の在り方を全然異にしている。第一、第二、第三の諸例では「腰掛けるため」「人を打つため」「助かるため」という目的が否定されているが、そういう目的は因果系列の外(ἔξω)に位置を占めている。それに反して第四の例では自然によって実現さるべき目的が否定されているのであって、そういう目的は自然の因果系列の内(ἐντός)に位置を占めている。第一、第二、第三の諸例では無いはずのものが有ると断定され、第四の例では有るはずのものが無いと断定されることによって反目的性が指摘されているのである。しかし、いずれもみな「故意」に意図される可能性が存しない限り、アウトマトンの例である。

なおアウトマトンとテュケとの相違に関して、アリストテレス註釈者として有名なアフロディシアスのアレクサンドロス[32]の挙げた例によれば、逃げた馬が偶然主人に遭った場合、馬にとってはアウトマトンであり、主人にとってはテュケであるというのである。「目的なき目的」が「故意」によって置き換えられる可能性を、馬は有っていないが、主人は有っている。「故意」の可能性が存するか存しないかが、テュケとアウトマトンとの区別の主眼でなければならない。そうして、テュケとアウトマトンとがともに目的性に関する限り、その目的性が実践の領域にあって意図をもって措定される可能性が有るか無いかは、かなり重要な相違でなければならない。

アウトマトンとテュケとの訳語について一言しておこう。ラテン語ではアウトマトンに casus を当て、テュケに fortuna を当てた。アウトマトンを直訳して per se vanum ともいった。per se は *αὐτὸ*(おのずから)の訳、vanum は *μάτην*(理由なく)の訳である。テュケはアリストテレスによればその結果が大きい善である場合には「幸運」(*εὐτυχία*)といわれ、大きい悪である場合には「不運」(*δυστυχία*)といわれる(Aristoteles, Physica, II. 5, 197^{a}〔26–27〕)。「幸運」(secunda fortuna)と「不運」(adversa fortuna)とに共通のものは「運」(fortuna)であるから、ラテン語ではテュケを fortuna と訳したのである。

近代語の訳は一致していない。大体、三つの違った方針がある。㈠ラテン訳の casus と fortuna とをそのまま近代語化する。アムランもその例であって、アウトマトンを

hasard と訳し、テュケを fortune と訳している(Aristote, Physique, II, Traduction et Commentaire par O. Hamelin)。ウィックスティードとコーンフォードも同様にアウトマトンを chance と訳し、テュケを fortune または luck と訳している(Aristotle, The Physics, with an English Translation by P.H. Wicksteed and F.M. Cornford)。hasard も chance もともに casus と語源を同じくしている。㈡ギリシア語から直接に近代語に訳す。ミローはアウトマトンを spontané と訳し、テュケを hasard と訳している(G. Milhaud, Le hasard chez Aristote et chez Cournot, Études sur la Pensée Scientifique, pp. 137–158)。ゴンペルツも同様にアウトマトンを das Spontane と訳し、テュケを Zufall と訳している(Gomperz, Griechische Denker, III, Aristoteles und seine Nachfolger, Kap. X, Von Zufall und Notwendigkeit)。ハーディーとゲイも同じである。アウトマトンを spontaneity と訳し、テュケを chance と訳している(Aristotle, Physica translated into English by R.P. Hardie and R.K. Gaye)。注意すべきことは、ラテン訳を近代語化した場合と、ギリシア語から直接に近代語訳をした場合とにおいて、訳語の顚倒を見たことである。前者にあってはhasard, Zufall, chance をアウトマトンに当て、後者にあってはテュケに当てている。ギリシア語から直接に近代語訳をした場合の方が大体において優れている。ただし、アウトマトンを訳すに当って ***αὐτὸ***(おのずから)に重点を置いて「自発性」と訳し、***μάτην***(理由なく)を度外視した趣のあるのは不適切である。*μάτην* という語には偶然性が判然と現われている限り、軽視してはならないはずである。(三)ギリシア語を厳密に直訳する。プラントルはテュケを Zufall と訳し、アウトマトンを das grundlos von selbst Eintretende と訳している[33] (Aristoteles' Acht Bücher Physik, Griechisch und Deutsch herausgegeben von C. Prantl, 1854)。このアウトマトンの訳は原語の含有する諸契機をそのまま厳密に直訳したものである限り、翻訳の巧拙は別問題として、言葉の哲学的内容に関しては最も適切な訳といわなければならない。かように直訳することの必要をプラントル自身も述べている (ibid., S. 483-484)。ラテン語にも直訳として per se vanum というのがあったことは既にいった。アウトマトンを「自発性」と訳することによって軽視された半面が直訳によって再び権利を取り戻すのである。

二　目的的偶然から因果的偶然へ

以上は目的的偶然について述べた。しかるに目的的地平におけるかような偶然性も、狭義の因果関係の見地から見れば、何らかの原因の結果として生じたもので、因果的必然性を備えていると考うべきである。「無目的」としての目的的消極的偶然についていえば、人間が偶然に地球の表面へ投げ出されたという考《かんがえ》は、運動の法則によって人間が必然的に生産されたという機械観の半面にほかならない。「反目的」としての目的的消極的偶然についていえば、白痴であることは大脳の組織、なかんずく細胞の遺伝質のうちに何らかの原因を有っていなければならない。花が八重になることは、寄生した菌類または虫類の刺戟作用と、それに対する花の反応作用とに一定の原因を有っていなければならない。目的的積極的偶然についていうならば、土地を掘って宝を得たことは、不透明な土の中に静止していた物品の有つ惰性と、鍬《くわ》の機械的作用およびそれに加えられた人の力に原因が存している。また尿を蒸発し強熱して燐が得られたことは、生理的燃焼の終局産物として尿の中に含有せられていた燐酸塩《りんさんえん》と、それに加えられた化学的作用とが原因であったのである。昭電事件の調べがたまたま買勲事件に関係を有つようになったのは、取調べを受けた人物の個人的性格と社会的境遇とにその根本的原因があったのでなければならぬ。かようにして目的的偶然は定言的偶然と同じ方向を取って、因果的必然へ、少なくとも狭義の因果性の問題へ還元せられるのである。

一二　因果的消極的偶然

因果性の地平において因果的偶然の問題が残っている。因果的必然の非存在を消極的に目撃する因果的消極的偶然についてまず述べよう。原子論を採用したエピクロス(34)は原子の本来の運動を上から下に向う垂直運動と考えたが、何らの原因なくして(ἀναιτίως)おのずから(sponte)垂直線より極めて少しく逸れる原子のあることを説いた。ルクレチウス[34]はこの垂直よりのいささかなる背離を「傾き」(clinamen)と呼んだ。「精神自身は各々の行動にあたって内的必然性によってあたかも縛られて忍辱《にんにく》し受難するがごとくに拘束されているものではない。これは原体の有する、空間的にも時間的にも決定されていない微小の(exiguum)傾き(clinamen)のお蔭である」(Lucretius, De rerum natura II. 289-293)。こういうエピクロス派の非決定論はストア派の決定論に対して唱道されたものであるが、デモクリトス[34]の原子論とも決定性の問題において正反対の性質を示している。clinamen は実に因果的消極的偶然の典型である。この意味の因果的偶然は自発性にほかならない。また「主君なく」(ἀ-δέσποτος)(Diogenes Laertios, X. 133)[34]の語によって示されるがごとく、自由を意味することにもなる。

　因果的消極的偶然が自由を意味し得ることは注意すべき点である。「或る一定の諸条件の内部において妨げられることなく偶然性を享有し得るというこの権利を、ひとは従来人格的自由と名づけた」(マルクス・エンゲルス、三木清訳『ドイッチェ・イデオロギー』岩波文庫、一一六頁)。また「すべての目的論的見地を排する自然科学的方法論を概念構成の唯一の原理とし、歴史的精神科学的概念の典型性を無視して、秩序概念の構成を型による了解の代りに置こうとする科学的社会主義の弁証法的唯物論は、弁証法の論理の規制原理としての目的論を可能にする反省判断的普遍[35]の成立する余地を奪い、自由ないし偶然性の容るべき所を塞いで、全然必然的なる弁証法の論理のみをもって歴史を構成しようとするに至ることを免れない。かくして生ずる弁証法的運動の世界は実は一種の自然にほかならないのであって、その特殊は単に法則概念の一実例たる特殊に堕し、独得の個性をもって歴史的認識の対象たることを要求するものであることはできなくなる」(田辺元『ヘーゲル哲学と弁証法』三八三―三八四頁)。また「弁証法が精神生活を論理的必然に化するのはただ現実の優先の下においてのみ正当に行われることであって、逆に現実の一切を未だ起らざる将来にまでわたって規定し尽すものではないから、必ずそこに弁証法に対する偶然があるはずである。この消極的に残されたところを充たすものとして現れる積極的内容が自由である」(同書、二七八頁)。

因果的偶然は非決定的自発性を意味する場合には、日本語では「おのず〔づ〕から」という語によって表現され、目的的必然と結合して自由の意味を取った場合には、「みず〔づ〕から」の語が用いられる。「今さびしきすまひ、一間《ひとま》のいほり、みづからこれを愛す。おのづから都に出でて、身の乞匃《こつがい》となれる事を恥づといへども、かへりてここにをる時は他の俗塵に〔馳〕する事をあはれむ」(『方丈記』)。なお「おのず〔づ〕から」という語は「自然」を意味し、その結果としてかえって因果的偶然に対立する場合もある。しかし、その時には半面において目的的偶然を意味する限り、自然と偶然との合体したものを表現していると考うべきである。『理想』特輯号「人生観の哲学」中の「我が人生観」(36)(一四二頁)では特にこの意味で、すなわち「自然」として因果的偶然に対立する意味で「おのず(づ)から」の語を用いておいた。「わざと習ひまねばねども、少しもかどあらむ人の、耳にも目にもとまる事、じねんに多かるべし。さるままには、まんなを走り書きて、さるまじきどちの女ぶみになかば過ぎて書きすくめたる、あなうたて、この方のたをやかならましかばと見ゆかし。心地にはさしも思はざらめど、おのづからこはごはしき声に読みなされなどしつつ、ことさらびたり」(『源氏物語』帚木《ははきぎ》)(37)。この場合、「自然《じねん》に」と「おのず(づ)から」とが全然同意義であることは、プラトンが自然と偶然とを同一類とみなした(七六頁参照)のと同様の根拠によっている。要するに因果的偶然としての「おのず(づ)から」なる非決定的自発性は、異種結合によって目的的必然の方向へ転じて「みず(づ)から」の有つ自由となり、それと反対に同種結合によって目的的偶然の方向へ走って「じねん」すなわち自然となるのである。自由と自然とはかくして正反対の対立を示している。「当時朝鮮人参種《たね》御詮義被遊候《あそばされそうろう》は、いか程《ほど》に而《て》も自由に才覚相成候《あいなりそうろう》。一年に一二万粒も御蒔《おんまか》せ被遊《あそばされ》、十年も相続候《あいつづけそうら》はゞ、先に蒔置候《まきおきそうろう》分、追々四五年以上より実を結候故、十年之内にて段々培養仕《つかまつり》候《そうろう》。扨《さて》種等沢山に相成候節は、所々《ところどころ》山中へ蒔捨置候得《まきすておきそうらえ》ば、後々《のちのち》山中自然に朝鮮人参之生候《なりそうろう》義、唯今之和人参之通《とおり》に相成候」(平賀源内先生顕彰会発行『平賀源内全集』上、一九四―一九五頁)。

因果的偶然＝非決定的自発性（おのずから）｛
（異種結合の結果）目的的必然＝自由（みずから）
（同種結合の結果）目的的偶然＝自然（じねん）

ヘーゲルの自由(Freiheit)と恣意(Willkür)との区別も、一方に目的的必然性の極めて強調された「みずから」を「自由」として立て、他方に「おのずから」の有つ因果的偶然性と「じねん」の有つ目的的偶然性との同種結合の結果を「恣意」と呼んでいるのである。ヘーゲルによれば意志は偶然的なものを恣意の形態で単に止揚された契機として自己の中に有っているのである。恣意は偶然の形における意志であり、自由は必然の形における意志である。意志の自由というときしばしば単に恣意が考えられていることがある。恣意は一または他へ決定する能力としてもちろん自由意志の本質的契機には相違ない。しかし自由そのものではなくて単に形式的自由である。真に自由なる意志は、恣意の因果的偶然性を止揚して自己の中に蔵してはいるが、目的的必然性として自己の内容を自己のものとして明確に自覚しているのである。それに反して、恣意の段階に止まっている意志は、内容的に真なもの正しいものへ自己決定した場合でも、自分に気に入りさえすれば他へも自己決定することができたという無内容の空虚さから脱していないのである。ヘーゲルは「みずから」としての自由の有つ目的的必然性と「おのずから」としての恣意の有つ因果的偶然性とをかように対立させているが、さらにまた恣意が目的的偶然性を有つ点において矛盾を含んでいることを指摘し、自由との対立を尖鋭化している。恣意にあっては形式と内容とが別々になっている。恣意は形式上では因果的偶然性を有っているが、内容上では目的的偶然性およびその半面として因果的必然性を有っている点で自己矛盾している。恣意の内容は与えられたものである限り意志内にみずから基礎付けたものではなく、外的事情におのずから基礎付けられているものである。そういう内容に関して選択の形でだけ自由が成立するが、そういう形式的自由は単に自由と思込んでいる自由にすぎないのである。なぜならば、仔細に分析をしてみれば、意志が甲でなくまさに乙に自己決定する原因は自己に存するのではなく、意志が与件として見出した内容の基礎をなす事情の外在性に自己決定の原因が存することがわかるのである。恣意の因果的偶然としての「おのずから」は仔細に分析すると目的的偶然と結合している限り、「じねん」の因果的必然にすぎないことがわかる。因果的偶然と考えられたものが、分析の結果、因果的必然と見られるから、恣意は矛盾を含んでいる。意志の低い段階にある恣意は、高い段階にある自由に展開されなければならぬというのがヘーゲルの見解である(Hegel, Encyklopädie, hrsg. v. Bolland, 1906, § 145. Zusatz, S. 194)。

我々は自由の概念に関して消極的自由と積極的自由の二つに分けて考えることができる。そうすれば、消極的自由とは因果的偶然としての非決定性、自発性に当り、積極的自由とは目的的必然としてのヘーゲルのいわゆる自由に当る。ニコライ・ハルトマンの様相性の研究によれば、消極的自由は一または他に行動する可能性であって、必然性を越えた可能性の優勢である。しかるに、道徳の本質である当為は可能性を越えた必然性の優勢であるから、当為によって制約された活動は消極的意味において自由であるとはいえない。積極的意味において自由ということがいえるのである。消極的自由は「可能性の自由」(Freiheit der Möglichkeit)すなわち「必然性からの自由」(Freiheit „von“ der Notwendigkeit)であるが、積極的自由は「可能性からの自由」(Freiheit „von“ der Möglichkeit)として「必然性の自由」(Freiheit der Notwendigkeit)でなければならぬ。必然性の自由とは必然性が自由にほとばしり出ることであるとしている。そうして「自由なる必然性」(freie Notwendigkeit)という逆説的概念へ達している(N. Hartmann, Logische und ontologische Wirklichkeit, Kantstudien, XX, S. 23–24; Ethik, 1926, S. 587–589 参照)。ハルトマンのいう「自由なる必然性」とは目的的必然性としての積極的自由である。因果的偶然性は非決定的自発性として消極的自由の概念を構成する。

なお東洋の思想にあっては自由と自然とは乖離的対立をしないで融合相即して見られる傾向が著しい。「みずから」の有つ目的的必然性と「じねんに」の有つ因果的必然性とが「おのずから」なる自発性に止揚された段階と見ることができるかもしれぬ。その点に興味ある問題が含まれているが今はそれを論ずる場合ではない。この点に関して『理想』第十七号所載の安倍能成氏の論文「自然について」は示唆に富むものである。

以上、非決定的自発性としての因果的偶然が、一方に積極的意味における自由、他方に自然に対する関係を簡単に考察したのである。その結果、精神哲学の領域にあって目的的必然性の概念をもって因果的偶然性の概念を置き換えようとする傾向のあることを否み得ない。しかしながら目的的必然性は、根源において、因果的偶然性に依存するのでなければその意味をなさない。因果的偶然は目的的必然の出発点でなければならない。換言すれば、非決定性、自発性としての消極的自由は、決定性、必然性としての積極的自由の不可欠条件を構成している。それのみならず、目的的必然としての積極的自由を「障礙からの解放」というように解するならば、自由意識の発生過程からは、かえってその方が消極的意味を有ったものであり、絶対的自発性としての消極的自由の方が積極的意味を有ったものとさえもなってくるのである。天野貞祐氏「人格と自由」にその点が明かにされている。「我々が自由の意識を有つ経験的過程は消極的側面から始まる。障礙のあるところに初めて我々は自由を意識する、何らの障礙もなければ自由という意識は起りようがない。自由が障礙からの解放と解せられるわけなのである。自由という語は本来この消極的な意味を有つものである。……そうして人間にあっては行為は意志に基づくと考えられるゆえ、束縛する障礙は多種多様であっても束縛されるものはつねに意志に帰著《きちゃく》する。意志が束縛されていない時に人間は自由であることとなる。ここにおいて自由の意味は、人が一つの行為を意志することも意志せざることもできるという積極的側面へ転じてくるのである。しかしこれによって自由の意味が変るわけではない。消極的意味というも積極的意味を根拠としているからである。障礙からの解放が自由だというも解放せられた状態が自由なのではなくして、解放によって障礙に服従することも、しないことも可能になったはたらきの可能性が自由なのである」(天野貞祐「人格と自由」『岩波哲学講座』四頁。その他三八頁をも参照。なお同書には人格的自由が「可想界の会得」と関聯して哲学的情熱をもって説かれている)。

精神哲学の領域における因果的偶然性の重要な役目はかくのごとくであるが、他方において自然科学は如何《いかん》というに、その大体の傾向として因果的必然性の概念によって因果的偶然性の概念を排除しようとすることは否むべからざることである。たまたま偶然誤差、偶然発生、偶然変異などの概念が生じても、それらはたちまち因果的必然性によって征服されてしまうのである。これらの概念はもと因果的偶然に関聯してできた。すなわち、偶然誤差は量の測定における誤差の原因に関し、偶然発生は生物発生の原因に関し、偶然変異は遺伝質に起る変化の原因に関し、いずれも何らかの意味で偶然性を目撃しようとしたのである。しかし偶然誤差に対しては、因果法則に適するごときものを測定さるべき量として決定することによって、偶然発生に対しては、化学的合成を通路として無機物と有機物との境界を近接せしめることによって、偶然変異に対しては、放射線その他を利用して変異の原因を実験的に必然化することによって、いずれも偶然性に必然性を置き換えてしまうのである。自然科学の抱負はまさにその点に存するといって差支えないであろう。

自然科学が因果的必然性を究極の理念とし、精神哲学が目的的必然性の不可欠条件として因果的偶然性を要請するとするならば、因果的偶然の概念をめぐって重大な哲学問題が展開するのは当然でなければならぬ。

因果的偶然が厳密なる意味において存在するか否かは自然科学者にとっても哲学者にとっても究竟的な問題の一つである。その存在を肯定する側には例えばブートルーがある。ブートルーによれば、因果法則は抽象的のものとして科学の実際上の格率たり得るが、具体的な現実の世界にあっては厳密には適用されない。すべての計量は単に近似的である。絶対の精密に到達することは原理的に不可能である。実験的立証とは結局は諸現象の可測的要素の値を、できるだけ接近した限界と限界との間に圧縮することに帰する。我々が見るものはいわば物を入れた容器にすぎない。物自身ではない。そうして我々の粗雑な測定方法の効力範囲を越えた程度の微小の非決定性が諸現象に内在し得る。それがすなわち因果的必然の非存在としての因果的偶然(contingence)である。かくしてブートルーはメーヌ・ドゥ・ビランやラヴェッソン[38]によって唱道された「自由の哲学」に偶然の概念による根柢を与えようとした。なお、エピクロスの非決定論にあっては因果的偶然と目的的偶然とが同種結合をなしているに反して、ブートルーにあっては因果的偶然が目的的必然と異種結合をなしている。エピクロスは一方に神々の存在を承認したが、他方にその神々は諸世界間(*μετακόσμια*, intermundia)の空虚に住して自足の至福に安んじ世界と人間とに何らの干渉をしないものと考えた。しかるにブートルーのいわゆる「自然法則の偶然性」は畢竟、宇宙の目的的必然性に依存している(Boutroux, De la contingence des lois de la nature, 9e éd., pp. 155–157)。ブートルーは「義務の形における必然性」すなわち「必然的と考えられる目的」について語り、神にあっては「自由が無限である」とともに「実践的必然性」があるという。また神の「不断の摂理」「特殊の摂理」

を説き「宇宙のもろもろの形式や一般的法則の段階組織が示す偶然性は、この神の自由の教説によって説明される」といっている。そうして彼が標語として巻頭に掲げた「ここにもまた神々がある」[39]というアリストテレスの『動物の部分』からの引用句は、因果的偶然性の背後に潜む目的的必然性を指摘するものとして彼の立場を表明するとともに、彼の思想がトーマス・アクィナスの「必然性または偶然性の法則」の概念やマルブランシュの偶因論[40]と接近を有することを暗示している。なおエミール・ボレルもその著『偶然』において因果的偶然を肯定している。物理現象に関する彼の主張によれば、一方において「或る一つの全体的現象の必然性は部分的諸現象の自由と相容れないものではない」。他方において「部分的諸現象に関して絶対的と考えられた決定論も、絶対的厳格をもって全体的現象を予知することをば許さない」。絶対的な決定論はいずれにしても支持し難い。「なぜならば、宇宙内にあって自由の干与するところがいかに小さくとも、そういう干与の存在する宇宙と、そういう干与の除外されている宇宙との間には深淵が横《よこた》わっている」(Émile Borel, Le Hasard, 1920, pp. 290–295)。

しかしながら、ポアンカレとともに「我々は絶対的決定論者になってしまった」(H. Poincaré, Science et Méthode, p. 65)という人々も少なくないであろう。円錐をその頂点の上に立てるとき、いずれの方向に倒れるかは、なるほど偶然によるように見える。しかしその倒れる方向を決定するには必ず何らかの原因がなければならない。すなわち、極めて少しでも円錐の対称に欠けるところがあればいずれの側にか僅《わず》かに傾く。そうしていかに僅かであっても、その傾きが円錐の倒れる方向を決定する。また対称が完全であったとしても、極めて微小な振動にも幾秒角か傾けられる。そうしてその僅かな傾きが円錐の倒れる方向を決定するのである。要するに「我々に気附かないような微小の原因が、我々の認めないでいられないような重大な結果を決定することがあると、そのとき我々はその結果は偶然に起ったという」(ibid., p. 68)。ポアンカレは決定論と自由とをカント流に調和させようとして科学の領域と道徳の領域とを截然区別した。そうして「人が科学する場合に決定論者として推論しないことが不可能であると同様に人が行動する場合には自由な人間として行動しないことは不可能である」といっている(H. Poincaré, Dernières Pensées, Paris, Flammarion, 1926, p. 246)。

因果性に関する非決定論と決定論との論点は、決定のうちに微小の非決定性を認めるか、非決定のうちに微小の決定性を認めるかに存する。問題は「微小」の一点に帰着する。ルクレチウスの exiguum の一点に集注する。(41) そうしてブートルーやボレルの仮定する微小の非決定性が人間に計量のできないものである限り、ポアンカレの言うごとくこの問題は「明かに解決し難い」(H. Poincaré, La Valeur de la Science, p. 248) 問題であるかもしれぬ。

この問題に関して最近の自然科学はいかなる態度を示しているか。ここに自然科学者の言葉を引用しておこう。「通常いうところの因果の法則、すなわち事象の必然的継起の原理は、自然科学成立のために是非とも必要な範疇としてみなされている。なぜなら、事象の間にかような必然的関係が存在しなかったならば、我々はそこに何らの一定の法則をも原理をも立てることができなかったであろうからである。しかしながら物理学の発展は漸《ようや》くこの範疇に対してさえもそれの絶対的成立を疑わしめるに至った。第一に熱の現象においては分子運動の偶然性が認められ、従って熱力学の法則のごときは単にこの分子運動の偶然的分布の状態が確度のより大きな他の状態に転移する結果としてあらわれるものであって、決して絶対的必然のものではなく、これに反する多くの偶然性が許容されるものであることが明らかにせられた。しかしこの場合においてはなお個々の分子運動の法則に関してはそれが必然的な力学原理に従うものとしてみなされていたのであって、熱力学的には我々が個々の分子を「顕微鏡的に」見る代りにそれらの多数の集合を「巨視的に」すなわち統計的に見るために偶然性が結果するのであると考えられていたが、最近において原子内部における電子の量子理論が発展してきた結果によれば、かような電子の状態(電子の波動函数)を決定する法則は同様に必然的に与えられるものではなくて、或る偶然的確度をもってしかあらわされ得ないことが明らかにされた。これは実に驚くべき新事実でなければならない。

それは物質の窮極的要素に関する事柄である。しかもそれが偶然性をもってのみ決定せられるということは、物質の根本原理に対する昔時の必然的因果の観念を根柢から覆すものである。我々は固《もと》より熱現象における分子運動の例と比較してこの場合においても電子の状態の偶然性の背後に、何らかの必然的法則が隠されてあって、我々はただそれらの統計的結果のみを観測するのであると解することはできるであろう。しかしながらこの背後の必然的法則なるものは、既述の電子の形態や軌道などと同様に、畢竟或る想像にほかならないのであって、現実的経験の領域を超えたものである。従ってそこでは我々はまた全く同等の権利をもって必然的法則の否定を仮定し、例えば電子自身の自由意志のごときものを想像することもできるであろう。経験領域を超えたそれは既に自然科学的研究の対象ではないからである」(石原純「近代自然科学の超唯物的傾向」『思想』第百号記念特輯八四―八五頁)。「ここに論ぜられるものが物理学の最も根本的な現象であることを思うならば、そもそも自然科学において偶然性なるものがいかにその根柢に深く横わっているかを悟らずにはいられない」(石原純『自然科学概論』八八頁)。

因果的消極的偶然の観念は、この引用が示すごとく、最近に至っていわゆる不確定性原理に基いて量子力学的偶然性として肯定され、自然科学は微小の非決定性を主張する非決定論に優位を与える傾向を示してきた。そうしてその哲学的展望の遠大なることを力説する論者も次第に増加してきた(Ed. Le Roy, Ce que la Microphysique apporte ou suggère à la Philosophie, Revue de Métaphysique et de Morale, 1935. 特に pp. 345–355 参照)。しかしながら、不確定性原理は必ずしもすべての有力なる自然科学者の承認するところではないのみならず、また自然科学的思惟の本質そのものと果してどの程度に相容れるものかもなお多少疑問とすべきであろう(É. Meyerson, Du cheminement de la Pensée I, pp. 63–64; III, pp. 763–765, 768–769 参照)。また他方にはこれらの問題は従来の形而上学(métaphysique = 超物理学)の領域とは異なる量子上学(métamicrophysique = 超微物理学)の圏内に属することを主張する論者もあるような次第であって(G. Bachelard, Noumène et Microphysique, Recherches philosophiques, I, pp. 55–65)、事態は哲学的地平においてなお明朗性を欠いている。哲学する者はいわゆる量子力学的偶然性そのものの価値をあまりに誇大に考えてはならないかもしれぬ。かような事態であるから我々は因果的消極的偶然に関して、いわゆる「対象領域」におけるその存否の如何《いかん》をしばらく問題のまま残しておくことにしよう。しからば何らか他の意味で、因果性に関して偶然が存在しないであろうか。因果的消極的偶然に対してここになお因果的積極的偶然の観念がある。

一三　因果的積極的偶然

因果的積極的偶然とは既にいったように、二つあるいは二つ以上の事象間に因果性以外の関係の存在することを積極的に目撃する場合である。たとえば、屋根から瓦が落ちてきて、軒下を転がっていたゴム風船に当って破裂させたとするならば、我々はそれを偶然と考える。また火山が噴出した際に、日蝕であった場合、それを偶然という。瓦は屋根の朽廃による固着の喪失か、風力による離脱の促進か、何らかの原因があって、その結果として、落下の法則に従って一定の場所へ落ちた。ゴム風船は最初に受けた微小の衝動とゴムの弾性と風船の球形と地面の傾斜凹凸とが原因となって、その結果として、運動の法則に従って一定の場所へ転がってきた。因果系列を異にする二つの事象が一定の積極的関係に置かれたことを偶然というのである。同様に、地下の熱水が水蒸気に化する張力が一程度に達したことが原因で、その結果として、圧力の法則に従って火山が噴出した。月にさえぎられたという原因により、その結果として、太陽は天文学の最も簡単な法則に従って暗黒の現象を呈した。一の因果系列と他の因果系列とは、全然独立している。両系列間には因果関係は認められない。両系列は必然性によっては結ばれていない。この場合の偶然性も、一の因果系列と他の因果系列との必然的ならざる相互関係に存する。多数の事象間に存する同様の関係は次の例を考えればよい。「一つの白い球を考えてみよう。機械が必然の法則に従って動くと同じように、球はやはり我々に知られた法則で滑かな平板の上を転がるであろう。もし我々がそういう白い球を無数に沢山に一つの平板の上に転がしたとするならば、そこには全く予期されなかったような白球の種々の斑点模様が平板上に現われるに違いない。個々の場合にどんな模様を我々が見出すかは、すべて偶然である」(石原純「神は偶然を愛する」『セルパン』昭和十年六月号、七頁)。ただし積極的偶然は二つ以上多数の事象間の関係である場合でも、なおその基礎には二つの事象間の関係を原型として有っている。この種の偶然ははなはだ重要のものである。スチュアート・ミルも「何らかの現象が偶然によって産み出されたというのは正しくない。しかし、二つあるいはそれ以上の現象が偶然によって結合されたということ、それらは単に偶然によって同時に存在しまたは一が他に継起するのであるということはできる。すなわち、それらは何ら因果性によって関係づけられていないという意味でそういうことはできる」(It is incorrect to say that any phenomenon is produced by chance; but we may say that two or more phenomena are conjoined by chance, that they co-exist or succeed one another only by chance; meaning that they are in no way related through causation)といっている(J. Stuart Mill, A System of Logic, III, ch. XVII, § 2. New Impression, 1925,

p. 345)。

この因果的積極的偶然は定言的偶然をも目的的偶然をもその主要の形態において基礎づけるものである。或るクローバーが四葉であることは定言的偶然と見られるものであったが、このことは創傷の刺戟というような因果的必然性をもっている。しかしこの因果的必然性はおそらくさらに因果的積極的偶然に根拠をもったものである。すなわち、或るクローバーの葉が形態的発生の初期において創傷をうけたということは、烈風がたまたまその部分に砂を打ち当てたというような因果的積極的偶然に基いていなければならない。また適中率の九割以上である天気予報者が偶々《たまたま》予報の狂いをきたしたような場合も定言的偶然であるが、天気の急激な変化とか予報者の精神の興奮とかいう事実を因果的必然性としてもっていたのであった。しかるにそういう因果的必然性もさらにその根柢には何らかの因果的積極的偶然を予想している。例えば不連続線上で甲の気流と乙の気流とが偶然衝突するとか摺《す》れ違うとかいうような因果的積極的偶然が基礎となって天気の急激な変化を起してきたと考え得る。また予報者の精神興奮の事実の根柢には、一方に予報を行う行動と、他方に精神の興奮をきたすべき事件とが偶然、結合するという因果的積極的偶然が潜んでいる。「つい、先日もそういう事がありましたが、子供が熱を出しましたのですが、それが運悪く晩の八時から予報が始まります。その始まるという間際に四十三度も出ましてどうもジフテリアであるという虞《おそ》れがありました」(藤原咲平『天文や気象の話』五八頁)。要するに、因果的積極的偶然が定言的偶然を基礎づけている。なお一般概念を実現さるべき目的と見る時に、定言的偶然は目的的消極的偶然となるものであったから(八四—八五頁参照)、今の四葉のクローバーや天気予報の狂いの例はまた目的的消極的偶然の例とも見られ、目的的消極的偶然の裏面にも何らかの因果的積極的偶然を考えないわけにゆかないことになる。目的的積極的偶然にあってはそのことがさらに明瞭である。樹木を植えるために地を掘ってはからずも宝が出てきたとすればそれは目的的積極的偶然であるといった。唯一の目的は樹木を植えることに存していたから、宝を得たことは目的的偶然である。しかるにさきにいったように目的性とは因果性の逆であって、後に来る結果を目的としてまず目指し、その結果に先行する原因を手段として後に択《えら》ぶのである。目的手段関係は原因結果の関係を予想している。しからばこの場合、目的性の蔭にいかなる因果関係が存しているかというに、一方には甲の鍬の機械的作用が原因となって宝が地中に埋められた。他方には乙の鍬の機械的作用が原因となって土地が掘りかえされた。そこには二つの独立な因果系列があって、そうしてその二つの因果系列がたまたま一つの関係に置かれたのである。要するに目的的積極的偶然の根柢には因果的積極的偶然が潜んでいる。

しかるにここに一つの注目すべき現象がある。さきに目的的偶然に「目的なき——目的」が伴うこと、目的的消極的偶然にあってはその上肢たる「目的なき」ことが強調され、目的的積極的偶然にあってはその下肢たる「目的」が強調されることを述べた。しかるに目的的偶然のこの性格は因果的積極的偶然へも反映されるのである。そうして因果的積極的偶然も一種の仮想的な「目的なき目的」を有つこととなるのである。屋根瓦が落ちてきてちょうどゴム風船に当った事実の中には何らかいたずらな目的が隠されているかのごとく、火山の噴出と日蝕とが同時に起ったことの中には何らかの神秘な目的が潜んでいるかのごとくに感じられるのである。しかし、それらは全く目的的偶然の「目的なき目的」を一種の感情移入によって因果的積極的偶然へ投射したにすぎないのである。そうしてこの見地から見るならばアリストテレスのアウトマトンとテュケとの区別は因果的積極的偶然と目的的積極的偶然との区別であると断定することもできるのである(二〇一頁参照)。

一四　複合的偶然

各種の偶然は相結合して一つの複合的偶然を構成することがある。例えば、賭事をしに行く人が、途中の路傍ではからず四葉のクローバーを見出したような場合は複合的偶然である。四葉のクローバーそのものが定言的偶然である上に、賭事をしに行く人が、幸運のしるしとされている四葉のクローバーを偶々《たまたま》途上に発見したことは目的的積極的偶然である。定言的偶然の根柢にも目的的偶然の根柢にも因果的積極的偶然の潜んでいることはいったが、ここではさらにまた定言的偶然と目的的積極的偶然とが複合の状態を示しているのである。なお一つの例を挙げれば、1564という番号の自動車が人を轢いたので「運転手蒼《あお》くなって番号変更を願い出た」という記事が新聞(『大阪朝日新聞京都版』昭和十年四月十九日)に載っていたが、これも複合的偶然である。1564と「人殺」との間には音韻関係による理由的積極的偶然が成立している。そうして、そういう「凄い」番号の自動車が偶々人を轢いたことは目的的積極的偶然である。理由的積極的偶然と目的的積極的偶然とが複合状態を呈していることによって、偶然性が強調されているのである。

なお注意すべきことは、複合的偶然の複合性の基礎そのものが偶然性によって形成されていることである。クローバーの例では、定言的偶然である四葉のクローバーと、それを見出したという目的的積極的偶然との間には、四葉のクローバーは幸運の象徴であり、発見者は幸運を願って賭事をしに行く途中であったという積極的な偶然性があって、複合性の基礎をなしているのである。自動車の例にあっても、音韻関係による理由的積極的偶然と、はからず人を轢いたという目的的積極的偶然との間に、自動車番号の音韻が人殺と通じ、その番号の自動車の遭遇した偶然が人殺であったという積極的偶然性があって、初めてそこに本当の意味の複合的偶然を成立せしめているのである。なお継起的偶然の複合性については後に述べる(一四一―一四二頁以下参照)。

一五　仮説的積極的偶然の一般性格

以上において我々は三種の仮説的偶然の各々を消極的偶然と積極的偶然との二つにわけて考察した。消極的偶然とは一つの事象に関して仮説的前件(理由、原因、目的)の欠けていることが消極的に把握された場合である。積極的偶然とは二つまたは二つ以上の事象の間に仮説的関係以外の関係が積極的に目撃される場合である。消極的偶然は一つの事象について前件の欠如が単に把握されているから、その意味において絶対的偶然ということができる。積極的偶然は二つまたは二つ以上の事象間の関係が偶然なりと断定せられるのであるから、相対的偶然ということができる。要するに、積極的偶然は理由的積極的偶然、目的的積極的偶然、因果的積極的偶然のいずれにあっても、積極性と相対性とを具有している。

しかるに、ここに注意すべきことは、いずれの消極的絶対的偶然も結局はその根柢に積極的相対的偶然を有っているということである。いったい、相対的偶然は仮説的関係を欠くという消極的方面と、仮説的関係以外に何らかの関係が成立するという積極的方面とを有っている。いわゆる消極的偶然とはその消極的方面のみを目撃した場合をいい、積極的偶然とはさらに進んで積極的方面をも合せて目撃した場合をいうのである。しかしながら、その実、積極的方面を全く欠いた偶然というものはあり得ないので、たとえ意識的に積極的方面が把握されていないでも、何らかそこに積極性がなければならないのである。その積極性はあるいは他の次元において目撃されるべき性質のものであるかもしれないが、いずれにしてもそこには何らかの積極性が目撃されなければ真の偶然とはいえないのである。その意味ですべての偶然は積極的相対的偶然であるということができる。

例えば理由的消極的偶然の根柢には理由的積極的偶然が潜んでいる。さきに、理由なく「偶然に真理の中へ落ちる」場合を消極的偶然の例として挙げた。その場合、理由の非存在が消極的に目撃されているのであるが、「真理の中へ落ちる」という以上はそこに何らかの相対性が潜んでいなければならない。すなわち一方には真理の認識という理由帰結の必然的関係の系列があり、他方には肯定否定の自由意志の必然的関係の系列があって、両系列間に必然的ならざる相対的関係が成立する限りにおいて、真理が積極的偶然として浮出ているのである。それゆえに真理の成立に対して認識理由を欠くという消極的偶然の根柢には、認識理由を欠いていながら意志決定の系列が真理認識の系列の中へ落ち込んだという積極的偶然が存しているのである。認識理由を欠いているのであるから、その意志決定の系列は誤謬の成立している論理的系列の中へ落ち込むこともできたのである。真理という積極的な存在は二つの独立した系列が偶然的関係に置かれたところに忽然として浮き上ってきたものである。目的的消極的偶然の根柢に積極的偶然の潜んでいることについては、「反目的」の場合に関しては、他の関係において、既に述べておいた(一二五頁参照)。すなわち実現さるべき目的が実現されていない場合には、多くの場合に実現されている目的がその場合に特に実現されないのであるから、そのためには裏面に何らかの因果的積極的偶然を考えないわけにゆかなかったのである。「無目的」としての目的的消極的偶然の場合に関しても、いやしくも目的性の否定を消極的に主張する以上は、その裏面に何らかの目的なき目的がたとえ無意識的にでも目撃されていて、その目的なき目的に関して目的性を否定するのでなければならない。例えば澄んだ水が人の姿を写す目的で作られていないように眼は対象を眺める目的のために作られているのではないと主張する以上は、眼の構造と機能とに関して何らか目的なき目的が積極的に把握されて、その上でその目的なき目的について目的性を拒否しているのである。そうしてその目的なき目的は何に起因するかというに、二つあるいはそれ以上の多くの因果的諸系列間の偶然的相対的関係に基くものと考えなければならない。それゆえに目的的消極的偶然は単なる「無目的」である場合にも「反目的」の場合と同様にその根柢に何らかの積極的相対的偶然を隠匿しているのである。最後に因果的消極的偶然にあっても同様である。偶然誤差、偶然発生、偶然変異などの概念について考えれば明かである。偶然誤差にあっては、大気の不測の変化とか器械の突然的な微細な変化とかが積極的相対的偶然を形成している。偶然発生にあっては、無生物から生物が発生するためには、地球生成の歴史の或る時期において物質と外囲の状況との間に何らかの因果的積極的偶然が成立したことを想定している。偶然変異にあっても、遺伝質に起る変化は、一方に生物体と他方に温度光線その他との間に何らかの積極的相対的偶然の存在を認めている。因果的消極的偶然が厳密に自発性を意味する場合にも、少なくとも非現実面と現実面との間に理由的積極的偶然の相対的関係が根柢に考えられなくてはならない。

要するに、一つの事象に関する消極的絶対的偶然の根柢には、二つあるいは二つ以上の事象間における積極的相対的偶然が潜在しているのである。ショーペンハウエルも「偶然的なものは常に単に相対的である」(Das Zufällige ist immer nur relativ)といっている(Schopenhauer, Sämtliche Werke, hrsg. v. Deussen, I, S. 550)。そうして積極的相対的偶然の積極性と相対性とは動的相対性として遭遇または邂逅の意味を取ってくる。クールノーも偶然を定義して「理性的には一つ一つ独立している事実と事実との間の遭遇」(une rencontre entre des faits rationnellement indépendants les uns des autres)といい(Cournot, Traité de l'enchaînement des idées fondamentales dans les sciences et dans l'histoire, nouvelle éd., 1922, p. 67)、また「互《たがい》に独立している理性的事実の二つの秩序の競合」(concours de deux ordres de faits rationnels, indépendants l'un de l'autre)といっている(Cournot, Matérialisme, Vitalisme, Rationalisme, p. 227)。クールノーのこの偶然の定義はさきに挙げたミルの定義(一二三頁参照)と類似しているが、ミルの定義が経験的偶然にのみ適用範囲を有するに反して、クールノーは純論理的領域の偶然をも考慮の中に入れている。クールノーもはじめは経験的偶然のみを視圏に入れて「互に独立している系列に属する他の事件との結合または遭遇によって齎《もたら》された事件」(Les événements amenés par la combinaison ou la rencontre d'autres événements qui appartiennent à des séries indépendantes les unes des autres)という定義をした(Cournot, Essai sur les fondements de nos connaissances, nouvelle éd., 1912, p. 38)のであるが、後に至ってその適用範囲の狭すぎることを発見して改めたのである。かくして改められた定義は、目的的偶然、因果的偶然のみならず、理由的偶然をも包括して妥当するものである。その点にクールノーの定義の優越性がある。いずれにしても偶然は遭遇または邂逅として定義される。偶然の「偶」は双、対、並、合の意である。「遇」と同義で遇うことを意味している。偶数とは一と一とが遇って二となること[*5]を基礎とした数である。偶然の偶は偶坐の偶、配偶の偶である。偶然性の核心的意味は「甲は甲である」という同一律の必然性を否定する甲と乙との邂逅である。我々は偶然性を定義して「独立なる二元の邂逅」ということができるであろう。アリストテレスも偶然の代りに「邂逅」(*σύμπτωμα*) (Aristoteles, Phys. II. 8, 199^a〔1-4〕; De caelo II. 8, 289^b〔22〕; Rhet. I. 9, 1367^b〔25〕, etc.) という言葉を用いている場合がある。そうしてショーペンハウエルも指摘した(Schopenhauer, Sämtliche Werke, hrsg. v. Deussen, I, S. 550; III, S. 196) ように、*σύμ-πτωμα* を初めとして *συμ-βεβηκός* も con-tingens も ac-cidens も Zu-fall もみな悉《ことごと》く接頭語によって二元の接触を明瞭に陳述している。*τύχη* は *τυγχάνειν* すなわち「当る」から来ている。chance は cadentia から、hasard は casus から、すなわちともに本源は cadere から来ている。そうして cadere(落ちる) は「石が通行人の頭の上へ落ちる」というように in...cadere(……へ落ちる) の構造を有ったもので、Zu-fall と同様に相対性によって初めて意味をなすものである。デカルトも「偶然に真理の中へ落ちる」(42)(casu incidam in veritatem) という言いまわしを用いていることは既にいった(五五頁参照)。この in-cidere は in-cident の語源であるが、いうまでもなく in-cadere から来ている。林檎が偶然にニュートンの視野へ落ちたことや、永代橋がこわれて美代吉《みよきち》が偶然に縮屋新助《ちぢみやしんすけ》の船の中へ落ちたことは象徴的意義を有っているといわなければならない。また fortuitus は fortuna と同様に fors に基いているもので ferre から来ている。この ferre(持ってくる)も in…ferre(……へ持ってくる)の構造を示して相対性を言い表わしている。なお偶然のことは適然ともいわれるが「相当曰ㇾ適」で、適は明瞭に相対性を語っている。その他「行当りばったり」「廻《めぐ》り合せ」「仕合せ」「まぐれあたり」などいう偶然に関する語は相対的積極的偶然を暗示している。

　偶然性が甲と乙との二元の邂逅において顕著なる形態を取ることは『饗宴』のプラトンも「個人の運命」のショーペンハウエルもひとしく認識したことである。伊邪那岐《いざなぎ》、伊邪那美《いざなみ》の二神が「汝は右より廻り逢へ、我は左より廻り逢はむ」といって「天《あめ》の御柱《みはしら》を行き廻り逢つた」という『古事記』(43)の伝説も印度《インド》の昔から行われた儀式であると否とは別問題として極めて象徴性に富んだ原始的事件である。源氏と空蟬《うつせみ》も逢坂《おうさか》の関で「わくらばに行き逢ふ」たのである。「私はKに向って御嬢さんと一所《いっしょ》に出たのかと聞きました。Kはそうではないと答えました。真砂町で偶然出会ったから連れ立って帰って来たのだと説明しました」(夏目漱石『こころ』*6)。要するに仮説的積極的偶然の一般性格として、また広くは一般に偶然そのものの性格として独立なる二元の邂逅という意味構造が目撃されるのである。

一六　周易と偶然

周易の指導原理も邂逅としての偶然にある(44)。陰陽二元論があくまでもその本質であり、甲の爻《こう》と乙の爻との期せざる邂逅が易全体の基礎である。爻とは交の義、邂逅の意にほかならない。易は交易である。「繋辞《けいじ》伝」に「聖人有㆔以見㆓天下之動㆒而観㆓其会通㆒……是故謂㆓之爻㆒(45)」といっているのは易が天地人生の変動の中に動的相対性としての二元の偶然的交叉をその具体性において観るものであることを述べている。「両儀生㆓四象㆒(45)」というのは陽爻と陽爻(老陽⚌)、陰爻と陰爻(老陰⚏)、陽爻と陰爻(少陰⚍)、陰爻と陽爻(少陽⚎)との四通りの偶然的邂逅にほかならない。プラトンは⚌と⚏とを認めたほかに、⚊と⚋との邂逅をば「おめ」(ἀνδρόγυνος)(46)に起因するものとして認めて都合三通りの邂逅の仕方を述べているが(Platon, Symposium, 191–192)、⚍と⚎との区別には説き及んでいない。易が四通りの組合せの可能性から出発するのは、二元の邂逅が指導原理として体系全体の基礎をなすに足る厳格性を示している。「四象生㆓八卦㆒」というのは四象が再び陽爻、陰爻のいずれかと邂逅して生ずる乾《けん》、坤《こん》、震《しん》、巽《そん》、坎《かん》、離《り》、艮《ごん》、兌《だ》の八通りの偶然である(45)。さらに八卦《はっか》と八卦とが偶然相交わって六十四卦を生ずるのである。第一爻から第六爻まで邂逅に邂逅を重ねて大成の卦が成立するのを遇卦と称するに照してもいかに相対的偶然が基礎的意味を有っているかがわかる。吉凶を定めるにあたっては、卦の爻位に陰陽いずれの爻がまぐれ当るか、相応ずる内外の二卦にいかなる爻と爻とが廻り合うか、特に卦の「中《ちゅう》」すなわち中央には何がばったり行当るか、これらの相対的偶然が決定的意味を有つのである。易の構造はすべての天才的所産の特色として極めて簡易である。易は「簡易」である。すなわち陰陽なる不変の原理の結合によって個々の事象を説明しようとする。易が「不易」であるのは陰陽の結合という抽象的原則の不変性必然性によっている。陰陽の二元がいかに結合して個々の具体的現実を産むかが問題である限り、易は「変易」である。そうして不易と変易との根柢に深く潜んで易をして易として息づかせている生命は「交易」である。「彖《たん》伝」に「天地不レ交、而万物不レ興」[47]といっている。「易与二天地一準、故能弥二綸天地之道一」[48]という抱負が偶然性を帰結せしめるのである。

いったい周易が積極的相対的偶然としての自己の構造を明確に自覚しているのは、咸《かん》、恒《こう》、未済《びせい》をはじめ、特に噬嗑《ぜいこう》や姤《こう》の卦である。噬嗑は震下離上で䷔の形象を有っている。この卦を理解するには頤《い》の卦との類似から出発しなければならない。両方とも口腔に関した卦である。頤は震下艮上で䷚の形象である。すなわち頤《おとがい》を上下に動かして物を嚙む形である。噬嗑が頤と違うのは四爻目に堅い陽爻が偶然来ていることである。「象伝」に「頤中有レ物曰二噬嗑一」とある。次《つい》で「噬嗑而亨、剛柔分、動而明、雷電合而章」といっているが「噬嗑《かみあわ》す」も「剛柔分る」も「雷電合う」もいずれもみな震と離との偶然的邂逅に基いた規定である。「噬嗑す」のは䷔の視覚的印象に基いている。「剛柔分る」は震が陽卦で剛、離が陰卦で柔であるからである。「雷電合う」は震が雷で離が火であって、火が電と解されているからである。さらに「柔得レ中而上行」といっているが、この柔とは五爻目の陰爻を指していて、この陰爻が外卦の中すなわち中央にばったり行当っていることに基いて、すらすらと上の方へ行くのである。また「不レ当レ位」といっている(49)のは、五爻目は陽の位であるのに偶然そこへ陰爻が来ていることをいっている。爻辞《こうじ》に「六三、噬二腊肉一、遇レ毒」(50)とあるが、肉を嚙んで毒にぶつかったというのは三爻目が陽の位でありながらたまたま陰爻がそこへ来ている偶然性を解釈したのである。「九四、噬二乾胏一、得二金矢一」(51)とあるのは、乾胏《かんし》すなわち骨つきの乾いた肉を嚙んだところが、骨の中に矢の根が残っていたのである。この偶然性は四爻目に堅い陽爻が来ている偶然性の解釈であるが、単に陽爻が陰の位に在るというだけでなく、䷔の形象が視覚に訴えた印象それ自身がこの解釈を是認している。噬嗑の卦そのものが九四の偶然性に重点の全部を置いている。さらに「六五、噬二乾肉一、得二黄金一」(51)も離の卦の中央である五爻目の陽の位へ陰爻が来た偶然性の解釈である。次に姤は巽下乾上で䷫の形態を有っている。「彖伝」に「姤遇也、柔遇レ剛也(52)」とある。そうして「不レ期而会曰レ遇」であるから姤の卦では一陰が偶然にも純陽と遇うのである。一柔がたまたま五剛と邂逅するのである。姤は邂逅の逅にほかならない。しかしながら邂逅の意味は単にこの姤の卦だけに限られたものではない。二元の邂逅は一切の卦の本質として易全般の基礎である。「彖伝」に「天地相遇、品物咸章也(52)」とはその意味でなければならない。「繫辞伝」に「天地絪縕、万物化醇、男女構レ精、万物化生(53)」といっているのも同様である。いわゆる応爻のごときものも「天地相遇」とか「天地絪縕」とか「男女構精」とかいうことの単に一つの現われである。例えば三爻と上爻との偶然的関係が応爻である。睽《けい》の卦に「上九、睽孤、見レ豕負レ塗、載レ鬼一車、先張二之弧一、後説二之弧一、匪レ寇婚媾、往遇レ雨則吉(54)」とある。睽は兌下離上で䷥の形象を取っている。上九と六三とはもともと偶然廻り合ったものである。偶然であるから上九は六三に対して何となく疑を懐いている。「往遇レ雨則吉」というのは、上九から六三へ往く途中たまたま坎の卦☵に廻り合うのである。坎は水であり雨である。雨は疑をも洗って消してしまう。上九が六三へ往く途上に偶然、雨に遇うのは吉である。「群疑亡也(54)」。この応爻は単に一例にすぎないが、周易はその具体的構造においてはいかなる場合を取ってもいずれもみな邂逅としての積極的相対的偶然の構造を示している。陰陽二元の邂逅が周易の全生命でなければならない。

一七　同時的偶然と継起的偶然

積極的相対的偶然のうち、理由的積極的偶然は純粋に論理的領域に属するものであるから時間規定とは関係ないが、他の二つの経験的積極的偶然は因果性および目的性を欠いた相関であるから、時間的契機が決定的意味を有している。偶然を「時のはずみ」というのはそのためである。「繫辞伝」に「六爻相雑、唯其時物也」とあるのも六爻の相会する偶然性が時に依存することをいっているのであろう。(55) 旧約「伝道之書」にも「我れまた身をめぐらして日の下を見るに、迅速者、走ることに勝つにあらず。強き者、戦いに勝つにあらず。賢き者、食物を得るにあらず。敏《さと》き人、宝を得るにあらず。物知り人、恵みを得るにあらず。すべて人に臨むところの事は時あるもの、偶然なるものなり。人はまたその時を知らず。魚の禍の網にかかり鳥の鳥網にかかるがごとくに、世の人もまた禍いの時の計らざるに臨むに及びて、その禍いにかかるなり」(九章、十一―十二節)＊7とある。夏目漱石の『行人』にも「私がこの手紙を書き始めた時、兄さんはぐうぐう寐《ね》ていました。この手紙を書き終る今もまたぐうぐう寐ています。私は偶然兄さんの寐ている時に書き出して、偶然兄さんの寐ている時に書き終る私を妙に考えます。兄さんがこの眠りから永久覚めなかったらさぞ幸福だろうという気がどこかでします」(『行人』塵労五十二)とある。『古事記』(56)が偶然性の表現に当って単に「時」という言葉より有っていないのも不思議とすべきではない。例えば「かれやらはえて、出雲の国の肥《ひ》ノ河上《かはかみ》なる鳥髪《とりかみ》の地に降《くだ》りましき。この時しも、箸その河より流れ下りき。ここに須佐之男《すさのを》ノ命《みこと》、その河上に人ありけりとおもほして、求《ま》ぎ上《のぼ》り往でまししかば、老夫《おきな》と老女《おみな》と二人在りて、童女《をとめ》を中に置《す》ゑて泣くなり」(上巻)。「すなはち速須佐之男命《はやすさのをのみこと》、その御佩《は》かせる十拳《とつか》剣《つるぎ》を抜きて、その蛇《をろち》を切り散《はふ》りたまへば、肥《ひの》河血になりて流れき。かれその中の尾を切りたまふ時に、御刀《みはかし》の刃毀《か》けき。怪しと思ほして、御刀の前《さき》もちて刺《さ》し割きて見そなはししかば、つむがりの大刀《たち》あり。かれこの大刀を取らして、異《あや》しき物ぞと思ほして、天照大御神に白《まを》し上げたまひき」(上巻)。「かれ木幡村《こはたの》に到りませる時に、その衢《また》に顔好き乙女遇へり。ここに天皇その乙女に、汝《な》は誰が子ぞと問はしければ、答へ白《まを》さく、丸邇《わに》之比布礼能意富美《のひふれのおほみ》が女、名は宮主矢河枝比売《みやぬしやかはえひめ》とまをしき」(中巻)。

経験的積極的偶然は時間の地平にあって同時性または継起性を成立規定に有っている。ミルが「偶然によって同時に存在しまたは一が他に継起する」といったのはそのためである(一二三頁参照)。『古事記』の例は三つとも同時的偶然である。なお他に継起的偶然もある。例えば周の武王が孟津に至って河を渡ったとき白魚が船に躍り入ったことと、清盛が熊野へ赴く途の海上で鱸《すずき》が船に躍り入ったこととは継起的偶然である。里見弴《さとみとん》の短篇小説に『不幸な偶然』という題のものがある。(57)或る神経質な女が汽車の窓から硝子瓶を投げ捨てた時、ちょうど汽車が繁華な往来の上の陸橋にさしかかった。彼女は下の往来でワッという赤子の声を聞いたように思った。その後一、二ケ月して彼女が銭湯へ行っていた時、天井の明りとりの窓硝子が壊れてもう少しで裸体に硝子の破片がふりかかるところであった。それ以来、自分が汽車の窓から投げた硝子瓶が人に怪我をさせはしなかったかという心配がもとになってその女は発狂したという筋である。汽車の窓から硝子瓶を投げたことと、天井の硝子窓が破壊したこととは継起的偶然である。その他、夢と現実との符合も継起的偶然である。例えば或る夜、全く思いがけない人の夢を見た、その翌日その人がたずねてきたというような場合は継起的偶然にほかならない。

しかしながら、積極的相対的偶然の意味が動的相対性として遭遇邂逅という点に存する以上は、継起性においてよりも同時性において偶然の意味が判然と表われている。のみならず継起的偶然はつねに同時的偶然を基礎とする複合体を形成しているのである。武王の船に白魚が躍り入ったことだけを独立に見てもそれは偶然である。武王の船の進路と白魚の躍り込んだこととの間に同時的偶然が存している。それが偶然であればこそ

『史記』に「武王俯取以祭」とある。また清盛の船に鱸が躍り入ったことだけで既に偶然である。『平家物語』にいわせれば「権現の御利生《ごりしょう》」である。この二つの同時的偶然が基礎となり、さらに互《たがい》に相対的関係に置かれるところに継起的偶然が成立するのである。発狂した女の例についても、硝子瓶を汽車の窓から投げた時に、汽車がちょうど雑《ざっ》沓《とう》した往来の上の陸橋にさしかかったことが既にそれだけでも「不幸な偶然」である。一、二分速いか遅いかでその事は起らなかったのである。銭湯へ行っているときにちょうど天井の硝子窓が壊れたことも「不幸な偶然」である。そうしてこの二つの同時的な「不幸な偶然」が基礎となってさらに一つの複合体を形成したところに、その女を狂気へ導いた一つの継起的な「不幸な偶然」があったのである。夢の例でも、全く思いもかけない人の夢を見たというのは夢見る者にとって目的的偶然である。また思いもかけない人がたずねてきたということは主人にとって目的的偶然である。この二つの同時的偶然が基礎となって夢と現実との符合という形で一つの継起的偶然が構成されるのである。

継起的偶然の構成における同時的偶然の役目をいっそう明かにしよう。継起的偶然の構成契機たる二つあるいはそれ以上の同時的偶然は事象の性質において著しい類似を示さなければならぬ。継起的偶然はむしろ同一の同時的偶然の単なる繰返しというような形を取っているのである。そうして一つの同時的偶然が繰返して提供されるところに継起的偶然性の有つ特殊な印象力があるのである。今の例についていえば「君主ないし武将の船へ魚が躍り込んだ」という単一の偶然が同一性をもって二回繰返されたのである。同様にまた「危険な場所で硝子が破壊された」という単一の偶然が同一性をもって二回繰返されたのである。また「思いがけない甲なる人の出現」という単一の偶然が夢と現実とに二回繰返されたのである。成瀬《なるせ》無極《むきょく》氏の『偶然問答』にもこの種の継起的偶然の例が挙げてある。京都嵐山で偶然女優に逢った。その女優の友達の女優がまたかつて偶然或るダンス場で知合った女優であった。すると間もなくまた偶然或る本がそこへ出てきて、その本をデディケエトされている男が『女優』と題する本を書いた男であったというのである（成瀬無極『偶然問答』四四四―四五〇頁）。「女優に出くわした」という単一の偶然が同一性をもって三回繰返されている。[*8]

さて、継起的偶然の構成契機たる同時的偶然がそれ自身において相当強い印象力を有つ場合には、継起的偶然を成立させるために要する繰返しの回数は多いことを必要としない。二、三回の繰返しで足りることは以上の諸例によっても知ることができる。しかしながら、構成契機たる同時的偶然がそれ自身においては微弱な印象力より有っていない場合には、継起的偶然を成立させるためには繰返しの回数の多いことを要するのである。例えば、最近十数年間の大震災について見るに、関東の震災は九月一日、但馬の震災は五月二十三日、丹後の震災は三月七日、伊豆の震災は十一月二十六日であった。九と一との合計、五と二と三との合計、三と七との合計、一と一と二と六との合計はいずれも十である。関東の震災が九月一日すなわち月日の合計が十である日に起ったということは一つの同時的偶然には相違ないが、それだけの単独の事実としてはほとんど注目に価しないものである。それに反して「月日の合計数が十となる日附に震災が起る」という単一の偶然が同一性をもって数回にわたって繰返されるとき、そこに継起的偶然性がかなり強い印象力をもって構成されてくるのである。また仮に或る人が月の四日に旅立ったとする。汽車に乗るとき停車場のプラットフォームが第四号プラットフォームであったとする。乗った車がたまたま第四号車であった。同乗客が合計四人であった。赤帽(58)の番号も四番であったとする。この場合、「甲なる人が四という数にぶつかる」ということは印象力の微弱な偶然である。その単一の同時的偶然が数回にわたって継起的に繰返されるところに偶然が十分な印象力を具現して成立するのである。*9 従って、かように一つの同時的偶然だけでは微弱な力より有たないで数回繰返されてはじめて継起的偶然として有力なものとなる場合には、偶然の継起性が比較的独立な意味を有ってくることは否み得ないが、しかもなお継起的偶然の成立する不可欠条件はその個々の事象が同時的偶然であることである。もしすべての因子にそれ自身の偶然性が欠けていたとするならば、継起的偶然もまた成立し得ない。今の例で四という数をいずれの場合にもみな本人の故意で選んだとすれば、そこにはもはや何ら継起的偶然の生ずる余地のないのはいうまでもないことである。

　かような偶然性は単一者が同一性をもって数度繰返される点において『失われし時を索《もと》めて』の著者プルウストをしていわしむれば「それらは現在と過去とに同時に存在し、現実的ではないが実在的であり、抽象的ではないが観念的である。……時間の秩序から解放された一刹那が、時間の秩序から解放された人間を我らの中に再び造り出し、そうしてその刹那を感覚させるのである」(Marcel Proust, Le Temps retrouvé, II, p. 16)。この種の継起的偶然はさきに理由的積極的偶然の例として挙げた循環小数 142857, 142857……や、画数十八、十八、十八……の姓名や、一韻到底 i、i、i、i の押韻などの有つ偶然性(六〇―六四頁参照)が時間内に現象したものといえるであろう。藤壺、空蝉、夕顔、六条御息所《ろくじょうのみやすどころ》、紫上《むらさきのうえ》、末摘花《すえつむはな》、源典侍《げんのないしのすけ》、朧月夜内侍《おぼろづきよのないし》、葵上《あおいのうえ》、花散里《はなちるさと》、明石上《あかしのうえ》、斎《さい》宮女御《ぐうのにょうご》、朝顔、玉鬘《たまかずら》のすべてが光源氏にとっては同一性をもって繰返された「幸ある偶然」である。アルバノ湖畔の砂上にステッキで書いた十二箇の頭文字(59) V、A^{n}、A^{d}、M、M^{i}、A^{1}、A^{ine}、A^{pg}、M^{de}、C、G、Aのすべてがスタンダールにとっては同一性をもって繰返された「幸なき偶然」である。また輪廻のごとき回帰的形而上的時間も、単一の同時的偶然が同一性をもって「またしてもまたしても」(*πάλιν καὶ πάλιν*)無限回繰返されることによって成立する継起的偶然であると考えて差支えないであろう[60](九鬼「形而上学的時間」『朝永博士還暦記念〔哲学〕論文集』参照)。継起的偶然は実は回帰的偶然である。なおこの種の偶然は繰返しの有つ同一性によって「偶然の必然」の様態を取り、さらに運命の概念へ肉薄する展望を有っている[*10]。

クールノーは偶然の例として次のようなものを挙げている(Cournot, Traité de l'enchaînement des idées fondamentales dans les sciences et dans l'histoire, nouvelle éd., 1922, pp. 67–68)。たまたま足にぶつかった一つの石ころの目方を量ろうと思ったが、キログラムの秤しか手許になかった。それで計ってみたらば三キロと四キロとの中間であることがわかった。紙片に3という数字を書いた。ヘクトグラムの秤を買ってきて、キログラムで計れなかった部分を計ってみたらば3となった。さきの数字3の右へ3と書いた。いったいさきに得た数字とこのいま得た数字との間に何ら必然的関聯のないことは明かである。なぜならば一方にいま目方を計っているこの瞬間に有っている重量をこの石ころに与えた原因と、他方にフランスの立法者をしてキログラムを重さの単位と定めかつ十進法によって割っていくようにさせた理由との間には、何らの関聯もあり得ないからである。それゆえ、自分はヘクトグラムの数字をきめる場合に、十進命数法の十の数字の中で特にどの数字を見出すという期待はしない。もしも再び数字3を得たとしてもそれは奇異な結合には相違ないがそこには必然的な連結はなくその遭遇は単に偶然的である。さらに進んでデカグラムの数字をきめることができる。またさらにグラム、デシグラム、センチグラムというようにして遂にミリグラムに至るまでもきめることができる。そうしてその結果七つの数字の一列を得るのであるが、そこには何らの規則正しさに遭遇することを期待しはしないのである。もしも七回とも数字3を得たとすれば、それは六万四百八十回の中にただ一回だけ起り得るという可能性しか有っていないちょうどその極めて稀れな場合が起ったわけである。それは六万四百八十種の違った漢字を一つの壺の中へごちゃ交ぜに入れておいて、自分の欲する漢字をたまたまつかみ出したようなものである。それは非常に奇異な場合ではあるが、しかし、路傍で拾ったこの石ころの重量と、度量衡の単位および十進法的度盛の制定との間に何らの関聯があり得ないから、いかに奇異であってもそれは偶然である。クールノーのこの偶然の例にあって、3の七回の結合は、それ自身においては理由的積極的偶然であるが、計量する人にとっては時間内において三、三、三、三、三、三、三というように継起的偶然として現われている。クールノーはこの偶然性がそのまま必然性であり得る場合を挙げている[61]。今度は石ころに足がつまずいたのではなく、水銀を盛った器が手に入った場合である。水銀の目方がさっきの石ころと同じに奇異なものであったとしても今度は全く違った結論が引き出される。算術が数えるところによれば三分の一は小数に直せば0.333333……という循環小数になるから、今の水銀は10キログラムの水銀の三分の一であったと結論をする。おそらくどこかの物理学者が非常に厳密に10キログラムの水銀を計って何らか比較研究の実験をするために三分の一に等分しておいたのであろう。その一つとして取っておいたものが自分の手に入ったのに違いない。そうすれば3の七回の結合は必然的なものとなってしまう。継起的偶然すなわち回帰的偶然はかように必然性へ逆転する可能性を有ったものである。

ベルクソンはその著『笑《わらい》』の中で繰返しの有つ可笑味《おかしみ》を説いている。「久しく見なかった友人に或る日往来で遭ったとする。その事情は何らの可笑味をも有っていない。しかしその同じ日にまた再び彼に遭い、さらに三度、四度と遭うならば遂には二人とも一緒にその「符合」を笑うようになるであろう」(Bergson, Le rire, p. 91)。これは継起的偶然のたわむれに対する神的叡智のほがらかな笑いである。しかしながら、全く予期しなかった友人に往来でひょっこり遭うことはそれ自身「何らの可笑味をも有っていない」ものであろうか。そこに既に「符合」もあり、或る度の可笑味もあるのではなかろうか。そうして、同時的偶然に伴う微小の可笑味が継起的反覆によって幾何級数的に増大していったのでなければなるまい。

以上において我々は同時的偶然と継起的偶然との関係、特に同時的偶然が基礎的意味を有って継起的偶然の構成に与《あずか》ることを明かにしたと思う。なおこのことに基いて、偶然性の時間的性格が現在性であることにも論及し得るであろうが、その問題はここでは取扱わないで後に譲ることとしよう(第三章第九節参照)。

一八　偶然性と時間空間的限定

経験界における積極的相対的偶然の主要契機は同時性であることを明かにした。そうして、同時性はその本質上、空間性を暗示している。換言すれば勝義の偶然性は二つあるいは二つ以上の因果系列の交叉点に存するもので「こといま」(hic et nunc)に成立するものである。空間的の「ここ」と時間的の「いま」に限定されているものである。さきに引用した『古事記』の箇所について見ても、時間的限定は空間的限定と共存している。「出雲国肥河上なる鳥髪の地」とか「木幡村」とかいう空間的限定は経験的偶然性を成立せしめるために欠くことができない。

なお、経験的積極的偶然における時間空間的限定の役目はいわゆる方位判断の構造を見ても容易にわかる。方位によって吉凶を判断するのは、遭遇すべき吉凶を方位の偶然性に還元して理解しようとするにほかならない。ただしその場合の方位の具体的内容は方位そのものではない。時間によって限定された方位である。或る時間に或る空間へ向って移動することが、或る一定の人にとって吉とか凶とか判断されるのである。それゆえに、或る方位へ移転することが凶と判断された場合でも、時に変化を与えさえすれば、方位の具体的内容に変化をきたすから、同じ方位へ移転しても差支えないのである。時に変化を与えない限りは、同じ時間に他の内容を有った方位を選ぶことが要求される。要するに方位判断(62)は積極的偶然を純粋に志向的に空間および時間をもって構成するのである。しかる後、すべての可想的な吉凶を動員してこのア・プリオリに構成された積極的偶然の意味充実を計るのである。例えば伊藤博文公が明治四十一年一月上旬に大磯の滄浪閣から大森の恩賜館へ引移ったのは大凶方で翌年のハルビンの殺害を齎《もたら》したものといわれている。その理由はこうである。伊藤公は天保十二年旧九月の生れである。天保十二年は辛丑《かのとうし》で年家六白である。また丑の旧九月は月家六白である。すなわち伊藤公の本命は年家も月家もともに六白である。さて明治四十一年一月はまだ前年度の旧十二月に属する。それゆえに明治四十年が問題である。しかるに明治四十年は三碧中宮《さんぺきちゅうきゅう》の年である。またこの歳は丁未《ひのとひつじ》であるが、未の旧十二月は三碧中宮の月である。大磯から大森は東北すなわち艮《ごん》に当る。しかるに三碧の年、三碧の月には艮には六白が来ている。伊藤公は年家の六白と月家の六白へ向って転居することによって「本命殺《ほんめいさつ》」の大凶を犯したのである。しかも艮はその歳の支たる未のある方位(南西)の対中として「歳破《さいは》」と呼ばれる大凶方である。要するに六白本命である伊藤公が明治四十一年一月すなわち明治四十年に属する旧十二月にかような方位へ転居をしたことは本命殺と歳破とを重ね犯したことになる。同年同月転居をするとしても艮以外の方位を選べばよかったのである。また艮という方位の具体的性格は時間によって限定されているのであるから、同じ艮へ転居するとしても移転の時期を変更しさえすれば大凶に触れなかったのである。方位判断の原理的矛盾と根本的迷妄とは、原始的事実をア・プリオリに構成しようとするところに存するのであるが、空間および時間を経験的積極的偶然の唯一の限定者と見る限りにおいては、真理の一面に触れているともいえるであろう。

なお、経験的積極的偶然における空間性および時間性の決定的意味は次の場合によっても明かに認知されるであろう。「運転手小坂雅夫、助手李馥法が兵四二五二号に酒類商川村広を乗せて東難波に向う途中、阪神電車踏切(尼崎停留所西方約一三〇メートル)を横断せんとした刹那、たまたま上り三〇七、三六一の二輛連結車=運転手山田鉄蔵=が驀進《ばくしん》し来り自動車の側面に激突、自動車は大破し、運転手小坂は前頭部助手李は後頭部を粉砕即死し、乗客の川村は左脚膝関節に負傷をした」(『大阪朝日新聞』昭和五年五月十五日)。一メートルの差、一秒の差でこの不幸なる偶然は起らないでも済んだのである。

アリストテレスが偶然性に関して「或る場所で或る時」(καὶ ποὺ καὶ ποτέ)(Aristoteles, Metaphysica, Δ. 30, $1025^{a}22$)といっているのもそのためである。

一九　歴史と偶然

歴史の中の非合理性偶然性といわれるものは、時間空間の具体的限定に基いたものである。ポアンカレがいっているように、ジョン欠地王[63]がいつ此処《ここ》を通過したということは、歴史家であるカーライルにとっては世界の一切の理論にも代え難い貴重な現実である。しかし自然科学者のベーコンにとっては、ジョン欠地王が再び此処《ここ》を通過することがないであろうから、それはどうでもよい事柄である(Poincaré, La Science et l'Hypothèse, p. 168)。自然科学は法則の合理性必然性ないしは蓋然性にのみ関心を置くのである。その反対に、歴史にとっては単なる事実の非合理性偶然性が捨て難い生命を有っているのである。暴風のごときものに関しても、自然科学は何らかの法則的必然性ないし蓋然性を求める。原因としては水陸分布の関係、天気、温度、気圧の変化その他が顧慮される。そうして、それらの一定の条件が充されるならば、幾回となく同一の暴風現象が必然的にまたは最大蓋然性をもって生み出されるのである。たとえ暴風の中心がつねに一定の地点に存し、発生の時期もまた一定の季節に限局されているような場合でも、自然科学の関心は暴風現象の抽象的周期性に存している。法則の必然性普遍性が抽象的に明かにされなければならぬ。そこに未来の予知も可能であり、防禦的施設も考慮されるのである。必然性という代りに蓋然性といってみても理念においては何らの変りはない。それに反して歴史にとっては何年何月どこそこに起った暴風がその一回性において、その全具体性のままにおいて問題である。弘安四年閏七月一日に肥前鷹島附近に暴風が起ったということは歴史にとってはその全具体性において関心事である。元寇に際して亀山上皇は願文《がんもん》を伊勢神宮に呈し、身をもって国難に代ろうとせられた。北条時宗は元の使者を竜ノ口に斬って堅い決意を示した。弘安四年閏七月一日鷹島附近に暴風が起ってその結果、敵軍数万が海中に壊滅したということは「伊勢の神風」として史上特筆すべき偶然である。歴史の非合理性は空間時間の一回的限定に基き、またこの具体的限定を背景として偶然性が現象するのである。「偶然、町の大きな祭典の日に、人々群集せる中で、二人が始めて相逢うたその時には、すぐに、そのまんま、最も緊密に、結びついてしもうたのである。そして、爾来、何ものも、我ら二人にとって、お互《たがい》ほどに近しくはならなかったのである」(モンテーニュ、関根秀雄訳『随想録一』三四七―三四八頁)。歴史的非合理性の極限とも見られるのは次の例である。「村越三十郎という仁は、かの明智光秀が竹槍で突かれた時、ちょうどその前を通り過ぎた男なのだ。……自ら全く歴史とは無関係な人間の屑と覚悟しているにもかかわらず、偶然に或る事件の傍観者であったために、端なくも歴史の顧みるところとなった」(辰野隆『りゃん』二〇一頁)。

ヘーゲルは一方においては歴史には究竟的目的が支配している、歴史の中には理性があるということを真理として予想して、その予想の下に「哲学的観察は偶然的なものを排除するよりほかの意図を有たぬ」といっている(Hegel, Vorlesungen über die Philosophie der Weltgeschichte, hrsg. v. Lasson, I, S. 5)。しかしながら、他方においてはまた偶然の権利を認めている。「精神とその活動に関しても、合理的認識という善意の努力に迷わされて、偶然性の性格を有った現象を必然的のものとして指摘したり、またいわゆるア・プリオリに構成しようとしたりすることを慎まなければならぬ。例えば言語はいわば思惟の身体であるにもかかわらず、言語にあっては疑いもなく偶然が著しい役割を演じている。また法律や美術やその他の形態にあっても同様である」(Hegel, Encyklopädie, hrsg. v. Bolland, § 145, Zusatz. S. 195)。「偶然性や矛盾や仮象が自己の領域と権利とを、制限された領域と権利とではあるが、有っていることを承認するのは理性みずからである」(Hegel, Grundlinien der Philosophie des Rechts, hrsg. v. Lasson, S. 173)。クールノーによれば、歴史と科学、歴史的要素と科学的要素、との区別はベーコンが考えたよりももっと本質的である。その区別は人間の精神の内に記憶と理性という二つの違った能力が存在するという事実に依存するものではない。たとえ人間が歴史を書くために記憶を用いることを未だかつてしたことなく、科学をするために理性を用いることを未だかつてしたことなくとも、現象の進展中に、一方には恒常的な法則があり、従って体系的斉合が可能であり、他方には偶然の所産に、すなわち互に独立した諸種の因果系列間の偶然的結合の所産に、余地が残されている。いったい偶然という概念は自然そのものの中に基礎を有っているので人間精神の微弱であることにのみ懸っているものではない。歴史的所与と理論的所与との区別に関しても同様である。太陽系が経過し来った局面の系列を、我々よりも遥かに遠くまで追求し得る叡智があっても、我々と同じように原始的な、気儘な、偶然的な事実に遭遇するであろう。そうしてそういう事実を歴史的所与という名で承認しなければならないであろう。歴史的所与とはさらに遠い過去において作用した諸原因の偶然的競合の結果をいうのである(Cournot, Essai sur les fondements de nos connaissances, Chap. XX, Du contraste de l'histoire et de la science, nouvelle édition, p. 460)。

二〇　偶然の客観性

偶然とは「この場所」に行きずり、「この瞬間」に目くばせをするものである。ヘーゲルのいわゆる「無関心」(gleichgültig) (Hegel, Encyklopädie, hrsg. v. Bolland, § 250) が仮初《かりそめ》の関心に止揚されるのである。偶然性とは無関心と無関心との交叉点の関心的尖端性にほかならない。この尖端的交叉点はいかなる構造と存在性とを有っているであろうか。

ポアンカレが「原因の複雑」(Poincaré, Science et Méthode, pp. 73-76)を偶然性の主要な意味と考えるのは、輻湊《ふくそう》する諸因果系列によって交叉点を完全に釈明し得ることを仮定するからである。スピノザが「物は我々の認識の不完全(defectus nostrae cognitionis)なるがためにのみ偶然と呼ばれるので、他のいかなる理由からでもない」(Spinoza, Ethica, I. 33. Schol. I.)といっているのも、ヒュームが偶然を「或る事象の真の原因に関する我々の無智(our ignorance)」(Hume, An Enquiry concerning Human Understanding, VI.)に帰しているのも、ラプラスが偶然を「真の原因を我々が知らない無智の表現(l'expression de l'ignorance)」(Laplace, Essai philosophique sur les probabilités, I, Paris, Gauthier-Villars, 1921, p. 2)と見ているのも、いずれもみな、交叉点がその実、無関心と無関心との交叉点でなく、関心によって齎《もたら》された交叉点であることと、その交叉点に関する十全なる知識とを前提しているのである。かくして偶然とは単に主観的のものにすぎない、認識不足の告白にほかならない、という理論を産むに至った。

しかしながら我々はこれに対して考えてみなければならない点が二つある。まず第一に、或る交叉点が無関心と無関心との交叉点のごとくに見えても、その実、因果的関心によって将来されたものである場合のあることはもちろんであるが、そのゆえにすべての交叉点があらかじめ関心に依存すること投網全体のすべての糸の結び目が竜頭の一点に集中するがごとくに考うべきであろうか。すなわち、すべて偶然と呼ばれるものは二つあるいは二つ以上の原因が一緒に作用して交叉点を必然的に生じているのであるとか、諸現象の原因のつながりを認識しさえすれば何らの偶然はないわけであるなどと無造作に立論のできるはずのものであろうか。偶然と考えられたものが、或る場合に実は諸原因の必然的結合から生じたものであるという特殊の場合を無造作に一般化して、すべての偶然は諸原因の必然的結合の産物であると推論するところに、かえって認識の不足または思惟の幼稚がありはしないであろうか。我々は全然独立する系列と系列とが交叉点において交叉する場合もあり得ることを考えてみなければならない。クールノーは、偶然という語は独自の密度を有った観念に対応するものであろうか、その観念は我々の外に対象を有ち、我々の避け得ない帰結を有っているようなものであろうか、それともむしろ「声の風」(flatus vocis)[64]にすぎないのではあるまいか、真の原因を知らない我々の無知を飾るためのごまかしではあるまいかと問うている。そうして「否」と答えている。「否、偶然という語は外的現実性と無関係のものではない。観察し得る現象内において表示を有ち、世界の支配内において斟酌されている効力を有った一つの観念を、偶然という語は表現しているのである。この観念は理性に基いた観念である。……すなわち、諸原因の諸種の連鎖または諸種の系列の現実的独立(indépendance actuelle)および偶然的遭遇(rencontre accidentelle)の観念である」(Cournot, Matérialisme, Vitalisme, Rationalisme, p. 222)。隕石が白熱状態で落下して火薬庫を爆発させたとする。その場合、火薬庫の爆発には偶然が与《あずか》っている。なぜならば、一方に、隕石が地球に対して進行してくる方向や、地球の表面の或る一定地点に落下することを決定するところの原因と、他方に、将来隕石が落ちてくるべき地点にちょうど爆発物を蓄積するように決定した原因との間には何らの関聯がない。火薬庫の代りに自然の硫気孔または石油の発源地に隕石が落ちて発火させたと考えてもよい。一方に、自然が硫気孔や石油の発源地を存在せしめた仕事と、他方に、隕石の進行の方向および隕石が地球に接触する地点を決定した力との間には何らの関聯がない(ibid., pp. 47–48)。要するに偶然とは各々独立に自己の系列において展開する原因および事実の諸体系間の結合にほかならない。人間より以上の叡智の所有者(65)がこの点に関して人間と相違するのは単に人間よりも誤謬を犯すことが少ないというだけのことである。または決して誤謬を犯さないというだけのことである。本当は相影響している系列と系列とを独立のものと考えたり、またはその反対に、本当は独立している原因と原因との間に聯結を想像したりするようなことが、そういう叡智の所有者には絶対にないだけのことである。そういう叡智の所有者は諸現象の進展中にあって何が必然の範囲に属し、何が偶然の範囲に属するかを厳格な精密さをもって認識するのである。偶然とは決して主観的なものではない。偶然は客観性を有っている。「この意味で偶然が世界を支配しているということ、あるいはむしろ世界の支配に偶然が参加している、著しく参加しているということは正しい」(Il est vrai de dire en ce sens que le hasard gouverne le monde, ou plutôt qu'il a une part, et une part notable, dans le gouvernement du monde.) (Cournot, Essai sur les fondements de nos connaissances, nouvelle édition, p. 47)。我々は偶然とは無関心と無関心との交叉する尖端であると考えた。偶然の無関心性を厳密なる意味において承認することが、偶然の客観性を許容するゆえんである。

第二に、たとえ交叉点が因果性の関心によって齎《もたら》された交叉点であると仮定しても、その交叉点の完全なる釈明と十全なる認識とは単に理念にすぎないことを思わなければならぬ。交叉点を規定する因果系列は実に無数にある。アリストテレスが個体の偶然的属性は「無際限」(ἄπειρος) (Met., E. 2, 1026^{b}〔7〕; Phys., II. 5〔, $196^{b}28$〕)であるとか、偶然的原因は「無限定」(ἀόριστος) (Met., Δ. 30, 1025^{a}〔25〕; Phys., II. 5〔, $196^{b}28$〕)であるとか、また偶然に関する学問は無い(Met., E. 2〔, $1026^{b}2$–5〕)といっているのは、この交叉点に輻湊する因果系列の無数であることと、並びにそれに関聯して交叉点そのものの無数であることとに基いている。ライプニッツが「偶然的真理」に関して「際限なき細目」(détail sans bornes)とか「無限」(infinité)とかいっている(Leibniz, Monadologie, 36)のも同様の理由からである。一つの交叉点の完全なる釈明はおそらく無限数の交叉点の完全なる釈明を予想するであろう。そうして無限数の交叉点の完全なる釈明とは何ら一つの交叉点をも残さない全き空虚でなければならない。交叉点の偶然性がすべて主観に依存するというならば、それは一切を主観化することにほかならないので、もはや何ものも客観性を有ったものはないという結論に到達しなければならぬ。

二一　仮説的偶然から離接的偶然へ

我々は今までと反対の立場に立ってみよう。交叉点の成立に関してできるだけ偶然を除外して考えてみよう。丙点で甲と乙とが交叉する場合、例えば不連続線上の一点で甲の気流と乙の気流とが摺《す》れ合った場合、または街上或る地点で甲の男と乙の男とが出逢った場合、甲は甲′を、甲′は甲″を原因とし、乙は乙′を、乙′は乙″を原因とし、甲″と乙″とがSを共通の原因にもっていると考えよう。そうすれば甲と乙との邂逅は厳密なる意味で偶然とはいえない。しかるにS自身はまたMとNとの交叉点を意味している。そこに偶然の余地がある。しかしそのMを含むMM′M″の因果系列と、Nを含むNN′N″の因果系列とは、さらに共通の原因としてＴをもつと考えることができる。しかるにそのＴもまた一の因果系列と他の因果系列との交叉点を意味している。そこに偶然の余地がある。しかしその二系列にはまた共通の原因があると考え得る。かくして我々はxに遡る。このxとは果していかなるものであろうか。[*11]

我々は経験の領域にあって全面的に必然性の支配を仮定しつつ、理念としてのxを「無窮」に追うたのである。しかしながら我々が「無限」の彼方に理念を捉え得たとき、その理念は「原始偶然」[66]であることを知らなければならない。シェリングの言うごとく「それに関しては、在るとだけいえるので、必然的に在るとはいえないのである」(man kann von ihm nur sagen, dass es Ist, nicht, dass es notwendig Ist)。それは「最古の原始偶然」(der älteste Urzufall)[66]である(Schelling, Sämtliche Werke, 1856–1857, II. 1, S. 464; II. 2, S. 153)。かの那先比丘《なせんびく》は弥蘭《みらん》に反問して「此等樹木何故不レ同」といった。弥蘭はそれに対して「不レ同者本栽各異」といって比丘に答えまた自らに答えた。[67]しかしながら、樹木の偶然性が因果律によって苗の偶然性に移されたに止まっている。また『中阿含経《ちゅうあごんきょう》』(巻第四十四、「鸚鵡《おうむ》経」)が「当レ知此業有二如レ是報一也」というときも、『成実論《じょうじつろん》』(巻第十、「明業因品」)が「万物従二業因一生」というときも、あたかも偶然性に因果的説明を与えたかのごとくであるが、その実は偶然性を無解決のまま、「原始偶然」へまで無限に延長したにすぎない。かくて問題は仮説的偶然の経験的領域から、離接的偶然の形而上学的領域へ移されるのである。

第三章　離接的偶然

一　離接的偶然の意味

離接的偶然は全体と部分との関係に関する。全体は全体という性格そのものによって絶対的な同一性を有《も》っている。完結的なものとして規定される限り全体はあくまでも自己同一である。それゆえに全体の存在には必然性が伴っている。それに反して部分は部分という性格そのものによって絶対的な自己同一性を欠いている。部分はそれが部分である以上は他の部分を予想している。部分はそれ自らの中に、この部分でもかの部分でもあり得るという性格をもっている。その点に部分の偶然性が存する。そうして各部分は、全体の中に包まれていながら相互に離接的関係に立っているから、この種の偶然を離接的偶然という。例えば三角形は鋭角三角形であるか、直角三角形であるか、鈍角三角形である。その他の三角形が考えられない限り、三角形は一つの全体として外延的に完結しているものと見られる。そうして鋭角三角形が、鋭角三角形でなくて直角三角形でも鈍角三角形でもあり得るという点に、全体としての三角形に対して鋭角三角形は偶然性を有っている。水は液体であるか、固体であるか、気体である。その他の様態が思惟し得られない限り、水を外延的に見て部分を含む全体と考えることができる。そうして液体としての水は、液体でなくて固体でも気体でもあり得る点に、全体としての水に対して偶然性を有っている。もとより部分は自己の存在に対して充足なる理由を有っているに相違ない。しかしその理由によってその部分が存在する代りに、他の理由によって他の部分が存在することも可能である。その点に離接的偶然性が存するのである。

「たまたま」という語は「儻」の字をもって当てられることがあるが、儻は「或然《わくぜん》之詞[1]」すなわち「もしくは」とか「あるいは」とかを意味する。それゆえに儻の字の意味する偶然は「甲、あるいは乙、あるいは丙、あるいは丁」の場合の偶然すなわち離接的偶然でなければならない。例えば「心には忘れぬものを儻《たまたま》も見ざる日数多《まね》く月ぞ経《へ》にける[1]」(『万葉集』巻四)という場合、全体としての一年は部分として三百六十五日を含んでいる。仮りに某月某日、相見たとしたならば、それは三百六十五の部分の中の一つに当っているので、他の部分としての他の日でもあり得た可能性を有っているのである。あるいは甲の日でもあるいは乙の日でもあるいは丙の日でもあるいは丁の日でもあり得たのである。しかるにそれは儻《たまたま》、某月某日であったのである。某月某日であったことは全体としての一年に対して偶然性を有っている。その偶然とは離接的偶然にほかならない。

離接的偶然の例をなお少し挙げてみよう。「わくらばに人とはあるを、人並に吾《あれ》も作《なれ》るを、綿も無き布肩衣《ぬのかたぎぬ》の、海松《みる》のごとわわけさがれる、襤褸《かがふ》のみ肩に打ち懸け、……斯《か》くばかり術《すべ》なきものか、世の中の道」(『万葉集』巻五)。この場合の「わくらばに」が離接的偶然を意味していることは「この世にし楽しくあらば来む生《よ》には虫に鳥にも吾はなりなむ」(『万葉集』巻三)などと比較すれば明瞭である。「ただこの念仏門は、かへすがへすも他の心なく後世《ごせ》を思はんともがらの、よしなき僻胤《ひがいん》にをもむきて、時をも身をもはからず、雑行《ぞうぎょう》を修《しゅ》して、このたびたまたまうけがたき人界《にんがい》に生れて、さばかりあひがたき弥陀のちかひをすてて、復三途《またさんず》の旧里にかへりて、生死《しょうじ》に輪転《りんでん》して、多百千劫《たひゃくせんこう》をへんかなしさを思ひしらぬ人のために申すにて候也」(『和語燈録』[2]「念仏大意」)。これも前の例と同様に虫、鳥、人などを離接肢にもつ生全体に関する離接的偶然である。あるいは虫かあるいは鳥かあるいは人かという離接関係にあって、人という離接肢が措定せられたことは離接的偶然である。「そもそも一代諸教のうち、顕宗密宗、大乗小乗、権教実教《ごんきょうじっきょう》、論家《ろんげ》釈家《しゃっけ》、部八宗にわかれ、義万差につらなりて、あるひは万法皆空《まんぽうかいくう》の旨をとき、あるひは諸法実相の意をあかし、あるひは五性《ごしょう》各別の義をたて、あるひは悉有仏性《しつうぶっしょう》の理を談

じ、宗々《しゅうしゅう》に究竟至極《くきょうしごく》の義をあらそひ、各々に甚深正義《じんじんしょうぎ》の宗《むね》を論ず。みなこれ経論の実語《じつご》也。抑《そもそも》又如来の金言也。あるひは機をととのへてこれを説き、あるひは時をかがみてこれを教へ給へり。いづれかあさく何れかふかき。ともに是非をわきまへがたし。かれも教《きょう》、これも教、たがひに偏執《へんしゅう》をいだく事なかれ。……いづれも生死解脱のみち也。しかるにいまかれを学する人はこれをそねみ、これを誦《じゅ》する人はかれをそしる。愚鈍ののこれがためにまどひやすく、浅才《せんざい》の身これがためにわきまへがたし。たまたま一法におもむきて功をつまんとすれば、すなはち諸宗のあらそひたがひにきたる。ひろく諸教にわたりて義を談ぜんとおもへば、一期《いちご》のいのちくれやすし」(『拾遺和語燈録[2]』「登山状」)。この場合は八宗すなわち八つの離接肢の各々が仏教全体に対して有つ離接的偶然である。「二通りの花粉細胞〔A及びa〕がいずれの胚細胞〔Aかaか〕と結合するかは、全く偶然によるのである」(メンデル、小泉丹訳『雑種植物の研究』岩波文庫、七四頁)。この場合はA|AとA|aとa|Aとa|aの四つの離接肢の各々を性格づける離接的偶然である。「ビュッフォンはまず第一に、諸遊星の軌道面と黄道面との間の角が自然に、全く偶然に、七度半以内(すなわち、最大可能の傾斜角一八〇度の二四分の一)にあるという蓋然性は非常に僅少なものであるということを強調した。この事は前に既にベルヌーイが指摘している。一つの遊星について偶然にこうなる確率は僅かに二四分の一である。それで当時

知られた五個の遊星が悉《ことごと》くそうであるという確率は24^{-5}すなわち、約八〇〇万分の一という小さなものである」(3)(アーレニウス、寺田寅彦訳『史的に見たる科学的宇宙観の変遷』岩波文庫、一三八—一三九頁)。この場合、偶然とは一個の遊星についていえば二十四の離接肢の各々が全体に対して有つ離接的偶然であり、五個の遊星についていえば二十四の五乗である約八百万の離接肢の各々が全体に対して有つ離接的偶然である。

以上の諸例によって、全体の中の各部分が単なる可能的離接肢として、全体の必然性に対して離接的偶然を構成することが明かになったであろう。

二　様相性一般

離接的偶然にあって偶然性の問題が可能性の問題に深く触れていることは明かである。可能的離接肢の一つの措定が偶然であり、偶然であるがゆえに他の措定も可能である。今までは偶然を必然の反対概念として取扱ってきたが、いったい偶然は可能に対していかなる関係に立つか。偶然と可能との関係を攻究する前に、まず様相性一般に関して考察しておこう。そうして様相性の考察にはアリストテレスの古典的な考察(Aristoteles, De interpretatione, 12, 13; Metaphysica, Δ. 5, 12) を出発点としないわけにいかない(4)。

我々は現実または現存在に対して非現実または非存在を考える。現実とは現に有るもの、非現実とは現に無いものである。そうして「現に有るもの」は「無いことのできないもの」と「無いことのできるもの」とに分けて考えられる。すなわち「現実」には「必然」(*ἀναγκαῖον*, necessarium)と「偶然」(*ἐνδεχόμενον*, contingens)とがある。また「現に無いもの」は「有ることのできるもの」と「有ることのできないもの」とに分けて考えられる。すなわち「非現実」には「可能」(*δυνατόν*, possibile)と「不可能」(*ἀδύνατον*, impossibile)とがある。ただし今「必然」「偶然」「可能」「不可能」の四様相性を規定したのは仮りに可能性の立場から「……できる」「……できない」ということを標準として規定したのであるが、四様相性はいずれの様相性の立場からでも規定し得るはずである。次に列挙してみよう。

(一) 可能性の立場よりの規定

可能＝有ることが可能である(*δυνατὸν εἶναι*, possibile esse)

不可能＝有ることが可能でない(*οὐ δυνατὸν εἶναι*, non possibile esse)

偶然＝無いことが可能である(*δυνατὸν μὴ εἶναι*, possibile non esse)

必然＝無いことが可能でない(*οὐ δυνατὸν μὴ εἶναι*, non possibile non esse)

(二) 不可能性の立場よりの規定

不可能＝有ることが不可能である（ἀδύνατον εἶναι, impossibile esse）
可能＝有ることが不可能でない（οὐκ ἀδύνατον εἶναι, non impossibile esse）
必然＝無いことが不可能である（ἀδύνατον μὴ εἶναι, impossibile non esse）
偶然＝無いことが不可能でない（οὐκ ἀδύνατον μὴ εἶναι, non impossibile non esse）

㈢　必然性の立場よりの規定

必然＝有ることが必然である（ἀναγκαῖον εἶναι, necesse esse）
偶然＝有ることが必然でない（οὐκ ἀναγκαῖον εἶναι, non necesse esse）
不可能＝無いことが必然である（ἀναγκαῖον μὴ εἶναι, necesse non esse）
可能＝無いことが必然でない（οὐκ ἀναγκαῖον μὴ εἶναι, non necesse non esse）

㈣　偶然性の立場よりの規定

偶然＝有ることが偶然である（ἐνδεχόμενον εἶναι, contingens esse）
必然＝有ることが偶然でない（οὐκ ἐνδεχόμενον εἶναι, non contingens esse）
可能＝無いことが偶然である（ἐνδεχόμενον μὴ εἶναι, contingens non esse）
不可能＝無いことが偶然でない（οὐκ ἐνδεχόμενον μὴ εἶναι, non contingens non esse）

第一の立場すなわち可能性の立場から様相性を規定している者には例えばトレンデレ

ンブルク(Trendelenburg, Logische Untersuchungen II, 3. Aufl., S. 177–227)がある。

第二の立場すなわち不可能性の立場から規定している者にはルイス(C. I. Lewis, A Survey of Symbolic Logic, 1918, p. 292)[5]がある。彼の記号的論理学においては〜は不可能性(impossibility)の記号であり、—は単なる否定(negation)の記号である。この記号をもって表わせば様相性は左のようになる。

〜p　　……p は不可能である

—〜p　　……p は不可能でない(すなわち p は可能である)

〜—p　　……p でないことが不可能である(すなわち p は必然である)

—〜—p　　……p でないことが不可能でない(すなわち p は必然でない)

それに反してオスカー・ベッカー[6](Oskar Becker, Zur Logik der Modalitäten, Jahrbuch f. Philos. u. phän. F., Bd. XI., S. 510)は、第三の立場すなわち必然性の立場から見る方が不可能性の立場から見るよりも全体の関聯が明瞭でかつ積極的であるとしている。〜p の代りに・—p を置き換えればよい。・は必然性の記号である。・と—とをもって表現する点線記号法(Punkt-Strich-Notation)を用いている。

・p　……pは必然である

—・p　……pは必然でない

・—p　……pでないことが必然である(すなわちpは不可能である)

—・—p　……pでないことが必然でない(すなわちpは可能である)

ルイスとベッカーとの主要の相違は、記号を三つ有つことによって複雑なものの位置に立つようになった様相が何であるかということである。ルイスにおいては—〜—p(pでないことが不可能でない＝pは必然でない＝pは偶然である)が記号を三つ有ち、ベッカーにおいては—・—p(pでないことが必然でない＝pは可能である)が記号を三つ有っている。このことの重要な意味は後に明かになる(一九六—一九七頁、二〇一頁参照)。なお、ルイスもベッカーも左の二つの場合

p　……pは真である

—p　……pは偽である

すなわち我々の存在論的見地からは「現実」と「非現実」に当るものを合せて、様相性の全体と見ている。

第四の立場すなわち偶然性の立場から見ようとする者が事実においてないのは、偶然性そのものが非論理的性格を有っていることによるのであろうが、生に根ざす論理学にとって、論理学の領域と体験の直接性との距離を或る度まで減少させることは不可能ではないであろう。偶然性の立場から他の様相性を規定することは通常の用語法にしばしば見るところである。「批判哲学が一の体系として完成せられるためには、……合目的性の基礎を明《あきらか》にする部門としての目的論が要求せられる。この要求に応ずるものが一七九〇年の『判断力批判』であることは今改めて言うを俟《ま》たない。このいわゆる第三批判がカントの世界観を統一完成する批判哲学体系の冠冕《かんべん》として、カント直後のロマンティク哲学にも、現代の理想主義哲学にも、大なる影響を与えたことは偶然でない」(田辺元『カントの目的論』二—三頁)。「盲人の不自由な境涯をできるだけ体験しようとして時には盲人を羨むかのごとくであった彼が後年ほんとうの盲人になったのは実に少年時代からのそういう心がけが影響しているので、思えば偶然でないのである」(谷崎潤一郎『春琴抄』二七頁)。これらは、「偶然でない」の代りに「必然である」を置き換えることができるので、すなわち偶然性の立場から、必然性を規定しているのである。また「この附近に工場がないのは偶然である」という場合、「工場があることも可能である」ことを意味しているのであるから、偶然性の立場から、可能性を規定しているのである。また

「学術研究所の設備が我国では不足しているから、知識階級の失業者問題が解決されないのも偶然ではない」という場合、「解決されることは不可能である」ことを意味しているから、偶然性の立場から、不可能性を規定しているのである。

いま仮りに偶然性の記号として✕を用いるならば(七二頁参照)、他の諸様相との関係は左のようになるのである。

✕p　……pは偶然である

—✕p　……pは偶然でない(すなわちpは必然である)

✕—p　……pでないことが偶然である(すなわちpは可能である)

—✕—p　……pでないことが偶然でない(すなわちpは不可能である)

以上の四種に

p

—p

の二種を加えれば、六種の様相性が得られるわけである。

さて、偶然性は存在の必然性を否定するものであり、必然性は存在の偶然性を否定す

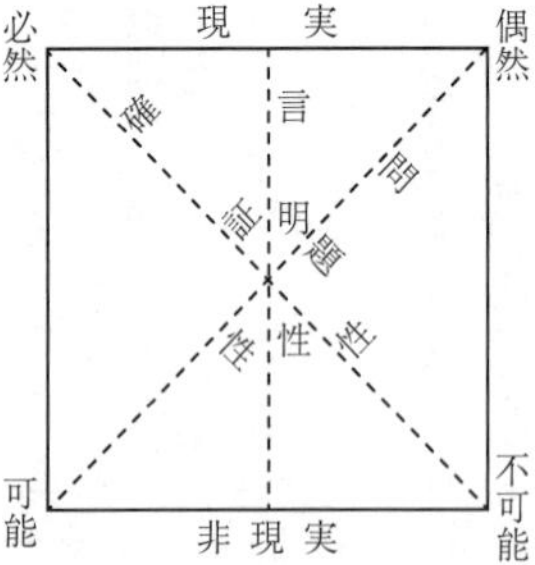

るものであるから、必然と偶然とは矛盾対当に立っている。不可能性は存在の可能性を否定するものであり、可能性は存在の不可能性を否定するものであるから、可能と不可能とも矛盾対当に立っている。他方において不可能性は非存在の必然性を主張するものであり、必然性は非存在の不可能性を主張するものであるから、必然と不可能とは類似したものと考えられる。この必然と不可能とに共通の特徴は「確証性」(apodictica)といわれる。偶然性は非存在の可能性を肯定するものであり、可能性は非存在の偶然性を肯定するものであるから、可能性と偶然性とは類似したものと考えられる。この可能と偶然とに共通の特徴は「問題性」(problematica)といわれる。そうして現実、非現実または現存在、非存在の地平は、確証性および問題性に対して「言明性」(assertoria)といわれる。いったい判断の様相上の区別に関しては普通 problematica は蓋然的と訳され、assertoria は実然的または正然的と訳され、apodictica は確然的、必当然的、必然的、成然的などと訳されているが、我々はこれらの三様相に対して問題的、言明的、確証的の語を選んでおく。以上の考察を図形に表わせば右のようになる。

三　様相性の二つの体系

様相性の体系を構成するのに二つの違った原理があることが以上の考察によっておのずから明かになった。第一の構成原理は述語の否定にある。すなわち同一の主語に関して述語を肯定または否定する。まず主語に「存在」を置いてそれを可能なりと肯定しまたは否定する。存在を可能なりと肯定するのは狭義の可能であり、存在を可能ならずと否定するのは狭義の不可能である。次に主語に「非存在」を置いてそれを可能なりと肯定しまたは否定する。非存在を可能なりと肯定するのは偶然であり、非存在を可能ならずと否定するのは必然である。この第一の構成法によるときは様相性の体系は㈠現実、非現実　㈡可能、不可能　㈢必然、偶然という組合せを呈する。現実、非現実の対立は主語に「存在」を置いて述語がそれを端的に肯定または否定したと考えればよい。

第二の構成原理は主語の否定にある。すなわち相矛盾する主語に同一の述語を措定する。まず主語に存在と非存在とを置いてそれを可能なりと「肯定」する。存在を可能なりと肯定するのは狭義の可能であり、非存在を可能なりと肯定するのは偶然である。次にやはり主語に存在と非存在とを置いて今度はそれを可能ならずと「否定」する。存在を可能ならずと否定するのは不可能であり、非存在を可能ならずと否定するのは必然である。この第二の構成法に従えば様相性の体系は㈠現実、非現実　㈡可能、偶然　㈢必然、不可能という組合せを示す。この場合の現実、非現実の対立は、主語に存在と非存在とを置いて、それを端的に「肯定」したと考えればよい。

様相性の二つの体系の成立に関しては次のように思惟してもよい。存在可能と存在必然とをまず立てて、その各々について二様の反対を考える。存在の可能には二様の反対がある。㈸「存在の可能でないこと」すなわち存在の不可能、㈹「非存在の可能であること」すなわち存在の偶然。また存在の必然にも同様に二様の反対がある。㈸「存在の必然でないこと」すなわち存在の偶然、㈹「非存在の必然であること」すなわち存在の不可能。そうして様相性の第一の体系では甲種の反対を取って可能と不可能、必然と偶然というように組合せをこしらえる。第二の体系では乙種の反対を取って可能と偶然、必然と不可能という組合せをこしらえる。そうして各々の体系にあって現実、非現実の一対を加えるのである。

様相性のこの二つの体系を比較してみよう。第一の体系では各々の組合せにあって一対のものが差別性の点から見られている。各々の対は矛盾対当にほかならない。矛盾律(7)と排中律(8)とがともに妥当している。現実であると同時に非現実であることはできない。そうして、現実か非現実かのいずれかでなくてはならない。また現実の地平にあっては、必然であると同時に偶然であることはできない。かつ、必然か偶然かのいずれかでなくてはならない。同様に、非現実の地平にあっては、可能であると同時に不可能であることはできない。かつ可能か不可能かのいずれかでなくてはならない。

第二の体系では各々の対が類似性の点から見られている。言明性とか、問題性とか、確証性とかいう一致点に基いて各々の組合せが出来上っている。そうして必然と不可能とに関しては、排中律は妥当しないが、矛盾律は妥当するから、いわゆる反対対当の関係にある。いったい、必然か不可能かのいずれかでなくてはならぬというようなことはない。第三者として問題的のものが中間にあり得る。すなわち排中律は妥当しない。そこに確証性の限界がある。しかし、必然であると同時に不可能であることはできないから矛盾律は妥当する。また、可能と偶然とに関しては、矛盾律は妥当しないが、排中律は妥当するから、いわゆる小反対対当の関係にある。可能であると同時に偶然であることはできないなどとはいえぬ。可能と偶然とは同時に成立し得る。偶然に現存するものは現存することが可能であるからである。可能が現実にならないで非現実の中に止まっているのは単に偶然にすぎない。要するに、可能と偶然との間には矛盾律は妥当しない。しかし、問題性の見地を拡充して、必然性を可能性の極限と考え、不可能性を偶然性の極限と考えるならば、可能か偶然かのいずれかでなくてはならぬといえる。それ

ゆえに排中律は妥当する。なお現実、非現実の組合せは第一の体系では、矛盾対当という差別性の側から見られていたが第二の体系では特に言明性という類似性の側から、見られているものと考えて差支えないであろう。

なおここでは未だ直接には問題としないでもよいのであるが必然と可能との関係、および不可能と偶然との関係は、ともにいわゆる大小対当の関係に立っていると見ることができる。今もいったように、必然性を可能性の極限、不可能性を偶然性の極限と考えるのである（一九二頁参照）。

これらの関係を右の図で表わそう。

なお特に偶然だけに関していえば、第一の体系にあっては「偶然と必然」とが矛盾対当をなして対立し、第二の体系にあっては「偶然と可能」とは小反対の関係を問題性という共通の地盤の上に構成している。そうして偶然と必然とを一対として見ることは静的抽象的見地であり、偶然と可能とを一対として見ることは動的具体的見地であるといっても差支えない。

カントの様相性の範疇(9)は今述べた第一の体系に当っているが、第二の体系との関聯をも示している。カントは「範疇表」において様相性を㈠可能、不可能　㈡現存在、非存在(すなわち現実、非現実)　㈢必然、偶然というように分け、「経験的思惟一般の公準」の章でもその適用を試みた。ただし範疇表は形式論理学の判断の区分から導出されている。すなわち㈠問題的判断から可能を発見し、㈡言明的判断から現存在を発見し、㈢確証的判断から必然を発見した。そうして次にその各々に矛盾対当の概念を配して一対とした。すなわち㈠可能に不可能を配し、㈡現存在に非存在を配し、㈢必然に偶然を配した。第一段階として可能と現存在と必然とを判断の表から導出したことと、第二段階としてその各々に矛盾対当の概念を配当したこととは別々の見地からなされている。もしもカントが判断表による区分原理を一貫したならば、問題的判断の問題性を有ったものとして可能と偶然とが一組をなし、確証的判断の確証性を有ったものとして必然と不可能とが一組をなしたであろう。カントの範疇表はその究極の決定的形態にあっては様相性の第一体系に属しているが、その出発点における発生的過程にあっては第二の体系との関聯を示しているのである。

第二の体系はライプニッツにおいても現われている。「推理(raisonnement)の真理は必然的である。そうしてその反対は不可能的である。また事実(fait)の真理は偶然的である。そうしてその反対は可能的である」(Leibniz, Opera philosophica, éd. Erdmann, p. 707)。

ライプニッツは必然と不可能とを推理の確証性において把握し、偶然と可能とを事実の問題性において理解したのである。ヘーゲルも大体においてこの第二の体系に即して考えている。「可能性と偶然性とは現実性の二契機である」(Hegel, Encyklopädie, hrsg. v. Bolland, 1906, § 145)。そうして純粋なる不可能性は、不可能性の不可能性として必然性へ逆転する(ibid., S. 193, Anm. 1)。

いったい現実を静的に見るか動的に見るかによって著しい立脚地の相違がある。現実を静的に見れば、現実は言明の静止性を有って動かないものである。さきに一七四頁に示した様相性の図形についていえば、現実と非現実とを結ぶ言明性の垂直線が起点として考えられている。そうして現実にあって非存在の不可能なるものが必然であり、非存在の可能なるものが偶然であるとして、必然と偶然とが対立して考えられる。また、非現実にあって存在の可能なるものがいわゆる可能であり、存在の不可能なるものがいわゆる不可能であるとして、可能と不可能とが対立関係に置かれる。これは第一の体系の立場であるが、かかる立場ではいわばすべてが静的で決定的である。

それに反して、第二の体系の立場に立って、現実を動的に見るならば、現実は言明的のものでなく問題的のものと考えられる。現実は厚味を有ったものである。問題を孕んでいる。問題は展開されなければならぬ。従ってさきの図形にあって可能と偶然とを結ぶ問題性を起点として摑むのである。言明性が自己の自明を失って問題性に転化したのである。さて、偶然性は非存在の可能を意味する限り、存在に位置を占めながらも非存在に根ざしているものである。可能性は存在の可能を意味する限り、非存在に位置を占めながらも存在へ向っているものである。そうして現実は可能性と偶然性によって構成されている限り、存在と非存在の二契機をその厚味の中に含んで常に問題を展開させている。ヘーゲルによれば可能性は内的のものであり、偶然性は外的のものである。そうして現実性は「内的のものと外的のものとの同一性」にほかならない。内的現実性としての可能性は本質性であり、外的現実性としての偶然性は直接者である。抽象的可能性が直接的現実性に作用し、直接的現実性が抽象的可能性に作用するとき、換言すれば内的のものが外的のものへ、外的のものが内的のものへ直接的自己転置をするとき、そこに現実的可能性が生じて必然性へ展開するのである。必然性とは「展開した現実性」にほかならない(Hegel, Encyklopädie, hrsg. v. Bolland, §§ 142–148; Wissenschaft der Logik, hrsg. v. Lasson, II, S. 169–184)。

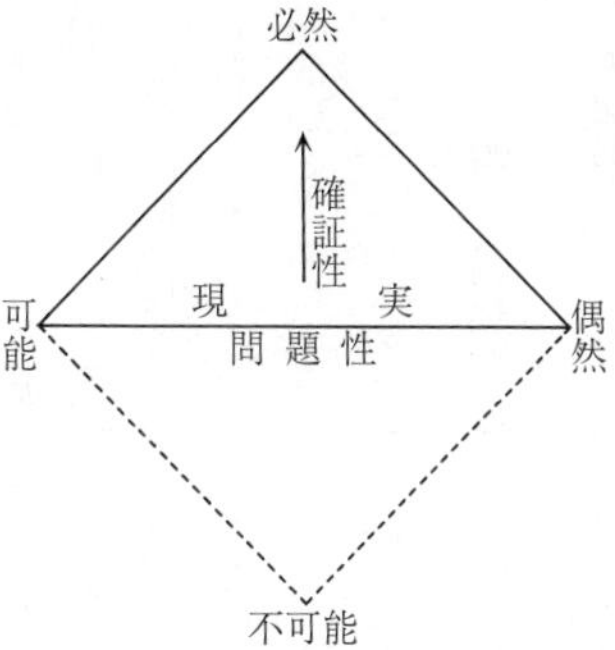

かように現実を動的に見て様相性の発展を考える立場ではさきの一七四頁の図形を右のように〔前頁〕変更すべきであろう。

この図形を得るためには、さきの図形において可能と偶然とを結ぶ問題性の直線を中心として全図形を四十五度だけ回転させればよい。「不可能」を点線で表わしたのは消極的必然と見たからである。さきの図形が様相性の第一の体系を反映しているとすれば、この図形は第二の体系を基礎として生じたものである。

四　偶然性と可能性との類似関係

偶然性と可能性とは、必然性の確証的完全性に対して見られるとき、問題的な不完全な存在様相とみなされてもやむをえない。そうしてこの点において偶然性と可能性とはしばしば極めて類似したものとして目撃される。存在が可能であることは同時に非存在の可能をも意味している。何故ならば存在の単に可能的なるものが存在の必然的なるものと異る点は、まさにその非存在も可能であることに存する。それゆえに、可能性と偶然性とはしばしば同一のものと見られるのである。

アリストテレスも、一方においては可能と偶然とを区別しながら、他方においては両者を同一のものと見ようとしている。「切られることまたは歩むことの可能であるものは、また歩まないことまたは切られないことも可能である」「有ることの可能と無いことの可能とは同一である」(Aristoteles, De interpretatione, 12, 21^{b}〔13-14〕)[10]といい、さらに「有ることの可能からして有ることの偶然が帰結する。そうして後者は前者と取換え得る」(*τῷ μὲν γὰρ δυνατὸν εἶναι τὸ ἐνδέχεσθαι εἶναι, καὶ τοῦτο ἐκείνῳ ἀντιστρέφει*)といっている(ibid., 13, 22^{a}〔15-16〕)。また「それゆえに可能とは或る意味では、今いったように、誤りであることが必然的ではないものを意味する。また或る意味では、真(であるもの)を意味し、また或る意味では真で偶然あるものを意味する」(*τὸ μὲν οὖν δυνατὸν ἕνα μὲν τρόπον, ὥσπερ εἴρηται, τὸ μὴ ἐξ ἀνάγκης ψεῦδος σημαίνει, ἕνα δὲ τὸ ἀληθὲς*〔*εἶναι*〕, *ἕνα δὲ τὸ ἐνδεχόμενον ἀληθὲς εἶναι*)ともいっている(Aristoteles, Metaphysica, Δ, 12, 1019^{b}〔30-33〕)[10]。ここでは可能性を㈠必然性の見地から「必然的でないもの」と規定し、㈡現実性の見地から「あるもの」と規定し、㈢偶然性の見地から「偶然あるもの」と規定している。極めて含蓄に富んだ箇所であるが、可能と偶然とを同一視していることに注意すべきである。

ボエティウスは*δυνατόν*(可能)にpossibileを宛て、*ἐνδεχόμενον*(偶然)にcontingensを宛てたが、「偶然であることと可能であることとは同一のことを意味し、何らの相違がない」(contingens esse et possibile esse idem significat, nec quidquam discrepat)といい、もし強いて相違をいうならば単に一方の否定形にimpossibileという語があるに反して、他方の否定形として incontingens という語がないという形式上の相違だけであるといった(Boethius, De interpretatione, Ed. II. lib. V. Migne, pp. 582-583)。アベラールも「可能と偶然とは全く同一のものを意味する」(possibile quidem et contingens idem prorsus sonant)といった(Abélard, Ouvrages inédits, publ. par Cousin, Dialectica, p. 265)。

スピノザも偶然と可能とを極めて近づけて考えていた。偶然の説明に関して次のようにいっている。「今簡単に我々が偶然をいかに解すべきかを説明したい。がしかしそれより先に、必然及び不可能をいかに解すべきかを説明しよう。物はそれ自身の本質かしからざればその原因に関して必然と呼ばれる。何となれば物の存在はそれ自身の本質及び定義からか、しからざれば与えられた動力因から必然に起るからである。また同じ理由から、物はその本質あるいは定義が矛盾を包含するか、しからざればかかる物を生ずるように決定されているいかなる外部の原因も存在せぬゆえに不可能と呼ばれる。これに反して物は我々の認識の不完全なるがためにのみ偶然と呼ばれるので、他のいかなる理由からでもない。何となればその本質が矛盾を包含するか否かが我々に知られず、あるいはその本質が矛盾を包含しないことを確《たしか》に知るけれども、その原因の秩序が我々に隠されているゆえに、その存在について何事をも確実に主張し得ないような物は我々に決して必然とも不可能とも思われない、そのために我々はそれを偶然(contingens)

あるいは可能(possibilis)と呼ぶのである」(Spinoza, Ethica, I, 33, Schol. I)。ただし、スピノザは偶然と可能とを全然区別しなかったわけではない。その関係を次のように言い表わしている。「我々が単に個物の本質を眼中に置く場合に、その存在を必然に措定し、あるいは、それを必然に排除するいかなるものをも発見しない限り、余は個物を偶然と呼ぶ。我々が個物を生じねばならぬ原因を眼中に置く場合に、この原因がそれを生ずるように決定されているか否かを知らない限り、余は同じ個物を可能と呼ぶ。第一部定理三十三の備考一においては厳密に区別する必要が無かったゆえに、余は可能と偶然との間を区別しなかった」(ibid., IV, def. 3, 4)。

なお、ニコライ・ハルトマンやマッコルなども可能と偶然とを同一視する立場と考えることができるが、そのことは後に述べることとしよう(一九四―一九七頁参照)。要するに以上は偶然と可能とを、問題性の性格を共有するものとして、類似関係において見る立場である。

五　偶然性と不可能性との近接関係

以上において偶然性と可能性との類似関係を見たのであるが、他方においてははなはだ重要なることは偶然性と可能性との対立関係もしくは偶然性と不可能性との近接関係に

眼を注ぐことである。[*12] その考察には必然と不可能とを出発点に取ろう。不可能性の否定によって可能性が生れる。可能性は生れ落ちた一点から次第に生長していく。そうして可能性増大の極限は必然性と一致する。次に必然性の否定が偶然性を産む。[11] 誕生の一点を起始として偶然性は次第に増加する。そうして偶然性増大の極限は不可能性と一致する。ここに可能性と偶然性との対立的関係、および偶然性と不可能性との近接関係が明かにされる。可能性が増大するに従って偶然性は減少し、偶然性が増大するに従って可能性は減少する。可能性増大の極は偶然性減少の極と一致する。それがすなわち必然性である。また偶然性増大の極は可能性減少の極と一致する。それが不可能性である。

今述べた考察を右の図形で表わすことができる。

この点からして、第一章第五節で取扱った例外的偶然の有つ特殊な位置が理解される。例外的偶然とは徴表が非本質性を有ったもので可能性含有量の最も少ない偶然である。従って最も顕著な偶然である。その反対に本質的徴表と見られているものは可能性増大の極、必然性に準ずるもので概念の構成的内容として法則の価値を有っている。クローバーが三葉を有っていることはかような本質的徴表が備わっていることである。三葉ということはクローバーの概念にとって厳密にいえば必然的とはいえないが、可能性増大の極限として準必然的のものである。それに反してクローバーが四葉を有つことは例外であって従って可能性を含有することの極めて少ない偶然である。不可能の域を摩するものである。それゆえに四葉のクローバーは特に偶然的なものとして目立つのである。

マイノングも次のようにいっている。「偶然の中に含まれている可能性が大きければ大きいほどではなく、小さければ小さいほど、偶然がますます妙だといわれるのは注意に価する。二人の同僚が役所の中で出くわすのにももちろん何らの偶然性がないというわけではないが、特別の偶然と考えるのは役所の所在地から遠く離れた町で出くわした場合である。その場合の可能性は前の場合よりも遥かに小さい」(Meinong, Über Möglichkeit und Wahrscheinlichkeit, 1915, S. 243)。『易経』に「噬㆓腊肉㆒、遇㆑毒」という場合、腊肉は乾した古い肉であるから、腐敗して毒を蔵する可能性はかなりに大きい。肉を食って中毒したということには幾分の偶然性はあるが大した偶然でもない。可能性が大きいからである。それに反して「噬㆓乾胏㆒、得㆓金矢㆒」という場合、骨つきの乾いた肉の中に金の矢の根があるということは、狩の時に弓で獣を射たとすればもちろん不可能のことではないが、それが黄金の矢であったりしてみればはなはだ可能性の小さいことである。その代りに偶然性ははなはだ大きい。かつて自分は京都から東京へ向う東海道線の汽車中、定刻より少し遅れて食堂車へ入った。僅かに一つだけ空席が残っていたからその席へ着いた。隣りの男が声を掛けるから見ると宮崎県に住んでいる義弟であった。その瞬間に自分は不思議さに打たれた。しかし考えてみると東京で岳父の一周忌の法要のある前日であった。また汽車は特急燕《つばめ》号であった。二人ともその日の汽車に乗ることも、また燕号に乗り込むこともかなり大きい可能性を有っている。偶然性はむしろ夕食時間が数回あるにかかわらず二人ともはからず同じ何回目かを選んでいたことや、食堂が満員であったにかかわらず義弟の隣席だけが空いていたことに存している。相当に大きい可能性が含まれていることがわかってきたので次第に偶然性も減少し、従ってさほど不思議とも思わなくなったのであった。もしそれが急行車でなかったとか、東京に共通の用向がなかったとかいうのであったならば、可能性が減ずる度に応じて偶然性が大きかったわけである。また自分は世界大戦(12)の直後、日本に亡命中のロシアのSというピアノの上手な青年と知合いになって相当親密に交際をした。彼は鎌倉の劇場でロシア舞踊の伴奏に出たこともあった。しかるに彼が白系の一将軍の下に戦闘に加わるためにハルビンへ旅立った後は杳《よう》として消息が無かった。戦死したかとも思っていた。その後数年して自分が独逸《ドイツ》フライブルクに滞在していた時のことである。神経痛の治療を受ける者について大学病院の電気治療室へ行った。そこの助手がSであったのには少なからず驚いた。彼は諸方を流浪した果遂《はてつい》にフライブルクへ来て医学を修めて今は大学の助手になっていたのである。最初は大きい偶然という印象を受けたが、しかもやはりかなりの可能性を有っているのでよく考えれば偶然性が減じてきた。日本で彼と話した言葉はドイツ語であった。彼は革命のために学業を中止したのをはなはだ遺憾としていた。また彼は日本にも独特の文化はあるが欧羅巴《ヨーロッパ》の文化が恋しいといっていた。これらの事情からして彼がドイツへ行って学業を卒《お》えたことには相当の理由がある。その彼と自分とがドイツで回《めぐ》り合ったことには、従って多分の可能性が含まれている。偶然性ははからずもフライブルクのような南独の小都市であったことや、また彼がちょうど電気治療室の助手になっていたことに懸っている。もしそれがアフリカの旅行で片田舎のホテルに一泊した際、朝食を運んできたボーイがSであったというようなことであれば、可能性がより小さいだけに偶然性がより大きかったであろう。

次の例はヴィルヘルム・フォン・ショルツの『偶然』の中にあるものであるが、成瀬無極氏の『偶然問答』によって引用する。「これは或る人の実話だといいますが、一九一四年の春、当時シュワルツワルドに住んでいたその人の細君が四歳になる長男の写真を取った、六枚つづきの小型のフイルムだったそうです。細君はある小手術を受ける必要があってシュトラアスブルグへ行った。そこで写真を現像してもらうつもりが、何かの都合で帰りが俄《にわ》かに早められたので、知合いの露西亜《ロシア》の女学生に写真屋を指定して現像の事を頼んでいった。ところが間も無く戦争が始まってその女学生に逢う機会が無くなり、写真屋の預証もとうとう手に入らなかった。御亭主が戦争勃発の数日前にシュトラアスブルグへ行ったついでに例の写真屋へ立寄って、預証は無いが、こうこういう者で現像を頼んであるからといったが、写真師はどうしてもフイルムを渡さなかった。細君はひどく失望したそうです。それっきりになっている中に一九一六年になって、細君が、たしかフランクフルトだったと思いますが、フイルムを一つ買ってゾオデンという温泉場へ持《もっ》て行《いっ》て、そこで生れて一年半になる女の児《こ》の写真を取った。それを現像させてみると皆だぶっているという事が分った。そんなはずは無いがと、フイルムを翳《かざ》してよく見ると、驚いた事には、朦朧として夢のように長男の姿がシュワルツワルドの雪を背景にして現われた。それと重なり合って妹の縮れ髪の日光浴をしている裸かの姿が見える、兄妹がフイルムの中で一つになっていた」。この偶然に対する解釈は「戦争のどさくさ紛れに、前の写真師が次の写真師にフイルムをごっちゃにして売ったのだ。あるいはその間に第三者が介していたかもしれないが」というのであるが、「何の気無しにその店へ行って、――一足おそければ他の人が買ってしまったかもしれない――ちょうどにまたそのフイルムが手に入った」ことに大きい偶然がある(成瀬無極『偶然問答』四五一―四五二頁、Wilhelm von Scholz, Der Zufall, 1924, S. 21-24)。この偶然の中に含まれている可能性は極度に小さくほとんど不可能に等しい。従ってまた偶然性は極度に大である。偶然が不可能と接するものとして理解される場合のあることは次の言葉にも表われている。「ハス氏がその著『血族結婚』の中へ、一白耳義《ベルギー》人の手になった長い引用を載せた。それは、はなはだ永い世代にわたって極く接近した家兎《かと》の繁殖を行なったが、毫《ごう》も有害な結果を見ないということであった。該記述は、最も信用のある雑誌、すなわち、白耳義《ベルギー》の皇立学術協会の会報で発表されたが、自分はそれに疑念を挟むことを禁じ得なかった。何かの種類の偶然の結果でないとすれば、その理由が自分には判らず、また自分が動物を繁殖した経験からは、かくのごときことはあり得べからざることのように考えた」(フランシス・ダーウィン、小泉丹訳『チャールズ・ダーウィン――自叙伝宗教観及び其追憶』岩波文庫、一〇七頁)。また「たまたま、うけがたき人界に生れ」(『和語燈録』「念仏大意」)という時にも偶然が不可能に近い可能性として見られている。

　偶然と不可能との近接はカントも看取していたと考えてもよいかもしれぬ。カントは範疇表に関してどの場合にも第三の範疇はつねに第一の範疇と第二の範疇の綜合であることを指摘して、その一例に「必然性は可能性そのものによって与えられた存在にほかならない」(カント『純粋理性批判』B. 111)といっている。しかるに必然性の矛盾対当は偶然性であり、可能性の矛盾対当は不可能性であるから、この場合にもカントの主張を適用すれば「偶然性は不可能性そのものによって与えられた存在(非存在)にほかならない」といえるわけである。いずれにしても、偶然性が可能性に反対しつつ、限りなく不可能性に近づくことは注視すべき点である。

六　様相性の第三の体系

偶然性と可能性との対立関係を強調することに基いて、偶然性と不可能性との近接および可能性と必然性との近接を力説すれば、ここに様相性の体系に関して新しい構成法が考え出されるのである。㈠現実、非現実　㈡必然、可能　㈢不可能、偶然という組合せが様相性の第三の体系でなければならない。この体系の根柢をなしているものは極限概念である。可能性が限りなく近づき得る極限として必然性が考えられ、偶然性が限りなく近づき得る極限として不可能性が考えられる。従って、さきにもいったように(一七七―一七八頁参照)、必然と可能との関係、および不可能と偶然との関係は、いわゆる大小対当の関係をなしているといってもよいのである。

ニコライ・ハルトマン(N. Hartmann, Logische und ontologische Wirklichkeit, Kantstudien, XX, S. 1-28)の考《かんがえ》もこの立場から理解することができる。ハルトマンの見解によればカントが様相性を可能性、現実性、必然性の順序に置いたのは認識論理の見地において認識確実性の度合を標準としたためである。存在論理の見地から対象の存在の度合を標準とする場合には可能性、必然性、現実性の順序にしなければならぬ。認識論的には現実性は確実性の点において可能性よりも勝り、必然性よりも劣っている。それゆえに両者の中間に位する。しかし存在論的には現実性は可能性と必然性との綜合と考えなければならぬ。それゆえに両者よりも高位のものとして最後の位置を占めている。そうして一方に現実性と非現実性、他方に必然性と可能性とは全然異った様相的次元に属している。我々の問題にとって重要なことはハルトマンが可能性と必然性とを一組と考えたことである。可能性と必然性とは特殊な対立関係に立っている。可能性の欠如は直ちに一種の必然性を意味する。なぜならば不可能性は消極的必然性(negative Notwendigkeit)にほかならない。また必然性の欠如は直ちに消極的可能性(negative Möglichkeit)を意味する。非必然性(Nicht-Notwendigkeit)は非存在の可能性(Möglichkeit des Nichtseins)にほかならない。かように可能性と必然性とは一が直ちに他の反対というのではないが、可能性の矛盾対当(不可能性)は必然性という上位概念の下に直接に所属し、必然性の矛盾対当(非必然性)は可能性という上位概念の下に直接に所属するのである。このことは可能性と必然性が緊密な近接関係にあることの証拠である。しからばいかなる根源的相関を有っているかというに、可能性の全体は必然性と全然合致する[13]もので、その合致がすなわち現実性であるという関係が存する。詳しくいえば、現実性というものは諸々の制約から構成されている。それらの制約の各々が現実性にとっては必然的なもので欠くことを得ない。しかし各制約を別々に離して見れば被制約者の可能性を意味するにすぎない。未だその現実性を意味してはいない。諸制約が悉《ことごと》く充実され、一致して働く時に初めて、被制約者が現実的のものになるのである。すなわちその時には被制約者は単に可能的であるばかりでなく、また必然的であるのである。その時には被制約者はもはや存在しないことができないで、その諸制約の全体によって絶対的に要求されるのである。具体的形態の諸制約における可能性と必然性とのかような会合(Zusammentreffen)がその形態の現実性を構成するのである。可能性とは構成契機として制約と呼ばれるものに対する様相的表現に他ならない。そうして必然性とは諸制約の全体をいうのである。ハルトマンは可能性と必然性とのこの関係は既にアリストテレスの潜勢態(*δύναμις*)と現勢態[14](*ἐνέρ-γεια*)の相関にあらわれていたことを指摘している。すなわち諸潜勢態の会合が現勢態を必然的に結果せしめるのである。

我々が様相性の第三の体系と呼ぶものを成立させるためには、可能性と必然性との相関を立てるほかに、なお偶然性と不可能性の相関を立てなければならない。ハルトマンはそれをしていない。その点にハルトマンの大きい欠点があると思う。ハルトマンは可能性と必然性との相関をその各々の矛盾概念によって間接に基礎づけている。すなわち可能性の矛盾対当は一種の必然性であり、必然性の矛盾対当は一種の可能性である、そこに両者の緊密な関係が存するというのであった。それゆえに、可能性と必然性の相関を説く半面には当然、可能性の矛盾対当と必然性の矛盾対当との相関を説かなければならないはずである。可能性の矛盾対当は不可能性であり、必然性の矛盾対当は非必然性すなわち偶然性である。しかるにハルトマンが偶然性と不可能性との特殊の相関を立てないのは、偶然性すなわち非必然性は可能性にほかならないという理由によるのである。非必然性は非存在の可能性である。そうして可能性の様相にあっては同一物の存在と非存在とは相排斥しないで二つの共存的可能性を構成するから、非必然性は直接には消極的可能性であるが、それと同時に間接には積極的可能性でもあるというのである。そういう理由でハルトマンは非必然性を独立の一様相として認めない。その結果として一方には必然性、可能性、不可能性の三つの様相を立て、他方には現実性、非現実性の二つの様相を立てて、全体として五つの基礎的様相を立てている。一方の対立系列の領域にあって可能性が中間を占めているのは、存在価値において不可能性は最小であり、必然性は最大であるためである。他方にあっては二つの様相が独自の対立領域を形成してい

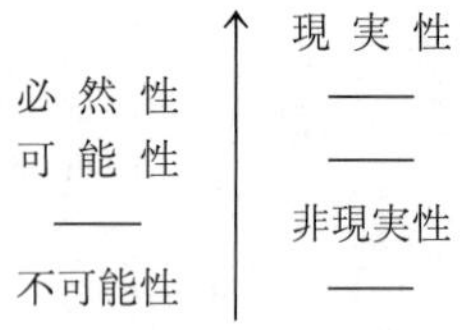

るので、存在価値において非現実性は最小であり、現実性は最大である。そうしてこの領域には中間項は存在していない。なお一つの領域と他の領域との間に存在価値に関して注意すべき点が二つある。第一の点は、非現実性は、不可能性よりも消極的でなく、可能性よりも消極的であるから、様相的に両者の中間に位すべきことである。第二の点は、現実性と必然性との位置の関係であるが、数学的関聯において見られるごとく必然性には現実性を欠くものがあるに反し、現実性は可能性と必然性との綜合として常に可能性と必然性とを止揚して契機として自己の中に有っている。それゆえに現実性の方が必然性よりも上位に置かれなければならぬ。諸様相はハルトマンによれば右のような上昇的順位関係を示している。

既にいったように、この様相表に偶然性が位置を占めていないのははなはだしい欠陥である。ハルトマンは一方にはさきにいったように非必然性は直接に消極的可能性であるとともに間接に積極的可能性でもあるから、可能性より独立した一つの様相を形成しないというのである。しかし、それは偶然性と可能性とを同一視するすべての論者に共通しているごとく形式論理学の過重から来る偏見である。ルイス[15](一七一頁参照)も記号を三つ有つ非必然性(—~—p)を「複雑なる真理価値」(complex truth-value)とみなして、彼のいわゆる「厳密包含体系」(system of strict implication)の五つの真理価値(five truth-values)の中に加えていない。しかし、それも全く形式論理だけの立場にあるからである。ルイスは一方に—∽—pが「不可還元的」(irreducible)であり「判明なるかつ認知し得る観念」(a distinct and recognizable idea)であることを認めていながら、他方で「論理学や数学では滅多に必要のないもの」(seldom needed in logic or in mathematics)として除外しているのである(C. I. Lewis, A Survey of Symbolic Logic, 1918, p. 292)。マッコルも同様である。「真」(true)、「偽」(false)、「確実」(certain)、「不可能」(impossible)、「可変」(variable)の五つの基礎的様相を認めているだけで、それらをそれぞれτ、ι、ε、η、θで表わし、最後のθすなわち「可変」は「不確実」(not certain)と「非不可能」(not impossible)とを含むものとしている(H. Mac-Coll, Symbolic Logic and its Applications, 1906)。いったい、「甲が乙であることが可能である」という命題が「甲が乙でないことが可能である」という命題と両立することは形式論理学[16]の常に説くところである。形式論理学にあって可能と偶然との区別を立てないのはあるいは当然といえるかもしれぬ。しかしながら、存在論理学[16]においては、可能的存在と可能的非存在とは決して同一のものではない。すなわち非存在の地平にあって「存在が可能である」という可能性と、存在の地平にあって「非存在が可能である」という非必然性とは決して同一のものではない。「存在が可能である」

という可能性は「存在が必然である」という必然性へ向って展開すべき存在論理的構造を有っている。それに反して「非存在が可能である」という非必然性は「非存在が必然である」という不可能性へ向って退却すべき存在論理的構造を示している。非必然性はこそ消極的可能性に相違ないが、可能性から積極的に区別すべき何らかのものがあればこそ「偶然性」という概念があるのである。可能と偶然とはともに何らか中和的の極限に対して大小対当の関係にあるものではない。可能は特に必然に対して大小対当の関係に立ち、偶然は特に不可能に対して大小対当の関係に立っているのである。しかしこの関係は存在論理学においてはじめてよく把握することのできるものであるから、形式論理そのものに可能と偶然との差別を求めることは無理であるかもしれない。形式論理学の世界がすべてであったならば、あるいは偶然性という概念は生じなかったかもしれぬ。しかしながら現実は形式論理学の中和的主張に反抗してまでも偶然性の概念を産むことを要求したのである。現実において日出前と日没後とが同一でないごとく、存在論理学にあっては可能性と偶然性とは同一ではないのである。ハルトマンが存在論の立場に立ちながら、形式論理学的論拠によって偶然性の様相を承認しなかったのは他にもなお何らかの根拠がなければならない。

ハルトマンは実に他方において存在論そのものの立場から偶然性を拒否しているので

ある。彼によれば、偶然とは因果的の場合にも目的的の場合にも必然的関聯を認識するに至らない「無智の論理的場所」(locus logicus ignorantiae)である。必然性の認識なくしても現実性の認識の存するという論理的事実の表明にすぎない。必然性を含まない現実性があるという帰結を齎《もたら》すものではない。かくしてハルトマンは「理論的には因果関聯によって余すところなく支配され、実践的には目的によって余すところなく支配されているカント的世界形象」に立脚して偶然性の意味を認識不足の結果に限局しているのである。さらにまた、厳密に存在論的に偶然を理解する非決定論に対してはハルトマンは、非決定論の立場は世界の出来事を原子化し、統一ある流れを関聯なき個々の事象に解体するものとして非難し、他者の中に制約を認めない偶然は自己の中に制約を有つものとして「自己原因」(causa sui)(17)の概念を要請するものなることを指摘している。しかしながら、仮りに宇宙の一切の事象が必然性をもって厳密に制約されているとしても、諸制約の端初として無限の彼方に「原始偶然」(17)の理念のあることを我々はさきに考察した。我々は原始偶然において一種の自己原因を認めないわけにいかない。それのみならず、ハルトマン自身も認めているところの諸制約の会合(Zusammentreffen)は果して必然性の概念のみをもって理解し得るものであろうか。そこにはヘーゲルも「外的現実性」として認めた偶然の概念が要求せられるのではあるまいか。仮りに、交互作用の範疇によって一切が必然的に理解され得るとしても、一切事象の全体として絶対者が考えられる限り、必然性の総和に対する偶然として原始偶然または自己原因の概念へ戻っていくのである。さらにこの章の主題である離接的偶然の概念を考慮に入れるならば、偶然性の概念を拒否することがいかに無理であるかが明かになるであろう。ハルトマンが偶然―不可能の相関において、一つの項である不可能のみを様相性として承認し、他の項である偶然を可能と同一視して様相的独立性を否定したことは、存在論の立場から見て著しい欠点でなければならない。

その点においてはオスカー・ベッカー(Oskar Becker, Zur Logik der Modalitäten, Jahrbuch f. Philos. u. phän. F., Bd. XI)はより多く事態に即して思惟しているように思われる。ベッカーは様相性の第一の体系の考え方から出発し、第二の体系を経て、第三の体系へ肉薄している。ベッカーは様相性の問題を記号的論理学の立場から純粋に形式的に取扱っている限り、もとより偶然の概念を十分に闡明《せんめい》してはいない。しかしルイスが非必然性

―〜―p

を基本的形相〔様相〕の一つと見ないことには断然反対している。記号も三つから二つに減じ―・pとした。そうして「非必然」または「可能的偽」という名称の下に、偶然を一つの基本的様相として取扱い、従って六つの不可還元的様相性(sechs irreduktible

Modalitäten)を立てている。ベッカーはN(notwendig 必然)、W(wahr 真)、F(falsch 偽)、U(unmöglich 不可能)、M(möglich 可能＝nicht unmöglich 非不可能)、M′(möglicherweise falsch 可能的偽＝nicht notwendig 非必然)の六つの略字によって様相性の相互関係を表わしている。そうして様相性の全領域を分割するものとして左の組合せを挙げている。

㈠ Wと$\overline{W}$＝F
㈡ Nと$\overline{N}$＝M′
㈢ Uと$\overline{U}$＝M

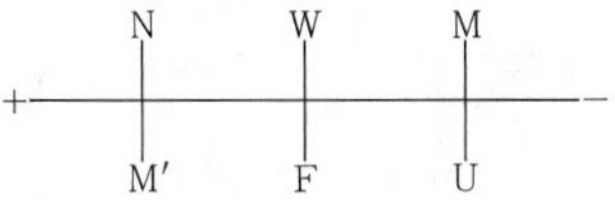

これはすなわち㈠現実、非現実 ㈡必然、偶然 ㈢不可能、可能という組合せに当るから、様相性の第一の体系を意味している。上の図形にもその関係が明かに表われている。

しかしながらまた、N(・p)とU(・—p)とは符号を換えることによって相称的様相(symmetrischer Modus)をなし、M(—・—p)とM′(—・p)とも、W(p)とF(—p)とも、同じく符号の変化によって相称的様相をなすとしているから、この図においてWFを中軸とし左右に相称性を考えれば、そこには第二の体系の立場があらわれている。また、横線より上部の様相を一組とし、下部の様相を一組と考えれば、そこには第三の体系の立場があらわれている。ベッカーはさらに上のような図形をも用いてこれらの関係を明かにしている。そうして、第二の体系の見地から「必然性の論理」と「可能性の論理」とを対立させ、一方にNとUとを確証性の類似において捉え、他方にM×M′の共通的領域(das gemeinsame Gebiet)を問題性において捉えている。この領域は「不確定的」(unbestimmt)であって、「必然的でもなければ、不可能的でもない」(weder notwendig noch unmöglich)。また第三の体系の見地に立って、一方に

$N < W < M$

の近接関係を捉え、他方に

$U < F < M'$

の近接関係を捉えている。なお積極性と消極性とに関して様相性の系列を次のように見ている。

＋ N W M　　M′ F U −

これは一方に必然、現実、可能を積極性において把握し、他方に不可能、非現実、偶然を消極性において把握しているのである。以上はベッカーの優れた考察である。ただ、

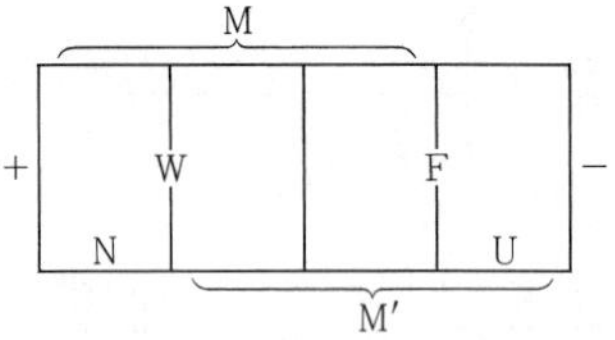

形式論理学の立場に終始したため、偶然を偶然として十分に闡明していないことは遺憾である。すなわち六つの不可還元的様相性を力説したにもかかわらず、なお偶然を「可能的偽」として可能性の一種と見た思惟の形跡はMに対してM′の略字を用いたことだけによっても明かである。

　要するに様相性の第三の体系の根幹は一方に必然―可能の大小対当の相関を目撃し、他方に不可能―偶然の大小対当の相関を目撃するところに存するのである。必然性は可能性の極限として「超可能性」といわれることがあるが、不可能性を偶然性の極限として「超偶然性」といえないこともない。第三の体系の立場を上のごとく図形化することができる。

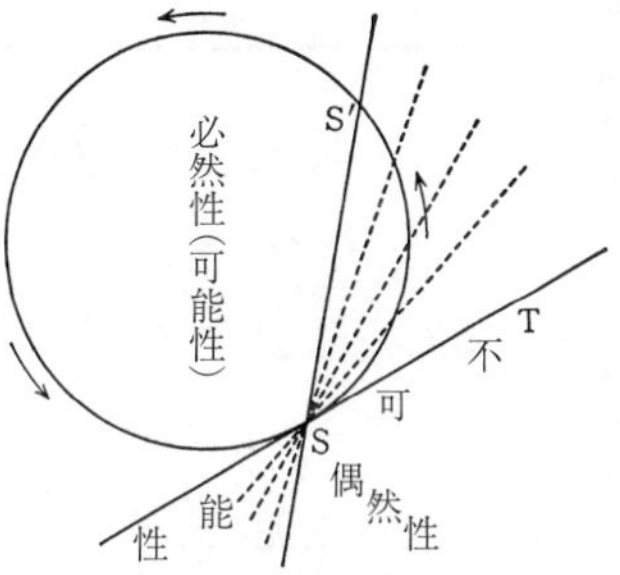

　この図において円周は必然性を表わし、弧は可能性を表わす。切線STは不可能性を表わし、切点Sは偶然性を表わす。切点Sが曲線の生産点として自己から出発し、矢の方向へ進行して全円周を生産し終ったときに静止する。静止の状態において把えられた円周と切点Sとが現実性を表わし、運動の状態において考えられた弧と切線STとが非現実性を表わす。

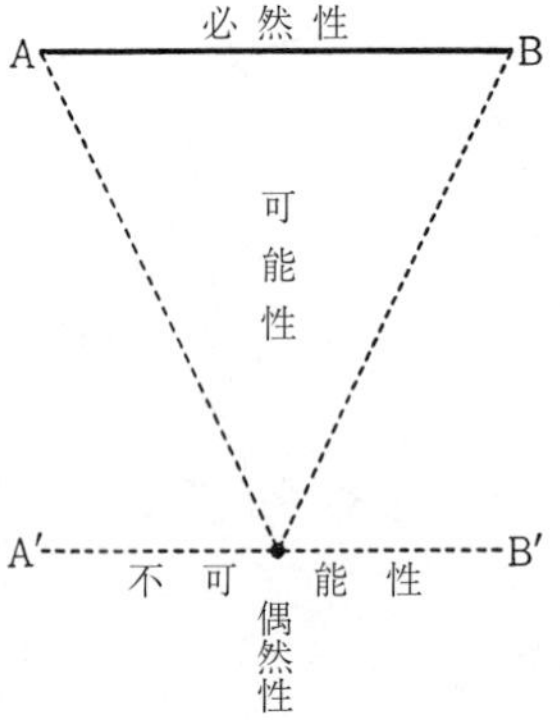

可能性を表わす弧が矢の方向に増大した極限は必然性を表わす円周となる。弧が次第に減少して矢の方向と反対にS′が限りなくSに近づき、直線SS′が限りなく直線STに近づき、遂にその極限として直線SS′が直線STに合し、S′がSに合した場合に、偶然性としてのSが浮出てくるのである。換言すれば偶然性は不可能性を表わす切線STが可能性を表わす曲線に接する切点としてのSである。偶然性は不可能性の直線上に位置を有っている無に近いものである。そうして円周の否定が点であるごとく、偶然性は必然性の否定である。また円周上にS点以外に無限数の切点が思惟せられるごとく、偶然性は離接的なる可能性の統体の一離接肢にすぎない。しかも偶然性は自己が生産点たることを自覚するや極微的可能性より出発して曲線を連続的に充実し、遂に可能性を必然性の円周にまで展開し得る現実の力である。偶然性は、可能性をして偶々《たまたま》可能なる処女の可能性より、常に可能なる母の可能性へ自覚せしめる迫力である。偶然性は、現実の一点に脆《もろ》くも尖端的存在を繋ぐだけであるが、実在の生産原理として全生産活動を担うの情熱を有ったものである。

同様の事態を右の図形〔前頁〕によって表現することもできる。

偶然性は、不可能性を表わす直線内においてその一点であると同時に、可能性を表わす三角形においてその頂点である。偶然性は虚無であるとともに実在である。虚無即実在である頂点は生産点として三角形全体の存在を担う力である。三角形の底辺は発展的生産の終極として完成の状態にある必然性を表わす。偶然性はみずから極微の不可能性でありながら、極微の可能性を尖端の危《あやう》きに捉えることによって、「我」を「汝」に与え「汝」を「我」に受け、可能性に可能性を孕んで、遂に必然性に合致するのである。必然性と不可能性とを同じ長さの横線ABとA′B′とをもって表わしたのは、両者に共通の確証性を象徴するためである。それに反して偶然性と可能性とが一点より発してその極限において初めてABの二点に合するのは偶然性と可能性とに共通の問題性を象徴するためである。偶然性の一点と必然性の直線とを黒く太く描いたのは両者に共通の現実性を表象するためであり、可能性と不可能性とを点線で書いたのは両者に共通の非現実性を表現するためである。現実性は「展開した現実性」としての必然性と、産み落された現実性としての偶然性とに共通の性格である。そうして誕生において産声を聞くごとく現実性は偶然性において大声に叫んで自己を言明するのである。偶然性が虚無性にもかかわらず現実性を有っていることは著しい性格である。それに反して可能性は非現実の中にありながら、自己の正当なる実在性の権利に基いて現実への通路に憧れているものである。非現実と虚無との中に永遠に死んでいる不可能性をして現実に向って飛躍せしめるのは、偶然性の有つ神通力である。

七　三種の体系の概括

以上の考察を顧みて、様相性の第一、第二、第三の体系の特色を概括しておこう。第一の体系にあっては、必然性と偶然性とは現実性の地平において矛盾対当をなすものとして一対の様相と見られ、可能性と不可能性とは非現実性の地平において矛盾対当をなすものとして一対と見られている。第二の体系にあっては、必然性と不可能性とは、反対対当を構成しながら、確証性の性格において類似関係にあるものとして一対の様相と見られ、可能性と偶然性とは、小反対対当を構成しながら、問題性の性格において類似関係にあるものとして一対と見られている。第三の体系にあっては、必然性と可能性とは実在性の次元において大小対当の近接関係にあるものとして一対の様相と見られ、偶然性と不可能性とは虚無性の次元において大小対当の近接関係にあるものとして一対と見られている。

三種の体系を左の図形で表わすことができる。略字および記号は左のごとくである。

R　現実性(Realitas)
R′　非現実性(Non-Realitas)
N　必然性(Necessitas)
C　偶然性(Contingentia)
P　可能性(Possibilitas)
I　不可能性(Impossibilitas)
+　実在性＝有
−　虚無性＝無

(Ⅰ)

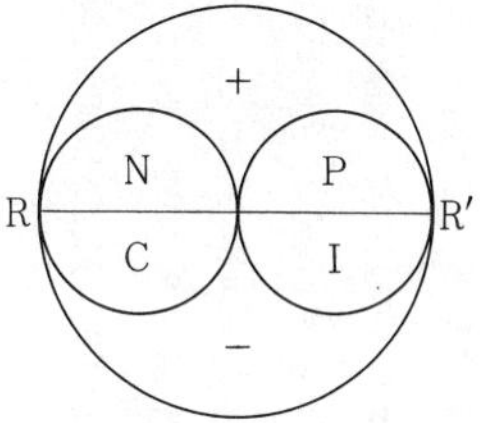

(Ⅱ)

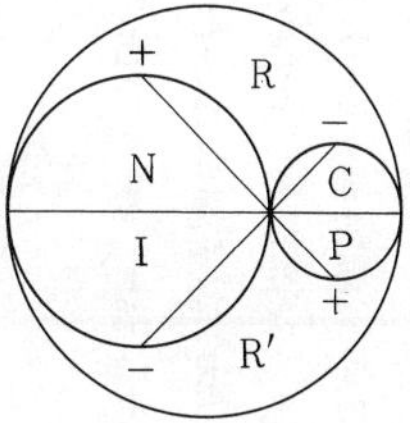

(Ⅲ)

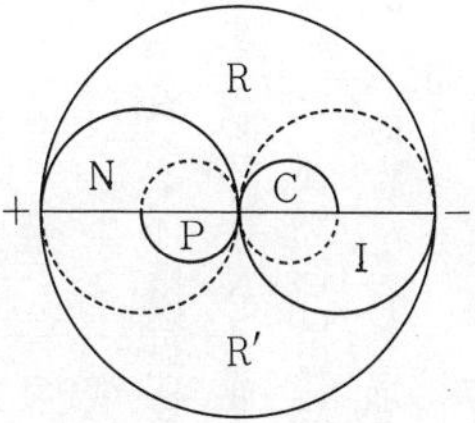

右の図〔前頁〕を簡単に説明しておこう。

(Ⅰ)第一体系。横線の上下は矛盾対当をなす。上部は実在性（＋）を、下部は虚無性（－）を表わす。左方は現実性（R）を、右方は非現実性（R′）を表わす。必然性（N）と偶然性（C）とは現実性の側にあって矛盾対当し、必然性は実在性の領域に、偶然性は虚無性の領域に属す。可能性（P）と不可能性（I）とは非現実性の側にあって矛盾対当し、可能性は実在性の領域に、不可能性は虚無性の領域に属す。

(Ⅱ)第二体系。横線の上下は現実性（R）と非現実性（R′）とを表わす。左右の対立に矛盾対当の関係が現われている。ただし、現実性の範囲内にあっては、左方は実在性（＋）を、右方は虚無性（－）を表わし、非現実性の範囲内にあっては、その反対に、左方は虚無性を、右方は実在性を表わす。必然性（N）と不可能性（I）とは反対対当をなし、偶然性（C）と可能性（P）とは小反対対当をなす。反対対当の大円は確証性を表わし、小反対対当の小円は問題性を表わす。

(Ⅲ)第三体系。円の中心より左方は実在性（＋）を表わし、右方は虚無性（－）を表わす。横線の上部は現実性（R）を、下部は非現実性（R′）を表わす。必然性（N）の大円は可能性（P）の小円を包摂して、実在性の領域において大小対当をなし、不可能性（I）の大円は偶然性(C)の小円を包摂して、虚無性の領域において大小対当をなす。必然性と偶然性とは、現実性の範囲内において、矛盾対当をなすものであるから、非現実性の範囲すなわち横線より下の部分にあっては、必然性の大円と偶然性の小円とは点線によって非所属性を表わしている。同様に、不可能性と可能性とは、非現実性の範囲内において、矛盾対当をなすものであるから、現実性の範囲すなわち横線より上の部分にあっては、不可能性の大円と可能性の小円とは点線によって非所属性を表わしている。以上は図の説明である。

なお、偶然性だけに関して、三種の体系における関係をいえば、偶然性は、第一の体系にあっては、必然性と矛盾する現実と見られ、第二の体系にあっては、可能性に類似する問題的のものと見られ、第三の体系にあっては、不可能性に包摂されようとする虚無的のものと見られている。一七四頁の図形に従って偶然性のこの関係を図示すれば上のようになる。

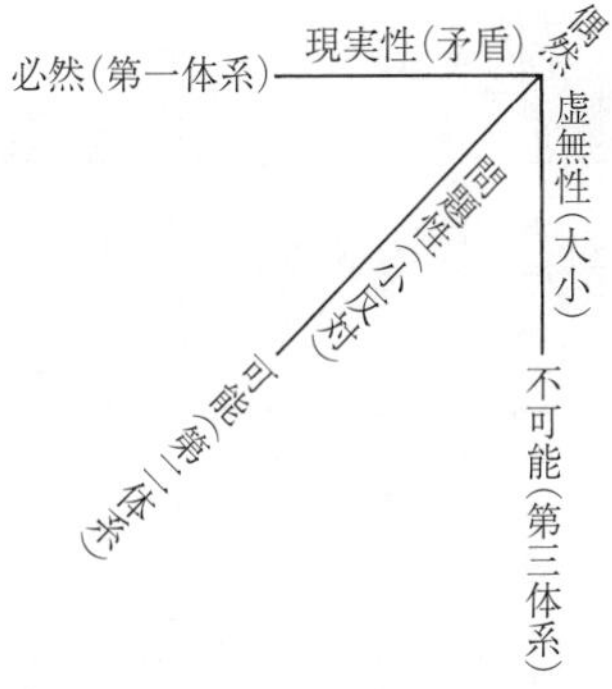

なお様相性の三種の体系は、各々異った立脚地

から諸様相を見ているもので各体系ともにみなその特色を有っている。一を取り他を捨てるべき性質のものでは決してない。偶然性の構造もこの三つの見地から綜合的に目撃して初めて完全に把握されるのである。三つの体系の協力を力説すべきである。

八　偶然の遊戯と蓋然性の概念

以上において我々は主として可能性ないし不可能性との関係に基いて偶然性を考察してきたのであるが、かような考察は、与えられた現実または存在の背後に立って発展の動向を出発点において窺うことを意味している。それには現実または存在を離接的立場から見なければならない。甲は乙なるか、丙なるか、丁なるかであるというように、離接的な可能性を、さらにまた不可能性を、現実の背景とするのである。

賽《さい》の目の有つ離接的可能性を取入れて偶然の遊戯をする場合を考えてみよう。およそ賽ころの現わす一定の面を偶然の性格を有つものとするのは、六つの可能性を背景として考えるからである。他の五つでもあり得たと考えるからである。なるほど確率論はそこに何らかの恒常性を求めて偶然を除外しようとするであろう。しかしながらそのいわゆる偶然の除外とは何であるか。確率とは何であるか。一事象の生起の確率とは、その事象の生起に都合の良い場合の数が、すべての可能的な場合の数に対する比をいうのである。すなわち、都合の良い場合の数を、すべての可能的な場合の数で割って得る商が確率である。それゆえに、賽の遊戯に関して確率論が規定するところは、一定の賽の目の現出および不現出のすべての可能的な場合と、その目の現出する「都合の良い」偶然的な場合との間に存する数量的関係にすぎない。それには、賽ころが完全に同質で相称である場合と、完全さが幾らか欠けている場合とによって相違があるが、完全であると仮定して、先験的確率として立てられる蓋然法則はただ各々の賽の目が現われることに$\frac{1}{6}$の確率があるというだけである。六回に対して一回あらわれることが蓋然的であるというだけである。しかもこの理論上の数量関係は実際においては無数の場合の総和において理念的に妥当するだけである。回数が少なければ極端に片寄ることまでもあり得るのである。またもし、その賽ころを例えば一万回にわたって実験してみた結果、一の面の確率が$\frac{9}{60}$で、反対の側の六の面の確率が$\frac{11}{60}$であることがわかったとすれば、それがいわゆる経験的確率である。この場合、経験的確率はさきの先験的確率$\frac{1}{6}$よりも客観的価値を多く有っているわけであるが、しかし、結局は同じ性質のものである。確率の先験性、経験性のいずれにかかわらず、蓋然法則はいわゆる巨視的地平において成立するので、微視的地平において各々の場合にどの目が出るかという偶然的可変性は依然として厳存しているのである。

なお、確率論の基礎概念たる蓋然性の意味について少しく考察しよう。蓋然性は哲学的(質的)蓋然性と数学的(量的)蓋然性との二つに分けるのが普通である。確実性に到達しないものを蓋然性というのであるが、蓋然性については多いとか少ないとかいうことをいう。多いとか少ないとかいうのは量的のことであると考えれば、蓋然性は本質的にはすべて量的蓋然性ということになる。しかし厳密な数量規定を許す場合とそうでない場合とがある。厳密な数量規定を許さぬ場合を哲学的または質的蓋然性といい、厳密な数量規定を許す場合を数学的または量的蓋然性というのである(W. Wundt, Logik, I, 4. Aufl., S. 419–422; Cournot, Théorie des Chances et des Probabilités, 1843, pp. 427–428, 437–440; R. Berthelot, Un romantisme utilitaire, I, 1911, pp. 311–312 参照)。哲学的蓋然性は類比推理(18)と帰納的推理(19)とに最もよくあらわれているが、数学的蓋然性は確率論の主題をなしている。

なお蓋然性ということはその概念の中に確実性への近接という契機を含んでいる。類比推理や帰納的推理が、蓋然性から確実性へ近迫する事実に照して見ても明かである。この性格と相俟《あいま》って狭義の蓋然性とは特に確実性の半分よりも大きい場合にのみ適用される概念である。従って確実性の半分よりも小さい場合には非蓋然性という概念が生ずる。カントの蓋然性の定義はそういう狭義のものである。カントに従えば「蓋然性といえば、不十分な根拠による認定と解すべきである。しかし、その場合、不十分な根拠が十分な根拠に対する割合は、反対の根拠が十分な根拠に対する割合よりも、大きいのである」。従って「蓋然性は確実性の半分よりも大(mehr, als die Hälfte der Gewissheit)である」(Kant, Logik, hrsg. v. Jäsche, 3. Aufl., S. 90–91)。なおカントは「不十分な根拠が十分な根拠に対する割合を定め得るのは数学者だけである」(ibid.)という理由に基いて、蓋然性の概念が正当には数学の領域へ属すべきことを説いた。数学の領域における蓋然性、すなわち確率論のいう蓋然性とは狭義の蓋然性と非蓋然性とを総括した全体に妥当する広義の蓋然性である。

ラプラスによれば「すべての可能的な場合の数に対する、都合の良い場合の数の比が、蓋然性の度であって、蓋然性とは都合の良い場合の数を分子とし、すべての可能的な場合の数を分母とする分数に他ならない」(Laplace, Essai philosophique sur les Probabilités, Paris, Gauthier-Villars, 1921, p. 6)。クールノーの言い表わし方によれば蓋然性とは「事象に都合の良い偶然の機会の数が、偶然の機会の総数に対する比」(Cournot, l. c. p. 24)である。要するに蓋然性とは、数量関係を本質とする限り、蓋然量としての確率にほかならない。ミーゼスは蓋然性を定義して「一定の徴表が現出する相対的頻数の極限値を、ただしその極限値は箇所選択に対して無感覚のものでなければならぬが、そういう極限値を、考察される集合内におけるこの徴表の現出する蓋然性という」(Richard von Mises,

Wahrscheinlichkeit, Statistik und Wahrheit, 1928, S. 29)といっている。相対的頻数(relative Häufigkeit)とは、ラプラスのいう分数に相応するものであるが、ミーゼスは経験的確率すなわち統計的確率の立場から、相対的頻数の極限値を決定すべきことを主眼としている。極限値が箇所選択に対して無感覚(gegen Stellenauswahl unempfindlich)であるとは、極限値が箇所選択によって何らの影響をも受けない意である。箇所選択とは、系列中の或る箇所、或る部分だけを特に選択することである。箇所選択によって極限値が影響を受ける場合の例として、街道に、百メートルごとに小さい標石が立ち、千メートルごとに大きい標石が立っている場合が挙げてある。その街道を長距離にわたって歩いて行けば、標石の系列中で大きい標石にぶつかる相対的頻数の極限値が$\frac{1}{10}$であることがわかる。しかるにもし、標石の系列に選択を行って、例えば小さい標石を一つ置きにだけ注意することとしたならば、大きい標石の相対的頻数はもはや$\frac{1}{10}$ではなくして$\frac{1}{5}$に変じてしまうのである。すなわち、この場合には、自由選択によって要素の一部を特に全体から取り出してそれだけを注意すると、相対的頻数の極限値がその影響を蒙るのである。賽ころの場合にはそのようなことは決してない。賽ころを振って一回置きにだけ顧慮するとしても、相当に長い間続けていれば頻数に変化はないのである。確率論の問題とする集合は、勝手な箇所選択によって全体の中から一部分の要素だけを取り出して注意しても、頻数の極限値が不変であるという要求を充す集合でなければならないのである。頻数の極限値に変化をきたすというのは系列に法則性があるからであり、変化をきたさないのは系列に不規則性(Regellosigkeit)があるからである。確率論はこの種の不規則性に関して一定の数量関係を発見して、蓋然性の度合を規定するのである。

いったい、蓋然量は分数であることを本質とするから、1より小さく0より大きいということになる。すなわち最大限は1で確実または必然を意味し、最小限は0で不可能を意味している。カントが蓋然性の成立に関して、不十分な根拠が十分な根拠に対する割合は、反対の根拠が十分な根拠に対する割合よりも大きいといい、また蓋然性は確実性の半分よりも大きいといっているのは、$\frac{1}{2}$以上を蓋然性と考えるからである。従って既にいったように$\frac{1}{2}$以下は非蓋然性ということができる。かような0.5以上の蓋然性が狭義の蓋然性であるが、確率論の取扱う蓋然性は1と0との間の全体に妥当する広義の蓋然性である。なお蓋然性が必然性と不可能性との中間に位置を占める以上は、可能性と偶然性とに対する関係が考察されなければならない。可能性と偶然性とは広義の蓋然性の任意の度合のところに、いわば背中合せに立っているものである。可能性は1の方を向き、偶然性は0の方を向いている。

以上の関係を左の図形〔次頁〕で表わそう。対当関係については一七八頁に既に図示し

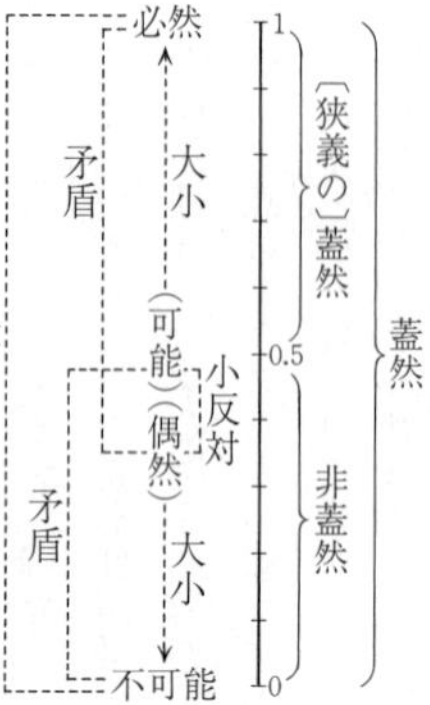

ておいた。小反対対当の可能性と偶然性とは上の図では便宜上0.5以下に位置を占めているが、1と0との間の任意の点に位置し得ることはいうまでもない。

確率論が不規則性に関して、巨視的地平において蓋然法則を発見しながら、その不規則性、すなわち偶然的可変性を微視的地平において個々の場合から除外し得ないところに、偶然性の問題の哲学的提出に対する確率論の根源的無力があるのである。

もとより、微視的に見て、個々の場合に賽の現わす面は賽、投げ方、空気の抵抗、投げ出される平面などの物理的性質によって必然的に規定されているであろう。しかしながら、究竟《くきょう》的な立場において、他の必然性の因果的系列をも取り得たと思惟し得る点に、いま現実として与えられた因果系列が必ずしも絶対性をもっていないと思惟し得る点に、すなわち可能性と現実との間に齟齬が存すると考える点に、偶然性が存するのである。[20]ポアンカレはルーレットの遊戯に関して次のようにいっている。「円盤を百箇の扇形に分けて、交互に赤と黒とに染めた上で、心棒の周りに針を廻転するものと考えよう。針が赤い扇形の上に止れば勝、しからざれば負である。明かに万事は我々が針に与える最初の一押しにある。例えば、針が十または二十廻転するものとして、最初に強く押したか弱く押したかに従って、止り方が早くなりあるいは遅くなる。ただ最初の押す力が千分の一もしくは二千分の一違っただけで、針はあるいは黒い扇形の上に止り、あるいは次の赤い扇形の上に止る。これは、筋覚によっては感知できず、さらに微妙なる器械をもってしても測り得ない僅かな差違のためである。従って、いま動かした針がいかに動くかは予見することができない。さればこそ胸を轟かしてすべてを偶然に任せて待つのである」(Poincaré, Science et Méthode, pp. 70-71)。およそ偶然の偶然たるゆえんは、針が赤の上に止まったときに、黒の上にも止まり得たと考え、黒の上に止まったときに、赤の上にも止まり得たと考える点に存する。しかし、そう考えることは、必ずしもポアンカレの言うごとき理由によるのではない。最初の押す力の僅かな差違が微妙なる器械をもってしても測り得ず、従って針がいかに動くかを予見し得ないという主観的理由だけからではない。偶然性は事実に関する認識不足だけに根拠を有っているものではない。遊戯者の胸を轟かす真の偶然性は、むしろ最初の押す力そのものに関して、事実として与えられた一定の強さが必ずしも絶対的必然性をもっていないという点に、他の強さでもあり得たという点に、存するのである。すなわち他の強さであると考えても何らの矛盾も存しないという点に存するのである。

具体的な例をさらに競馬にとって考えてみよう。競馬がいわゆる「偶然の輸贏《しゅえい》」の一種であることは争われない。もちろん競馬から偶然を除外しようとする傾向がないとはいえない。菊池寛の「我が馬券哲学」(文藝春秋社発行『話』昭和十年五月号所載)によれば「よき鑑定の結果たる配当は、額の多少にかかわらず、その得意は大なり。まぐれ当りの配当は、たとい二百円なりとも、投機的にして、正道なる馬券ファンの手柄にすべきものにあらず」「百二、三十円の穴にても、手柄の上では二百円に当るものあり。二百円の配当にても、手柄の上ではくだらぬものあり。新馬の二百円をまぐれ当りに取りたるなど、ただ金を拾ったのと、あまり違わない」「サラブレッドとは、いかなるものかも知らずに馬券をやる人あり、悲しむべし。馬の血統、記録などを、ちっとも研究せずに、馬券をやるのはばくち打である」。論者は競馬を偶然の遊戯として享楽することには反対のように見える。「同期開催済の各競馬の成績を丹念に調べよ。そのお蔭で大穴を一つ二つは取れるものである」。論者は、統計によって蓋然法則を立て、勝敗そのものかららでき得る限り偶然を除外しようとしている。この態度は配当の多寡から偶然を除外しようとする態度とも一致している。「プラッセ(21)の配当の多寡は、多くは他の人気馬の入線如何《いかん》による。その点において、より偶然的である。むしろ単勝の大穴を狙うに如《し》かず」。論者が一方に「鑑定家」の立場に立つとともに、他方に儲けを期する馬券買の立場に立つとき、競馬から偶然の除外を計るのは当然のことである。しかしそれに成功するであろうか。論者は最後に「馬券買において勝つことはなはだかたし。ただ自己の無理をせざる犠牲において馬券を娯しむこと、これ競馬ファンの正道ならん。競馬ファンの建てたる蔵のなきばかりか二、三年つづけて競馬場に出入りする人は、よっぽど資力のある人なりといわる。……馬券買いは道楽也。散財也。真に金を儲けんとせば正道の家業を励むに如かず」といっている。これは蓋然法則の巨視性が微視的偶然の除去に成功しないことを語っているものであろう。従って「鑑定」の力説にもかかわらず「ばくち打ち」の排斥にもかかわらず、「競馬の妙味」の少なくも一半が依然として偶然の遊戯に、「偶然の輸赢」に存することを認めているものである。

しからば競馬に内在する偶然とはいかなる性格のものであろうか。賽ころの場合と同様に、微視的偶然は巨視的地平においてのみ成立するものとして、微視的地平にあっては馬の着順はすべて因果的決定を有っているといえるでもあろう。そうすれば、実際問題としての偶然性は認識の不十全性に依存する主観的のものに解消してしまうであろう。そういう偶然性は観客の認識程度に応じて主観的に度合を異にするものであり、心的機構全体と関聯して偶然性の心理学的研究の対象を構成するだけのものである。しかもなお、そういう主観的偶然とは独立して、哲学的には客観的な偶然性が存している。A馬が一着を占めたときに、A馬の一着は必ずしも絶対的必然性を有ってはいない。A馬が二着であり三着である場合を考えることが論理的に矛盾を含まない限り、A馬一着の事実に偶然性が存するのである。因果的決定があらゆる細目において存し、かつそれが仮りに悉《ことごと》く認識されていたとすれば、あらかじめ着順も悉く認識されているわけであるからその場合は競馬は時間的経過としては成立しないであろう。しかしながら決勝線(22)において初めて見られるはずの偶然性は失われても、なお発馬線(22)において依然として偶然性が存しているのである。各馬が発馬線に並列したとき、その顔ぶれで既に着順も着差も決定しているから、競馬そのものをする必要はない。決勝線は発馬線に一致してしまっている。発馬線と決勝線との間に介在する時間の持続は完全に排除されてしまっている。しかもなお、その場合の各決定が他の決定でもあり得た点に離接的偶然の偶然性が依然として存しているのである。

かような離接的偶然は空虚なる偶然性または空虚なる可能性として侮蔑せられることも少なくない。ヘーゲルによれば、この種の可能性は具体的現実に対して単なる抽象であって矛盾さえしなければすべてが可能となる。この矛盾しないという形式は、具体的関聯から内容を分離しさえすればいかなる内容にも与え得る形式である。従って最も不合理なことまでも可能と考えられるようになる。空中に投げられた石が落ちてくるように、今晩、月が地球へ落ちてくることも可能である。トルコ王がキリスト教に改宗してカトリックの司祭となり、羅馬《ローマ》法王となることも可能である。単に形式的に「何々が可能である」という言葉は浅薄で空虚なものである。「ことに哲学においては、何々が「可能」であるとか、または「なお他のこと」も可能であるとかいったり、またはよく人が言うように何々が「思惟できる」といったりするようなことがあってはならない」(Hegel, Encyklopädie, hrsg. v. Bolland, § 143, S. 191–192; Wissenschaft der Logik, hrsg. v. Lasson, II, S. 171)。しかし我々は反対に考えることもできる。ヘーゲルがいうように具体的関聯から内容を全然切離すことをしないでも、或る適度の具体性を保ったまま離接的可能性、従って離接的偶然性を考えることができる。トルコ王が羅馬法王になることを考えないでも、ミソロンギ[23]を包囲したイブラヒム・パシャ[23]が偶々《たまたま》砲弾に当って殪《たお》れ、トルコ軍が囲みを解き、バイロンが客死しなかったという場合を考えることは必ずしも不合理ではない。また反対に、具体を十分脱しきらないで中途に止まるために不合理が生ずるごとき場合には、さらに具体を離脱して抽象へ行くことによって、不合理性を解消することができる。今晩、月が地球へ落ちてくるというのはなお著しく時間と空間との具体性にわずらわされている。我々は宇宙の生成において、月が造られなかった場合を考えても必ずしも不合理ではない。地球も造られず人間も生じなかった場合を考えても、それが不合理であるとはいえない。天文学は、月が地球に対してあまりに大きく、惑星の衛星としてむしろ例外であることを教え、また、恒星が重星とならないで、一個の太陽を中心として諸惑星が廻転している我々の太陽系が、恒星生成の法則に例外をなすことを教えている。進化論が動物から人間への進化を説く背景にも、人間への進化が行われず類人猿が生物発展の頂点をなす可能性のごときものをも考えているはずである。さらに哲学が「無」に関する考察をなす場合にも、排中律による離接関係を、あるいは何らか超論理的な思惟可能性を、予想していなければならない。(24)

フッサールも次のようにいっている。「経験を基礎づける認識作用は現実を個体的に措定する。空間的時間的に実存するものとして措定する。この時間位置に在ってこの持続と一定の現実内容とを有つ或るものとして措定する。そうしてその現実内容はその本質に従っていかなる他の時間位置にもあり得たものである。またこの場所に一定の物理的形態において在る或るものとして措定する。そうしてその同じ現実はその本質に従っていかなる任意の場所にも、いかなる任意の形態を有ってもあり得たものである。同様にまた、その現実は事実上は変化しないでいても変化し得たものである。または事実上変化したのとは違った仕方で変化し得たものである。……それはその本質上、他のものでもあり得たのである。なるほど或る一定の自然法則が妥当するでもあろう。そうしてその自然法則に従って、これこれの現実的事態が事実上あるならば、これこれの一定の帰結が事実上なければならないであろう。しかしそういう法則は単に事実上の規定を言表しているだけのことである。その規定は自身全く他のように言うこともでき得たのである。そうしてその規定は、可能的経験の諸対象の本質にあらかじめ属することとして、その規定によって支配されているような諸対象はそれ自身において見られるならば偶然的であることを既に仮定しているのである」(Husserl, Ideen zu einer reinen Phänomenologie, S. 8–9)。ベンノー・エルドマンも同様にいっている。「現実はそれがあるような状態に因果関聯に従って必然的になったのである。しかしながら、この必然性は決してどこにも唯一可能的のものではなかったのである」(Benno Erdmann, Logik, 3. Aufl., S. 488)。アウグスト・ファウストもいっている。「すべての内世界的存在の具体的内容充実がなお何らか概念的に理解さるべきであるならば、possibilitas logica(論理的可能性)というような極めて内容貧弱な抽象的な概念が、まさしく不可欠的のものたることがわかるのである」(August Faust, Der Möglichkeitsgedanke, II, S. 59)。

論理的可能性、従って離接的偶然性を容認する究竟的な立場にあっては、このクローバーが三葉でなくて四葉であることも偶然であり、浅間山が断層山でもなく、褶曲山でもなくて火山であることも偶然である。豊臣秀吉が京都でも大阪でもなくまたその他のどこでもなく尾張の中村で生れたことも偶然である。ライプニッツは無数の世界が可能であったことを述べて、セクストゥス・タルクィニウスが、トゥラキアに生れて全国民の尊崇の的として最も幸福な人間となる世界もあり得たし、コリントに生れて市民に愛されながら凡庸に老いゆく世界もあり得たし、ローマに生れて人妻を犯し追放の身となる世界もあり得たし、その他、あらゆる種類の、無数の有様のセクストゥス(Sextus de toute espèce, et d'une infinité de façons)を含んだ無数の世界があり得たとしている[25](Leibniz, Théodicée, III, §§ 414–416, Opera philos., éd. Erdmann, pp. 622–624)。実際我々はアメリカ人でもフランス人でもエチオピア人でも印度人でも支那人でもその他のいずれの国人でもあり得たのである。我々が日本人であるということは偶然である。我々はまた虫でも鳥でも獣でもあり得たのである。虫でもなく鳥でもなく獣でもなく人間であることは偶然である。[*13]『雑阿含経《ぞうあごんきょう》』(巻第十五)は人間に生れる偶然性を巧みに譬えている[26]。大海に潜む寿命無量の盲の亀が百年に一度その頭を出す。また唯一の孔ある浮木が海中に漂うて風のままに東し西す。人間に生れることは、この盲の亀が頭を上げたとき、たまたまこの木の孔に遇うようなものであるといっている。離接的な可能性の一つの離接肢[27]が賽の目のごとくに投げ出されたことを思えば、数論《すろん》瑜伽《ゆが》説《せつ》ないし吠檀多《ヴェーダーンタ》派の哲学が、無執着な自在な梵《ぼん》が遊戯のために造化転変すると考えたことにも深遠な意味を見出し得るのである。ヘラクレイトスも「時とは、将棋の遊戯をしている子供である」(Diels, Die Fragmente der Vorsokratiker, I, Herakleitos, Fr. 52)といった。

要するにこの種の偶然性は、離接的可能性の一離接肢が現実として眼前に措定された場合に、その現実が可能性全体に対して、従ってまた不可能性に対して、有つところの関係である。そうして離接的可能性が、不可能性の反対を押し切って、現実性へすべってくる推移のスピード[28]に、偶然の遊戯の流線型が感触されるのである。

九　偶然性の時間性格

様相性の論理が時間性と深い関係を有っていることはオスカー・ベッカーも注意しているが(Oskar Becker, Jahrbuch f. Philos. u. phän. F., Bd. XI, S. 539)、我々にとっては偶然性の時間性格を闡明することが特に重要な意義を有っている。偶然の時間的限定、特に仮説的偶然の同時性および継起性についてはさきに述べた(第二章第一七節参照)。しかし、いったい偶然は他の諸様相に対して時間的地平においていかなる特殊の性格を有っているか。時間の地平において他の諸様相と偶然性との関係を考察することによって偶然性の構造をさらに明かにすることができる。

まず可能性は「あらかじめ」という図式によって未来の時間性格を有つものである。可能性と未来との関聯を強調する哲学者にはハイデッガーがある（九鬼「実存の哲学」『岩波哲学講座』五四―五五、五九―七七頁参照）。ハイデッガー哲学の中心点は投企（Entwurf）としての関心および先駆（Vorlaufen）としての決意性の観念である。[29] 投企とは可能性を可能性としてあらかじめ自己の先に投げることである。実存が可能性としての可能性で在る在り方が投企の様態における関心である。先駆とは可能性への先駆である。先駆にあって可能性は可能性として会得され、可能性として形成され、可能性として持ちこたえられなければならない。可能性を可能性のまま先取し、可能性をあらかじめ先駆するのが決意の先駆性である。そうして、関心が、先駆的決意性によって、会得的投企の形において根源的に様態化されることが、関心自身の存在性に基くものである限り、関心の主要契機は「自らに先んじて在ること」(Sich-vorweg-sein)でなければならぬ。関心の存在論的意味が時間性として解釈されるに及んで時間性の主要契機もまた従って未来に存している。時間性の一次的現象は未来である。時間は未来に起点を有つものである。時間の方向は未来から自己「へ来る」(zu-kommen)「将来」(Zu-kunft)を基礎として既存の過去へ赴くものである。可能性の自己将来性が決意の先駆性を可能にするのである。可能性が「将来的」であるのは、可能性の時間性格が「未来的」であるからである。*14

それに反して必然性は「既に」という図式によって過去を時間性格として有っている。アリストテレスは必然的本質を「何で在るべく在ったかのもの」(τὸ τί ἦν εἶναι)と呼んだ。[30] 必然的本質は単に「在る」(ἐστί)というだけのものではない。現に在るために既に「在った」(ἦν)ものである。本質必然性を問うためには「何で在るか」(τί ἐστι)と問うだけでは足りない。「何で在ったか」(τί ἦν)との問をも含んだものでなければならない。必然性は過去からの存続を時間的契機としている。プラトンのイデアは本質必然性の典型であるが、イデアを捉えるためには無限の過去をふりかえって前世における直観を想起(ἀνάμνησις)しなければならない。[31] イデアは必然者であるがゆえに、不変の姿のまま遠き過去においても既に存在していたのである。忘却していたものを想起して遠き過去へ帰ることが必然者を目撃する唯一の方法である。「太初《はじめ》に言《ことば》ありき」(ἐν ἀρχῇ ἦν ὁ λόγος)[32](「ヨハネ伝福音書」一、一)というのも同様である。ロゴスの必然性は万物の端初において既に存していて今なお変りないと考えられているのである。必然性の時間性格が過去的であることは明かである。なおまた展開した現実として必然性を見る立場においても、必然性の過去的性格は失われるものではない。必然性が現実の展開であるならば、必然性は未来に位置を占めているではないかという者があるかもしれない。しかしながら必然性が現実の展開であるならば、現実の展開であるゆえに、展開した現実としての必然性は過去の回想を担っているものでなければならぬ。可能性がつねに未来への展望を備えていると同様に、必然性はつねに過去への回顧を有ったものでなければならぬ。およそ展開とは未来的な可能性から過去的な必然性へ展開するのである。未だ展開しない形態において、未来における展開が「あらかじめ」先取されているものであるから、可能性を未来的というのである。「既に」展開した形態において、過去における展開の経歴が回顧されているから、必然性を過去的というのである。

　可能性の時間性が未来であり、必然性の時間性が過去であるに反して、偶然性の時間性は「いま」を図式とする現在である。いったい、未来的の可能は現実を通して過去的の必然へ推移する。可能は、大なる可能性から不可能性に接する極微の可能性に至るまで、可能の可能性によって現実と成る。現実は必然へ展開する。そうして一般に、可能が現実面へ出遇う場合が広義の偶然である。可能性の大きいものでも現実面へ出遇う限りにおいて多少とも偶然の性格を取ってくる。ヘーゲルも「偶然とは現実が同時に単に可能として規定されているものである」(Hegel, Wissenschaft der Logik, hrsg. v. Lasson, II, S. 173)といっている。なお、勝義の偶然とは特に最小の可能性が、もしくは不可能性が、現実面へ出遇う場合にほかならない。そうして現実性が時間的には現在を意味する限り、偶然性の時間性も現在でなければならない。『教行信証』の序に「遇ひがたくしていま遇ふことを得たり」といっている「今」が偶然性の時間的図式である。一般に偶然は現在性において創造されるものである。また勝義の偶然は未来的なる可能性減少の極限として未来なき不可能性の無から、現在の非存在的一点をくぐって忽然としてほとばしり出るものである。

偶然が現在における邂逅《かいこう》であることは、「傍に在ること」(Sein-bei)[33]として現前の「頽落」を意味していると考えても差支えない。また、その動きとして「墜落」と考えても差支えない。しかし「偶然」(Zufall)を「頽落」(Verfall)または「墜落」(Abfall)と解する[34]ことは「頽落」および「墜落」の語の中から一切の価値論的見地を排除するという条件の下においてのみ許さるべきことは言を俟《ま》たない。

なお原始偶然は「最古の」偶然(一六一頁参照)として永遠の過去を担ったものと考えられるかもしれぬ。また将来せらるべき一切の偶然を孕んでいるものとして未来性を有ったものと考えられるかもしれぬ。しかし原始偶然が過去性において想起される場合には原始偶然は必然性に様相化されているのである。また未来性において先取される場合には原始偶然は可能性に様相化されているのである。原始偶然が偶然たるゆえんは与えられた「いま」の瞬間に偶然する現在性に存するのでなくてはならぬ[35]。過去性において追求されるものは偶然ではない。未来性において期待されるものも偶然ではない。偶然はただ現在性においてのみ触発されるものでなくてはならない。継起的偶然が同時的偶然に基礎を有つこと、および、その点からも偶然の時間性格を現在と論定し得べきこと、は一言しておいたが(一四八―一四九頁参照)、そういう構造的事実とは離れて、継起的偶然そのものだけを切り離してみても、偶然の現在性を把握することができる。継起的偶然において継起という語に欺かれて何らか持続的のものを表象するならばそれは既に偶然ではなくて、必然または可能に属するものとなってしまう。継起的偶然が偶然であるゆえんは、与えられた「いま」の瞬間において、「既に」与えられたものと符合するその現在的性格に懸っていなければならない。偶然性の成立する現在は「一点において過ぎゆく」(in puncto praeterit) (Augustinus, Confessiones XI, § 28)無に等しい現在である。[36] 無に等しい現在において危く成立するところに、偶然性の、不可能性と共有する、虚無的性格が感触されるのである。

ベッカーも指摘しているように(l. c. S. 539)、現実性は「直態」(modus rectus)である。現実へ歩を運ぶ可能性と、現実から歩を進める必然性とはともに「斜態」(modus obliquus)である。ブレンタノは時間論において現在を「直態」となし、未来と過去とを「斜態」とした(F. Brentano, Psychologie vom empirischen Standpunkt, hrsg. v. Kraus, II, S. 225)。現実としての現在性は「正視」さるべきものであるに反して、可能性の有つ未来性と、必然性の有つ過去性とは、現在の現実性に立つ者が右と左へ「斜視」することによってはじめて視圏に入れることのできるものである。[*15] 偶然性の時間性的優位もそこから帰結する。事態を有体的に原的に[37]直観するならば、必然性の否定として偶然性が体験されるのでもなく、可能性に関聯して偶然性が会得されるのでもない。現在において現実としての偶然を正視することが根源的一次的の原始的事実である。次《つい》で二次的に未来への動

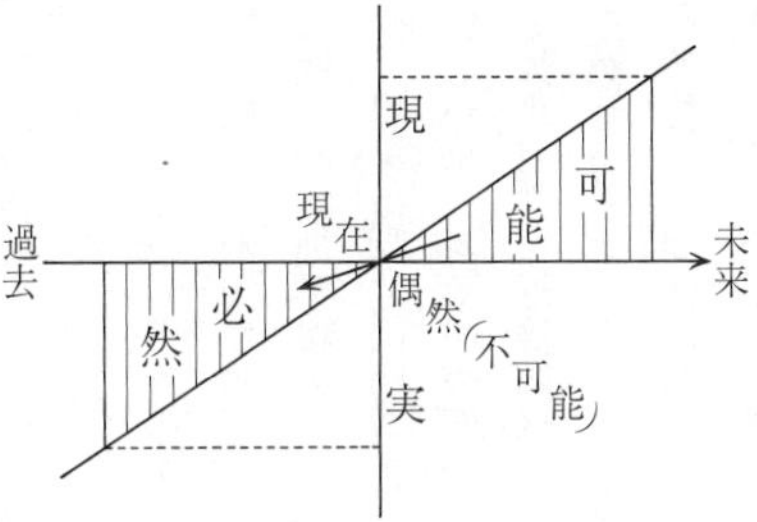

向として未来的な可能を斜視し、過去よりの存続として過去的な必然を斜視する場合が考えられるのである。換言すれば可能性および必然性は自己の時間性格そのものによって、単に斜視的により目撃され得ないものである。正視され得る様相は一点において現在する偶然性だけしかない。偶然性が必然性の否定として、または可能性の相関者として規定されるのは体験の直接性を既に離脱した論理の領域においてである。体験の直接性にあっては、偶然は、正視態として、直態として、現在に位置を有つ限り、時間性的優位を占めたものである。また瞬間としての永遠の現在の鼓動にほかならないものである。

考察の結果に基いて、可能と必然と偶然の時間性格を右のような図形〔前頁〕で表わすことができる。

以上において、偶然性の時間性格として現在性を把握したが、同時にまた、偶然性と現実性との密接な関係も明かにされたと思う。様相の第一体系にあっては、偶然性は現実性の静的地平において必然性と矛盾対当をなすものと規定された。第二体系にあっては、現実は動的に問題化され、問題的現実の現実性を構成するものとして偶然性と可能性とが小反対対当の関係において目撃された。第三体系にあっては、偶然性は不可能性と大小対当の近接関係にあるものとして虚無性の次元において把握されながら、それにもかかわらず現実の誕生として自己の現実性を高唱するものと解された(二〇五頁参照)。必然性との関係において、偶然性が単に必然性の否定ではなくして「必然性の欠如にもかかわらずなお事実性が現存している」ことが偶然性の不可欠条件であることはマイノングも指摘している(Meinong, Über Möglichkeit und Wahrscheinlichkeit, 1915, S. 240)。可能性との関係においては、ヘーゲルのいうがごとく偶然性は「直接的現実性」(unmittelbare Wirklichkeit)にほかならない。偶然こそは「一つの現存在」(ein Dasein)である。「一つの実存」(eine Existenz)である。「一つの直接者」(ein Unmittelbares)である(Hegel, Encyklopädie, hrsg. v. Bolland, 1906, § 146 u. Zusatz)。要するに、偶然性は単なる現実としての現実の現実性である。[38] シェリングのいうがごとく、偶然とは「在るとだけいえる」(nur sagen, dass es Ist) ものである。「勝義の事象」(das Geschehene κατ' ἐξοχήν) である (Schelling, Sämtliche Werke, 1856-1857, II, 1, S. 464; II, 2, S. 153)。そうして、偶然性の時間性格たる現在性もまた実に単なる現実としての偶然の現実性に基いたものである。

一〇　偶然性と驚異の情緒

偶然性の時間性格に関聯して、偶然性の感情当価を理解することができる。まず可能性と必然性との感情当価から考察していこう。可能性は自己の時間性格たる未来性に基いて不安[39]の感情を当価として有っている。ハイデッガーの可能性の哲学が基礎的存在論的情態性を不安であるとするのもそのためである。必然性はその時間性格たる過去性に基いて平穏[39]の感情を有っている。未来的の可能性が過去的の必然性へ推移するとき、不安という緊張的感情は平穏という弛緩的感情に変ずるのである。不可能性は、消極的必然性として、必然性の消極的半面にほかならない。可能性の有つ不安の感情は未来において可能である事象の性質如何《いかん》によって、希望の快感または心配の不快感の形態を取っている。可能性が肯定的に必然性へ推移した場合には、希望は満足の感情に弛緩し、心配は憂鬱の感情に弛緩する。もしまた可能性が否定的に消極的必然性すなわち不可能性

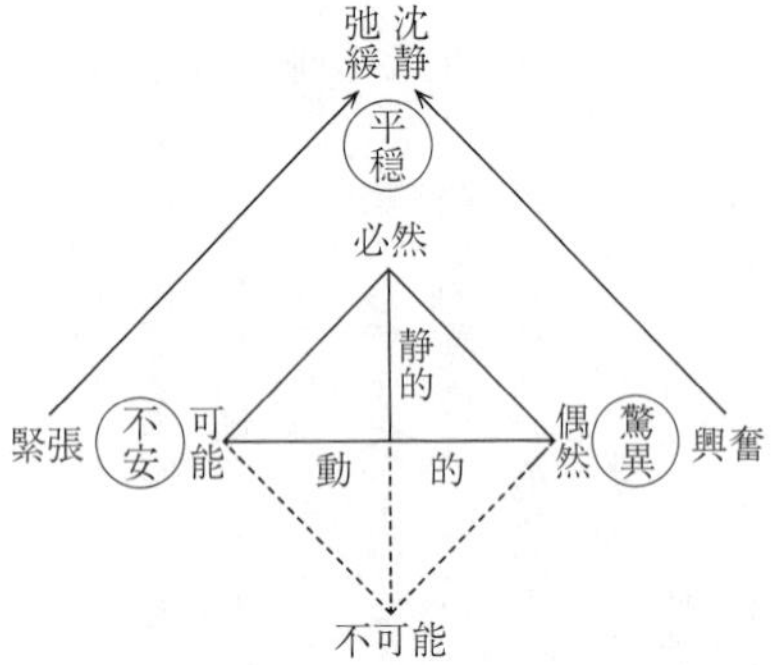

へ転換した場合には、希望は反対の失望の感情に、心配は反対の安心の感情に弛緩するのである。可能性の感情当価である希望と心配とがともに不安という緊張を有った感情であるに反して、必然性(積極的および消極的)の感情当価である安心、満足、失望、憂鬱はいずれもみな何らか弛緩状態にある平穏の感情である。そうして感情の緊張性は可能性の未来性に基き、弛緩性は必然性の過去性に基いているものである。

偶然性に当価する感情はいかなる感情か。「奇遇」「奇縁」などの語の存在が示すごとく、偶然性の感情当価は驚異の情緒である。必然性が平穏という沈静的感情を有つのは、問題が分析的明晰をもって「既に」解決されているからである。それに反して偶然性が驚異という興奮的感情をそそるのは問題が未解決のままに「眼前に」投出されるからである。驚異の情緒は偶然性の時間性格たる現在性に基いている。要するに、必然はその過去的決定的確証性のために、弛緩および沈静の静的な弱い感情より有たないが、可能および偶然は問題性のために、緊張および興奮の動的な強い感情を齎《もたら》すのである。そうして可能の有つ不安の緊張的感情と、偶然の有つ驚異の興奮的感情との主要なる相違は、前者が未来に関し、後者が現在に関していることである。可能性は無が有を未来に期待している様相である。偶然性は有が現在を抱きつつ無を目睹《もくと》する様相である。

諸様相とその感情当価とを右の図形〔前頁〕で表わしておこう。不可能は消極的必然と見て、点線で表わしておく。点線の部分は上部へ折返して頂点「不可能」が頂点「必然」と合するようにして見ればよい。

驚異の情緒はアリストテレスのいう *θαυμάζειν* であり、デカルトのいう admiration である[40]。デカルトは驚異を定義して次のようにいっている。「驚異は精神の突然の驚愕であり、精神にとって稀有な異常な事物を注意して考察するようにさせるものである」(Descartes, Les passions de l'âme, Art. 70, Œuvres, éd. Adam & Tannery, XI, p. 380)。そうして「驚異は一切の激情の中の第一のものである」(ibid., Art. 53, XI, p. 373)。偶然性の感情当価である驚異は、可能的離接肢の一つが措定された現在の瞬間に、措定の絶対的理由に対して懐く形而上的情緒である。プラトンが『饗宴』のうちで、甲が乙に「偶然邂逅した(*ἐντύχῃ*)ならば、彼らは驚異に打たれる(*θαυμαστὰ ἐκπλήττονται*)」といっている(Platon, Symposium, 192c)のは、哲学的驚異としての *θαυμάζειν* の顕著なる一例である。哲学は実に偶然に対する驚異から生れるのである。そうして存在論的感情は偶然性の驚異から可能性の不安を経て必然性の平穏へ展開すると見ることができる。

なお、この驚異はいかなる離接肢の措定にも伴うはずのものであるが、特に著しく現われるのは、措定が目的的措定であるがごとく感じられる場合、すなわち「目的なき目的」の存する場合である。かつて新党を組織していた或る政治家が再びもとの政党へ帰属したときの談話に「合同を決議した後に一の辻占《つじうら》が出た。「人は人、早く帰えれと親爺いい」というのであるが、実に妙なことである」といっていた。また、彼を家出息子と呼んでいた某先輩が「右のような妙な辻占で妙な感激をした」といっていた(『大阪朝日新聞』昭和四年七月七日)。また「法廷奇縁」という題で「夫の死亡後、その遺子をめぐって未亡人の上に起ったよく似た内容の二訴訟事件の弁論が、奇しくも同じ日に同じ法廷――大阪控訴院二号法廷――で開かれた」記事が新聞に載せられたことがある(『大阪朝日新聞』昭和四年十一月)。この奇とか妙とかいうことは偶然の「目的なき目的」に対する驚異にほかならない。

なお注意すべきことは、人間的立場における偶然に対する驚異は、神的立場においては偶然に対する可笑味《おかしみ》となり得ることである。(41) そうして立場の相違は主として主体と客体との大《おお》きさの相対的関係によって決定されるから、実存的意義の小さい偶然に対しては主体は相対的に大きいものとして神的叡智の可笑味を感じ（五九―六〇頁、一四八頁参照）、実存的意義の大きい偶然に対しては主体は相対的に小さいものとなって人間感情としての驚異を感ずるのが普通である。駄洒落《だじゃれ》の可笑味のごときものも、実存的意義の極めて小さい理由的積極的偶然に対する叡智の笑《わらい》にほかならない。実存的意義の大きい偶然に対して笑う笑は、超人ツァラトゥストラの笑う明朗な笑である。[42] 驚異する人間性の陋《ろう》小《しょう》を笑うのでなければならない。要するに偶然に対する可笑味は驚異の感情を対象とする神的自己反省に伴う感情である。

二　偶然と芸術

文学が偶然を尊重するのは主として驚異の情緒に基いている。「驚異すべきものは悦びである」とアリストテレスも『詩学』の中でいった（Aristoteles, De poetica, 24, 1460^{a}〔17〕; Rhetorica, 3. 2, 1404^{b}〔11-12〕）。文学すなわち広義の詩は、内容と形式の二方面において偶然性を重要な契機としてもっている。内容上にあっては、例えば『朝顔日記』などは偶然性が全体の骨子をなしている。[43] しかも単に一つの偶然ではない。全体が偶然を主旋律とする変奏曲にほかならない。また謡曲『蟬丸《せみまる》』[44] は、蟬丸と彼の姉とが逢坂《おうさか》の関で偶然に逢う事実だけで十分の劇的効果があればこそ謡曲として生かされているのである。そうして島田の宿で旅の客たる駒沢に邂逅する深雪が目を泣きつぶして盲女になっていることや、蝉丸が盲人であることは、かの浮木の孔に遇う寿命無量の亀が盲であることと同じに「偶然の暗合」「盲目的偶然」などの語に表われている偶然の暗合性、盲目性を象徴化しているにほかならない。偶然の「目的なき目的」は盲目であるがゆえに悲劇と喜劇とを生むのである。それゆえにノヴァリスも「すべて詩的のものはお伽噺的でなければならぬ。詩人は偶然を礼拝す」(Novalis Schriften, hrsg. v. Minor, III. S. 4)といっている。我国でも最近、中河与一氏によって「マルクス主義の必然論に対して、吾々《われわれ》の思考の根拠を偶然説に置かなければ、吾々の文学は枯死するだろう」という主張がされている。「不思議のない真実などというものは空疎な夢にしかすぎない。すなわち今日のリアリズムとは偶然論に立脚するところの真実の不思議、不思議の真実を追っかけるものでなければならぬ。……私はかつて「現代のリアリズムとは真実の持つ不思議を追窮する事である」といった。だがこの言葉は同時にロマンチシズムの主張にも変化するものである。なぜならば、この命題は、不思議を強調すればロマンチシズムになり、真実を強調すればリアリズムになるからである。だがもっと適切にいえば、今日ではこの二つのイズムが偶然論において強力に結びつけられなければならなくなったのである。……かくて今や文学は一つの改変期に到達しているのではあるまいか。それは政治的関心と、修辞的関心と、人間的関心との如何《いかん》を問わず、静止の中に沈没して、偶然の毛毬をほどこうとする意欲を持たぬ限り無意味のように思われる。……吾々は吾々の文学をもう一度偶然事の多寡によって判断し、偶然の真実によってその素材を選択し、人間生活の中にある空想力をもう一度羽ばたきさせなければならない。私は今日の文学を蘇生させるものは、この根本的思考の改変にのみかかっていると固く信じている」(中河与一「偶然の毛毬」『東京朝日新聞』昭和十年二月九日—十一日所載。中河与一「偶然文学論」『新潮』昭和十年七月号所載、参照)。

なお形式上にあって、音韻上の一致としての偶然性が文学のうちに芸術的に生かされることについてはさきに理由的積極的偶然の一例として縷説《るせつ》しておいた(第二章第三節参照)。押韻の起源に関する伝説の重心が偶然の符合に存することも興味ある事実である。[45] ペルシアの伝説によれば、ベエラムという王がディレラムという侍女を寵愛していた。王が彼女と語るときつねに「ディレラム」といって言葉を結んだ。彼女はそれに応じてつねに「大君ベエラム」といって語を結んだ。かくして押韻の法が起ったというのである。王の名と侍女の名とが脚韻を同じくするという偶然の一致が基礎となって押韻の芸術形式が生じたわけである。ポール・ヴァレリー[46]は一つの語と他の語との間に存する「双子の微笑」(sourires jumeaux)ということをいっているが(Valéry, Aurore)、語と語との間の音韻上の一致を、双子相互間の偶然的関係に比較しているのである。なおヴァレリーは詩を形式的見地から定義して「言語の偶然(運)の純粋なる体系」(Valéry, Variété, p. 159)といいまた押韻の有する「哲学的の美」(ibid., p. 67)を説いている。また、オスカー・ベッカーは「果無《はかな》さ」(Fragilität)「壊れやすさ」(Zerbrechlichkeit)が美的のものの基礎的特質であるといっている(Oskar Becker, Von der Hinfälligkeit des Schönen und der Abenteuerlichkeit des Künstlers, Jahrbuch f. Philos. u. phän. F., Husserl-Festschrift, S. 27)が、偶然ほど尖端的な果無い壊れやすいものはない。そこにまた偶然の美しさがある。偶然性を音と音との目くばせ、言葉と言葉との行きずりとして詩の形式の中へ取入れることは、生の鼓動を詩に象徴化することを意味している。そうして「言霊《ことだま》」の信仰[(47)]の中に潜在している偶然性の意義を果無い壊れやすい芸術形式として現勢化することは詩の力のゆたかさを語っていなければならない。要するに偶然性が文学の内容および形式の上に有する顕著なる意義は、主として形而上的驚異と、それに伴う「哲学的の美」に存している。

なお一般に芸術が偶然性に対して有つ内的関係[(48)]について一言しておこう。それは二つの点から考えられる。第一に芸術そのものの構造性格が偶然的である。第二に芸術は偶然を対象内容とすることを好む。第一の点についていえば、学問と道徳とは、その出発点においてもその展開の過程においても、偶然性を動力としていることは否めないが、それにもかかわらず全体の必然性を無限の課題として、可能性において追い行くものである。学問と道徳とは必然的関聯の可能的道程において、遂に渇を癒されることを知らないものである。「君子以自彊不レ息」(『易』「象伝」[49])とか「活動して暫《しばら》くも休まずにいてこそ男児だ」(ゲーテ『ファウスト』第一部一七五九)とかいうのが学問と道徳との領域である。それに反して、芸術は部分的、孤在的に自己を充実し、完成する。芸術品は一つの完成態としていわゆる「小宇宙的構造」において他との関聯から切り離される。そうして全体として独立に直観される。そこに芸術そのものの構造性格が偶然的なところがあるのである。芸術はいわば偶然性を終局の形としているのである。学問と道徳とが、必然性を無窮に追求する可能性としての「未来的」文化形態であるに反して、芸術は現前の偶然性において自己を観照する「現在的」文化形態である。現在の「「刹那」に向って、「止まれ、お前はいかにも美しいから」と呼ぶ」(ゲーテ『ファウスト』第一部一七〇〇、第二部一一五八二)ことや「乙女の姿しばしとどめん」(僧正遍昭[50])と嘆ずるのが芸術の境地である。また芸術における自由は、一切の必然性からの自由である。芸術にあっては絶対的自発性が突如として現じ、忽然として消えるところにいわゆる霊感と冒険の偶然性があるのである。天才とは原始偶然の偶然性を反映して自己の制作に驚異の眼をみはる者である。「感情の密度、強度、深度の方向に発展していくこの衝動は、個体化の本能に及ぼすその影響によって、感情の発展過程に応じつつそれぞれの芸術個体を放射していくのである。従ってこの衝動に立脚する者にとっては、芸術制作はむしろ偶然である」(阿部次郎『世界文化と日本文化』八八―八九頁)。墨絵や無色映画が観賞者に全色盲の偶然性を強要するのも、ラジオドラマが盲人の偶然性を強要するのも、みな根源を尋ねてみれば、芸術そのものの孤在的偶然的構造性格に基いているのである。

　第二の点、すなわち芸術が偶然を対象内容とすることを好むというのは、偶然が生命感を伴う事実に基いていると思う。生物界の偶然性は典型的である。気象学上の偶然性でさえも生物に譬えられる(藤原咲平『気象と人生』三二―三三頁)。自然現象の偶然性は予知し難いもの、法則に捉え得ないものである。そこには個性と自由とが現われている。生命の放埓《ほうらつ》と恣意の遊戯とが現われている。その生命、その遊戯が美しいのである。その潑剌《はつらつ》たる逸脱性に対する驚異が感動を与えるのである。リップスも「自由な、変化に富んだ、法則の中に嵌め込まれない自然力の遊戯としての偶然的なものは美しいものである」(Theodor Lipps, Ästhetik, I. 2. Aufl., S. 205)といっている。東洋の陶器の鑑賞に偶然性が重要な位置を占めていることを考えてみるのもいい。陶器の制作に当っては、窯の中の火が作者の意図とは或る度の独立性を保って制作に与《あずか》るのである。そこから形にゆがみができたり、色に味がにじみ出たりする。いわゆる窯変《ようへん》は芸術美自然美としての偶然性にほかならない。フランス現代の画家の中には静物の画面に描く対象の選択を偶然に任せている者もある。(51)途上、行き当りばったり目に附くものをその都度、画面に描き加えるのである。生命の偶然を芸術制作の作因に取り入れるためには、偶然が生命と芸術とにおいて有つ意義およびその関聯についてよほどの確信がなければならない。「連句」の制作における偶然性の意義は和辻哲郎氏によって指摘されている。「連句においては各々の句は一つの独立した世界を持っている。しかもその間に微妙なつながりがあり、一つの世界が他の世界に展開しつつ全体としてのまとまりをも持つのである。この句と句との間の展開は通例異なった作者によって行われるのであるから、一人の作者の想像力が持つ統一は故意に捨てられ、展開の方向はむしろ「偶然」に委せられることになる。従って全体としてのまとまりは「偶然」の所産であるが、しかもそのために全体はかえって豊富となり、一人の作者に期待し得ぬような曲折を生ずるのである」(和辻哲郎『風土』三二五頁)。その他、絃楽器が鍵盤楽器の有たない味を有っている事実のごときも主として偶然的可変性に基いているのではあるまいか。偶然と芸術生活との関係に関して、芸術家自身の言葉を引用しておこう。「人々は偶然なことに非常な驚異を感ずるものである。……ことに直接常に自然に接している私たち画家にとっては、この偶然の驚異こそ幸《さいわい》である。たとえどんな不幸でも一面楽しんで受ける気持にもなる。画家は大てい、やりっぱなしであったり、気まぐれであったりするのも、ものを予期することがいやなためである。……考え方によってはすべて日常のことは偶然であるかもしれない。ただ、人はそれを感受するか否かによってでも生活は変ってゆく」(川口軌外「偶然」『大阪朝日新聞』昭和八年四月三十日所載)。芸術が偶然性に対して有つ内的関係は第一に芸術そのものの構造性格が偶然的であり、第二に芸術が対象内容として偶然的なものを愛好するといったが、今の引用文が示すごとく、おそらく二つの点は芸術家の人間的実存性に共通の根を深く下しているものであろう。

一二　偶然と運命

偶然に対する形而上的驚異は運命に対する驚異の形を取ることがある。偶然が人間の実存性にとって核心的全人格的意味を有つとき、偶然は運命と呼ばれるのである。そうして運命としての偶然性は、必然性との異種結合によって、「必然—偶然者」の構造を示し、超越的威力をもって厳として人間の全存在性に臨むのである。

ヘラクレイトスの運命(*εἱμαρμένη*, fatum)の観念においても「必然—偶然者」の構造が見られる。彼は「どのみち運命づけられている」(*ἔστι εἱμαρμένα*)(Diels, Fragmente der Vorsokratiker, I, Herakleitos, Fr. 137)といって必然性を力説すると同時にまた「最も美しい世界は、でたらめに(εἰκῇ)積み上げられた塵芥のかたまりである」(ibid., Fr. 124)といって世界の偶然性を力説している。カントは『形而上学講義』で、事物の関聯のうちで背理的のものは盲目的必然性(die blinde Notwendigkeit)すなわち運命(Schicksal)と、盲目的まぐれ(das blinde Ungefähr)すなわち偶然(Zufall)であるとし、前者は「事態の本質にも他の原因にも基礎づけられざるもの」であり、後者は「すべての点において偶然的のもの」であるといっている(Kant's Vorlesungen über die Metaphysik, 2. Aufl., hrsg. v. Schmidt, S. 52 f.)。『純粋理性批判』の中でも「何事も盲目的まぐれによっては生起せぬ」すなわち「世界には偶然はない」(in mundo non datur casus)という命題と「自然におけるいかなる必然性も盲目的ではない」すなわち「運命はない」(non datur fatum)という命題とをともに先天的自然法則であるといっている。そうして、両者とも力学的原則に属するものであって、ただ前者は原因性の原則の帰結として関係の範疇に従って理解すべきであり、後者は原因性の限定に加うるに必然性の概念をもってする様相の範疇に従って解釈すべきであるとしている。なおカントがここで「偶然はない」とか「運命はない」とかいっているのは「世界には」ないといっているだけである。そうしてその「世界」とは数学的自然科学の対象であるいわゆる「現象界」または「自然」にほかならない[52]。曰く「悟性とあらゆる現象の連続的関聯すなわち悟性概念の統一とに、中断と障害とを齎《もたら》すところの何ものをも、経験的綜合において許容せぬ、という点でこれらの原則は一致している」(カント『純粋理性批判』B. 280-282 参照)。カントは運命を必然性と解して偶然性に対立させているようであるが、それは単に言葉に表われた上だけのことであって、実は両者の深い内的関聯を見ているのである。一方に偶然性も、他方に運命としての必然性も、ともに盲目性において一致しているのである。盲目とは「それによって何物をも見ることのできないもの」(das, wodurch man nichts sehen kann) (Kant's Vorlesungen über die Metaphysik, 2. Aufl., hrsg. v. Schmidt, S. 52)である。すべての点において偶然的である盲目的偶然性と、事態の本質にも他の原因にも基礎づけられない盲目的必然性とは結局、同一のものである。要するに、カントにあっても、運命の概念は「必然—偶然者」の構造において見られているのである。

ショーペンハウエルは「個人の運命」に関する論文中に運命としての偶然性の「必然—偶然」関聯を叙《の》べている。「事物の経過はいかに純粋に偶然的として現われようとも、なお根柢においては偶然的ではない。むしろ一切のこれらの偶然それ自身、τὰ εἰκῇ φερόμενα(でたらめに齎《もたら》されたもの)が、深く隠れた一つの必然性、εἱμαρμένη(運命)によって抱かれている。偶然それ自身がその必然性の単なる道具である」(Schopenhauer, Sämtliche Werke, hrsg. v. Deussen, IV, S. 228)。「偶然の支配するこの mundus phaenomenon(現象界)の根柢に、偶然それ自身を統御する一つのmundus intelligibilis(叡智界)が全的に到るところに横わっているであろう」(ibid., S. 232)。「必然性と偶然性との深く横わった根の統一」(ibid., S. 235)「必然性と偶然性との最後の統一」(ibid.)が運命の概念である。「たまたま行信を獲ば遠く宿縁をよろこべ[53]」(『教行信証』序)という言葉にも同じ意が表われている。かの六師《ろくし》の宿命論とも無因論とも差別し難い一致点を有っている[54]。「一切皆因宿命造」というのと「一切皆無因無縁[55]」というのとは結局は同じことである(『中阿含経』巻第三、「度経」)。偶然と運命との間にかような内的関係が存することに基いて、ヴィルヘルム・フォン・ショルツもその著『偶然』に「運命の前形式」(Eine Vorform des Schicksals)という別名を与えている。国木田独歩も『運命論者』の中で甲が「僕は運命論者ではありません」といったに対して乙をして「それでは偶然論者ですか」と詰問させている。この詰問は単なる皮肉にすぎぬもので、運命と偶然とが畢竟、同一のものであることが前提されている。武者小路実篤の『運命と碁をする男』の中に「運命はどこに待ちぶせしているかわからないものです」という言葉があるが、「運命」の代りに「偶然」といってもいいところである。継起的偶然が回帰的偶然として偶然と必然との結合を示し、運命の概念へ肉薄する場合のあることは既に一言しておいた(一四六頁参照)。

偶然と運命との関聯を最も深く把握した一人はシェリングである。シェリングによれば原始偶然は「不可前想的宿命」(unvordenkliches Verhängnis)である。不可前想的とは、それ以前のことを意識が思惟すること想起することができないからである。宿命とは、意図しなかった結果を見て意志が驚異し、現実性の中にありながら未だ可能性の中にあったときと同じであると信ずるからである。純粋実体性における意識にとっての原始偶然が、現実的意識にとっては運命である。現実的意識は自己がそれによって生成した行為を自ら意識しない。その行為によって全く他のものとなってしまって前の状態から切り離されたからである。前の状態を想起するためには、想起者と想起の対象とに同一性がなければならぬ。夢中遊行者が覚醒後になって夢中の行為を想起し得ないのは、夢中の人格と覚醒時の人格とが他の人格であるからである。原始偶然によって意識は爾来「いかんともし難い運命」(unabwendliches Schicksal)に隷属するのであるが、今や現実的となって自己自身から離れた意識にとっては、その原始偶然は底知れぬ深みへ必然的に沈むのである。原始偶然は一切の他の偶然が淵源する「初生の運」(Fortuna primigenia)である(Schelling, Sämtliche Werke, II, 2, 1857, S. 153-154)[*16]。

カントは「運(Glück)とか運命(Schicksal)とかいうような横領して得た概念(usurpierte Begriffe)がある。それはほとんど一般に寛容せられて通用しているが、しかし時として

「権利は何ぞ」という問の答を要求せられる。そうすると、人々はその演繹のために少なからざる困惑に陥る」(『純粋理性批判』B. 117)といっている。しかしながら、もし「主観的演繹」をなし得るとすれば「客観的演繹」の問題はないのである。これらの概念の主観的実在性を示し得るならば「その客観的実在性を証明する」(ibid.)必要はないのである。たとえそれらは「横領して得た概念」であるとしても、人間の人間性から僭取したものであるならば、それでよいのである。シュペングラーの見解によれば運命とは個々の心霊および全文化の究竟的体験に属するものであって、概念と証明とにはよらないで宗教と芸術とによってのみ伝達され得るものである。その何であるかを把握するのは生の体験であって学的経験ではない。直観であって計算ではない。その何であるかを悟得するのは深み(Tiefe)であって精神(Geist)ではない。有機的論理であって無機体の論理ではない。「運命とは記述のできない或る内的確実性に対する言葉」(Schicksal ist das Wort für eine nicht zu beschreibende innere Gewissheit)である(Spengler, Der Untergang des Abendlandes, I, 1924, S. 152, 153, 180)。運命の何であるかを明確に記述することはシュペングラーのいうごとく不可能でもあろうが、運命の概念がいかにして生じたものであるか、他の類似の概念といかなる関係を保ち、自らの中にいかなる契機を含んでいるかを或る度において明かにすることはできると思う。運命の概念はおそらく目的的偶然が人間の全存在性を威圧するごとき場合に生じたものであろう。目的的偶然は容易に因果的必然と異種結合をする。さらに同種結合によって因果的必然が目的的必然と結合する。そうしてこの「必然―偶然」の複合体が事態そのものの厖大さによって現実超越性を獲得したものが運命にほかならない。その際、因果的必然と目的的必然との同種結合は次のような意味でなされる。目的性は、未来によって現在を決定するものとして、さきにもいったように(六八頁参照)意識を予想している。しかし意識と無意識との間には段階的な通路が開けている。意識はこの通路を通って無意識へ転ずる。かくして目的的必然は因果的必然と結合し、因果的必然は目的的必然と結合するのである。ディオゲネス・ラエルティオスはストア派の説として「一切は運命(*εἱμαρμένη*)によって起る。そうして運命とは、存在者の原因(*αἰτία*)、もしくは世界がそれによって運行する理性(*λόγος*)である」(Diogenes Laertios, VII. 149)といっている。この場合、運命の中には「理性」としての目的的必然性と「原因」としての因果的必然性との二つの契機が含まれていると見て差支えないであろう。ともかくも、因果的必然と目的的必然とは同種結合をする。なお運命の概念にあって、目的的偶然と目的的必然とが結合しているのはいかなる意味かというに、前者は人間実存の地平における目的性に関し、後者は超越的目的性に関しているのである。要するに、目的的偶然が、因果的必然と結合し、さらにその媒介によって目的的必然と結合し、「必然―偶然者」として無限の遠くへ押しやられ、無限の近くへ引寄せられたものが運命である。運命の概念は悟性の論理にとっては「横領して得た概念」であるかもしれないが、人間の体験に深く根ざし、人間の人間性によって原的にいわば前概念的に提供された概念である。ソフォクレスの『オィディプス王』、シェークスピアの『リヤ王』はいうに及ばず、黙阿弥の『縮屋新助』[56]を繙《ひもと》く者も運命の概念の既得権を放棄することを拒むであろう。

カント自身も『純粋理性批判』第一版序言の冒頭に運命の概念の典型的使用を示している。「人間の理性はその認識の一種類において特殊な運命を有っている、――というのは斥けることができず、さればといって、それを解答することもできぬところの問題によって悩まされるのである。斥けることができぬというのは問題が理性そのものの本性によって理性に課せられたものであるからで、解答できぬというのは、それが人間の理性のあらゆる能力を超越しているからである」。愛智者《フィロソフォス》がポロスとペニヤの間の子として[57]永久に悩む未来を負うて産み落された「必然―偶然」が運命でなくて何であろうか。

カントは『道徳哲学原論』の第一章にも次のようにいっている。「よしや運命の特別なる不興を被り、あるいは継母のごとき自然の薄遇により、この意志が自家の目的を貫徹すべき能力を全然欠如するとも、また鞠躬《きっきゅう》努力してなおかつこの意志によって何の遂げらるるところもなく、残るはただ善意志にすぎなくても、それは宝玉のごとくその全価値を自己の裏に蔵するものとして、真に独り自ら灼爍《しゃくしゃく》の光を放つであろう」。その他なお運命概念の適用の例を一、二挙げておこう。「我々は各《おのおの》の瞬間において絶対に非合理的なるものに直面しているのである、絶対の事実に直面しているのである、そこでは我々は行為ではなくして感官である、我々はそこに原始的歴史の事実に接触するのである、それは我々の運命の内容というべきものである」(西田幾多郎『無の自覚的限定』一八七—一八八頁)。「人の力人の働き、すべて人間的なるものがいつしか終りを告げて、絶対的権威をもって臨む神的実在に吾々がはたと行き当るところが、いずこにかなければならぬ。啓示に際しては、人はあらゆる抵抗もかい無きものとなり、あらゆる好悪もないがしろにされつつ、全人格を挙げて否応《いやおう》無しに、思いがけもなき光、真《まこと》、福《さいわ》い、生《いのち》のうちに拉《らっ》し去られる趣がある。……偉大なる宗教家たちにとっては啓示は必ずしも好む道、嗜《たしな》む業ではなかった。……啓示は彼らにとっては無限の光栄と歓喜とを宿す運命——とにかく運命であった」(波多野精一『宗教哲学』三二—三三頁)。

運命とは目的的偶然が一方に因果的必然と結合し、他方に目的的必然と結合して無限大へ拡大されるとともに無限小へ縮小されたものであるといった。そうしてその場合、強いて分析をなすならば、目的的偶然と因果的必然との結合は「盲目的運命」として現われ、目的的偶然と目的的必然との結合は「摂理」として現われる。ヘーゲルによれば古代人の *πεπρωμένον* や *εἱμαρμένη* は盲目的運命であり、キリスト教は合目的性の導入によって神の摂理を説くものである。前者は「包被を脱がない必然性」(unenthüllte Notwendigkeit)であり、後者は「包被を脱いだ必然性」(enthüllte Notwendigkeit)である。前者は盲目的で慰めなき立場であり、後者は先見的で慰めの立場である(Hegel, Encyklopädie, hrsg. v. Bolland, § 147, Zusatz, S. 197–200)。しかしながら運命概念の特色はむしろかように二種の運命に截然たる区別を許さぬ点にあると思う。既にいったように、意識と無意識との間には段階的漸進的通路があるのである。シュペングラーも運命と偶然との内的関聯を説いているが、古代と西欧とが両者に対する関係を次の言葉で表わしている。「西欧の心霊にとって偶然とは微小な内容の運命であると解してよいならば、その逆に、古代の心霊にとっては運命とは巨大なものに高まった偶然であると見てよいであろう」(l. c. S. 189)。なおシュペングラーは運命と偶然との差が内容に関する程度の差であるという点に関して「ゲーテがゼーゼンハイムへ来たのは偶然と感じられ、ワイマールへ来たのは運命と感じられる。前者は挿話(Episode)と見られ、後者は時期(Epoche)と見られる」(l. c. S. 179)といい、さらに両者の対立性を強調しているが、運命とは偶然性が必然性に異種結合した結果「必然—偶然者」の構造を取ったものと見るべきであって、運命と偶然との対立関係をあまりに力説することは運命をも偶然をも正当に理解することを妨げるものである。

目的的偶然が目的的必然と対角線的結合(七六頁の図形参照)をするのは、前者が人間存在にとっての目的的偶然であり、後者が超越存在における目的的必然であることを指摘しておいた。超越存在における目的的必然は、人間存在そのものの目的性には外的なものとして依然として目的的偶然たるを失わない。しかるにここに、運命の概念の下に、人間存在の地平において目的的偶然と目的的必然とが動的に結合する場合がある。目的的偶然が止揚された契機として目的的必然の中にあってそれを制約するのである。かような場合を勝義の運命と見ることができる。その場合、結合ならびに制約がいわば「永遠の相の下に」なされるのは、運命たる以上はもとよりのことである。目的的偶然と目的的必然との結合において、普通の運命の概念にあっては、目的的必然が目的的偶然を制約すると考えられるのであるが、勝義の運命概念にあってはその反対に目的的偶然が目的的必然を制約するのである。または或る意味では交互的に制約し合うのである。そこに普通の運命概念と勝義の運命概念との間の相違がある。勝義の運命は例えばハイデッガーの運命の概念にもあらわれている(九鬼「実存の哲学」『岩波哲学講座』八一—八二頁参照)。運命とは先駆的決意性の中に内在して初めて運命となるのである。運命とは現存在の本来的な事件である。従って被投性(Geworfenheit)であるとともに投企(Entwurf)でなければならない。譲り受けながら選択した可能性において、自己自身に自己自身を交付することでなければならない。運命は自己交付的決意性の超力(Übermacht)と無力(Ohnmacht)との結合にある。開示された状況の偶然性に直面して情熱的に自己を交付する無力な超力が運命の場所である。将来的たるとともに根源的に既存的な存在者が有限性において可能性を自己自身に与えながら自己の被投性を受取るのが運命である。ヤスパースの運命の概念も同様である。ヤスパースの言い方に従えば、運命とは「偶然が内的に同化されている」(Die Zufälle sind innerlich angeeignet)場合である(Jaspers, Philosophie, II. S. 218)。「我と事態とが一つになっている。歴史的意識が自己と自己の現存在の特殊性とを同一なものとして深く自覚しているから、幸、不幸はもはや単に他者として、すなわち単に外から来る者として把握されないで、運命といういっそう深い思想で我に所属している者として把握されるのである。余は余の歴史的限定性の中へ沈潜する。この歴史的限定性の中にあって余は有るがままの我が現存在を肯定する。それは単に経験的な客体性としての現存在を肯定するわけではないが、実存的に飽和された客体性としての現存在を肯定するのである。……この沈潜にあって余は運命を単に外的のものとしてではなく「運命の愛」(amor fati)において我がものとして運命をつかまえるのである。余は運命の中にあってのみ実存的に自覚するものであるから、余は余自身を愛するがごとくに余の運命を愛する。単なる普遍や全体が色褪せているのと好い対照をなすが、余は客観的には制限であるところのものの中に実存的に存在を経験するのである。運命意識としての歴史的意識は具体的現存在を真剣に考えることである」(ibid., II. S. 218–219)。「限界状況(58)における歴史的限定性は、単に偶然である代りに、或る存在の現象となる。その或る存在とは余の悟性はそれを把えないが、時間の中の永遠として余に確認される存在である。愛する者は愛人にむかって「お前は前世に私の妹または妻であったのだ」という」(ibid., II. S. 217)。

要するに、勝義の運命概念は情熱的自覚をもって自己を偶然性の中に沈没し、それによって自己を原本的に活かすごときものでなければならぬ。そうして運命としての偶然は回帰的形而上的時間の永遠の現在として会得されることも稀れではない。

一三　形而上的絶対者

賽の目のごとくに投げ出された離接肢の一つが実存の全幅をゆり動かしながら実存の中核へ体得されるのが運命である。離接肢は離接的諸可能性の全体を予想している。しかるに諸可能性の全体ということは窮極的には形而上的絶対者の概念へ導く。絶対者は絶対者なるがゆえに絶対的に一と考えられる。また絶対的に一なるがゆえに絶対的に必然と思惟される。この絶対的必然を形而上的必然と呼ぶことができる。この概念は既にアリストテレスが『形而上学』[59]のうちに述べた(Aristoteles, Metaphysica, Λ. 7, 1072^b〔7–8〕)。「不動の動者」は不動のゆえをもって「他のようにあることの偶然を決して有たない」(*οὐκ ἐνδέχεται ἄλλως ἔχειν οὐδαμῶς*)。従って「必然に存在するもの」(*ἐξ ἀνάγκης ὄν*)である(一六九頁参照)。この「不動の動者」以外のものはすべて他者によって動かされるものであるから「他のようにあることの偶然を有っている」(*ἐνδέχεται ἄλλως ἔχειν*)。すなわち形而上的必然の否定として形而上的偶然である。この形而上的必然と形而上的偶然との概念は、離接的必然と離接的偶然との形而上的地平への適用にほかならないが、中世紀にいたってアリストテレス尊崇者なるモーゼス・マイモニデス[59]によって採用され、神の存在の「宇宙論的証明」の契機として生かされた。トーマス・アクィナス[59]もマイモニデスに倣って、世界の偶然性から「自らによって必然的なる或る者」(aliquid quod est per se necessarium)への推論をなした(Thomas Aquinas, Summa theologiae I. 2. 3)。形而上的必然と形而上的偶然との関係は「自因性」(aseitas)と「他因性」[60](abalietas)との対立の形をもとった。スピノザのいわゆる「自己原因」(causa sui)(Spinoza, Ethica, I, def. 1)も形而上的絶対的必然にほかならない。「神は必然に存在する」(Deus necessario existit) (ibid., I, prop. 11)。それに反して「その存在を必然に措定しあるいはそれを必然に排除するいかなるものをも発見しない限り、余は個物を偶然(contingentes)と呼ぶ」(ibid., IV, def. 3)。ライプニッツも『弁神論』や『単子論』のうちで「必然的存在者」(Être nécessaire)としての神と「偶然的存在者」(êtres contingents)としての世界の事象とについて語った(Leibniz, Opera philosophica, éd. Erdmann, pp. 506, 708)。

我々は経験的地平におけると形而上的地平におけるとによって必然および偶然の意味が正反対になっていることに気づく。経験的地平は「下より」の行き方で、因果的必然の系列を無限に遡って、原始偶然へ到達する(一六〇—一六一頁参照)。形而上的地平は「上より」の行き方で、絶対的必然の否定として、因果性のうちに虜にせられた偶然の概念を得る。換言すれば、因果性によって規定せられることは、経験的見地よりは必然といわれ、形而上的見地よりは偶然といわれる。また、因果系列の起始が理念として把握せられるとき、経験的見地よりは原始偶然といわれ、同じ理念が形而上的見地よりは離接的必然の形において絶対的必然といわれる。すなわち必然性には「絶対的必然」と「仮説的必然」との区別がある。「絶対的必然」(nécessité absolue)と「仮説的必然」(nécessité hypothétique)との区別はライプニッツもしたが(Leibniz, Opera philosophica, éd. Erdmann, p. 763)、クリスティアン・ウォルフによれば「必然的存在とは、その存在が絶対的に必然(absolute necessaria)のものである。偶然的存在とは、自己の存在の理由を自己の外に有するものである」。従って「偶然的存在の存在は単に仮説的に必然(hypothetice necessaria)である」(Christian Wolff, Ontologia, § 309 f., § 316)。カントも『形而上学講義』のうちでこの区別をしている。すなわち絶対的必然(absolute Notwendigkeit)とは事物の存在が端的に(simpliciter)先天的に認識される場合であり、仮説的必然(hypothetische Notwendigkeit)とは事物の存在が或るものに従って(secundum quid)先天的に認識される場合である(Kant's Vorlesungen über die Metaphysik, 2. Aufl., hrsg. v. Schmidt, S. 27)。そうして、この単に仮説的に必然であるところの形而上的偶然は、既にアリストテレスも示したように、自己以外の或る原因によってのみ存在するという理由に基いて、存在しないことも可能である。それゆえにトーマス・アクィナスは偶然を「存在しないことの可能のもの」(possibilia non esse)(Thomas Aquinas, Summa theologiae I. 2. 3)と呼んでいる。形而上的偶然は畢竟、経験的必然にほかならないのであるが、経験的必然といえども絶対者の形而上的必然に対して目撃される限り、偶然の性質を帯びるのである。

我々は経験的必然と原始偶然との対立関係が、原因結果の関係として、仮説的見地において成立し、形而上的偶然と絶対的形而上的必然との対立関係が、全体と部分との関係として、離接的見地において成立することを見た。次に我々は原始偶然と絶対的形而上的必然との関係および経験的必然と形而上的偶然との関係についてさらに詳しく考察してみなければならぬ。

まず、原始偶然と絶対的形而上的必然との関係はどうであるか。原始偶然は因果系列の原始的起始として仮説的地平において得られた概念である。経験的必然の因果系列を無限に遡るときに理念として原始偶然の概念へ到達したのである。原始偶然は「原始事件」(Urereignis)であり、「歴史の端初」(Anfang der Geschichte)である(Schelling, Sämtliche Werke, II, 2, 1857, S. 153)。しかしながら、因果的連鎖に制約された必然的系列の絶対的起始はまた系列の各成員たる経験的必然のすべてを部分として含蓄する全体と考えることもできる。他方にあって、絶対的形而上的必然とは離接的地平において形而上的偶然のすべてを部分とする全体である。そうして全体たる絶対的必然は部分たる離接肢の措定を制約するとも見ることができるから、因果系列の絶対的起始とも考え得るものである。系列的な見方と外延的な見方とがかように互《たがい》に交換され得る限り、原始偶然と絶対的形而上的必然とは同一のものでなければならない。なお仮説的地平にあっては無限なる因果系列は直線の形で表象され、その理念的端初として原始偶然が考えられたのであるが、真の無限性は系列の最終が最初へ帰還する円の形で表象されるから、円の各部分を包括する円全体として絶対的形而上的必然が考えられるのである。この点からしても原始偶然と絶対的形而上的必然とが同一のものであることは明かである。原始偶然というも絶対的必然というも畢竟、形而上的絶対者のことである。易の大極[61]のごときも形而上的絶対者として原始偶然とも絶対的必然とも考え得るものである。要するに、絶対的形而上的必然と原始偶然とは一者の両面にすぎない。スピノザの「自己原因」もシェリングの「自己偶然」(das durch sich selbst Zufällige)も結局は一つに合するのである。絶対者は「必然―偶然者」という矛盾的性格を備えたものと考うべきである。ヤコブ・ボェーメのいうごとく「然《しか》り」(Ja)であるとともに「否」(Nein)[62]である。「「然り」と「否」とは単に一つのものであって、ただ自己が二つの起始に分離して、二つの中心を造っている」」(Jakob Böhme, Sämtliche Werke, VI, S. 597)。原始偶然と絶対的形而上的必然とは絶対者にあって一つのものでありながら、なお「二つの中心」を造っている。原始偶然は「下より」の行き方であるところの経験的仮説的見地において最後の理念として捉えられたものであり、絶対的必然は「上より」の行き方であるところの形而上的離接的見地において最初の概念として立てられたものである。それゆえに絶対的形而上的必然は絶対者のいわば肯定的性格を表わし、原始偶然はいわば否定的性格を表わしている。絶対的形而上的必然は絶対者の即自態である。原始偶然は絶対者の中にある他在である。絶対的形而上的必然を神的実在と考え、原始偶然を世界の端初または墜落(Zufall = Abfall)

と考えることの可能性もここに起因している。[63] 絶対的必然は絶対者の静的側面であり、原始偶然は動的側面であると考えても差支えない。「諸事物の最初のものは端的に必然的なものである。諸状態の最初のものは端的に偶然的なものである」(Das erste der Dinge ist das schlechterdings notwendige. Das erste der Zustände ist das schlechterdings zufällige.) といった批判前期のカントの言葉は味うべきものである(Kant, Reflexionen zur Metaphysik, Akademie Ausgabe, XVIII, S. 142)。

このように考えるならば、因果系列の絶対的起始としての原始偶然と、離接肢として措定される形而上的偶然との密接なる関係もおのずから明かとなる。離接肢が偶然者として措定される可能性のアプリオリな根拠は原始偶然の偶然性にあると考えることができる。原始偶然の偶然性は形而上的離接的偶然を可変性の中に偶然性として決定する絶対的根拠にほかならない。同様に、部分の全体としての形而上的必然と、因果系列の成員としての経験的必然との密接なる関係も明瞭である。既にいったように、両者の関係は絶対的必然と仮説的必然との関係である。

なお、他の関係において、「必然―偶然者」としての絶対者の性格を闡明する必要がある。およそ全体と部分とは相関において意味を有っている。部分なくして全体なく、全体なくして部分はない。従って絶対的形而上的必然の必然性は形而上的偶然の偶然性なくしては考えられない。形而上的偶然の偶然性もまた絶対的形而上的必然の必然性なくしては考えられない。絶対的必然の必然性は偶然性を部分とする全体の有つ必然性である。必然性は偶然性を制約し、偶然性は必然性を制約している。要するに絶対者は空虚なる抽象的全体でなく充実せる具体的全体である限り、単なる必然者でもなく、単なる偶然者でもなく、必然と偶然との相関において意味を有する「必然―偶然者」である。そうして絶対者は相対的なる有限者によって初めて絶対者たり得るもの、換言すれば偶然的部分として他在することによって初めて絶対的全体の具体的意味を獲得するものであるから、「必然―偶然者」としての絶対者は絶対者の弁証法における即自《そくじ》且対自《かつたいじ》の段階と考えても差支えないであろう。なおまた、原始偶然が、因果系列の各成員を部分とする全体と考え得る限り、原始偶然と経験的必然との関係についても、形而上的必然と形而上的偶然との関係に関してと全く同様な考察をすることができるのはいうまでもない。以上において原始偶然と絶対的形而上的必然とが「必然―偶然者」としての絶対者の両面であることを明かになし得たと信ずる。

次に、経験的必然と形而上的偶然との関係は如何《いかん》。仮説的地平における経験的必然が離接的地平においては形而上的偶然となって現われる。ライプニッツは『形而上学叙説』(64)のうちで、必然(nécessaire)と確実(certain)との区別を立てようとしている。前者はそれの反対が矛盾を含むものであり、後者はそれの反対が矛盾を含まないものである。そうして絶対的必然(absolument nécessaire)のみが厳密なる意味で必然であるので、仮説的必然(nécessaire ex hypothesi)は確実であるにすぎないとしている。たとえばシーザーがルビコン河で止まらずにこの河を渡ったこと、ファルサルスの戦で敗れずに勝ったことは必然ではないが確実である。そうして確実ではあるが必然でないゆえにそのことは偶然であると説いている。また確実でありながら必然でない理由、すなわち偶然である理由を神の意志、すなわち選択の自由に根拠づけている(Leibniz, Discours de métaphysique, § 13)。要するにライプニッツの「確実」という概念は経験的必然すなわち形而上的偶然を言い表わそうとするものである。ともかくも、系列の各成員は絶対的起始によって制約されている限り、絶対的起始の性格を反映し、各部分は全体の部分である限り、全体の性格が投射せられている。「必然―偶然者」としての絶対者の性格は各成員、各部分にあって「必然―偶然者」としての運命の形を取ってくる。カントのいわゆる「偶然者の法則性」(Gesetzlichkeit des Zufälligen)すなわち合目的性(Kant, Kritik der Urteilskraft, § 76)の概念も全体によって規定せられたる部分の有つ必然偶然的性格にほかならない。

なおカントは偶然性を経験的偶然性(empirische Zufälligkeit)と可想的偶然性(intelligibele Zufälligkeit)との二種に分けているが、カントのいう経験的偶然とは我々のいう経験的必然に当り、カントのいう可想的偶然とは我々のいう形而上的偶然に当っている。「経験的偶然」に関してカントは次のようにいっている。「世界における諸々の変化から経験的偶然性、すなわち変化は経験的に限定する原因に依存すること、が推論されて、経験的諸制約の上昇的系列が得られた」(『純粋理性批判』B. 486)。また「存在において制約されたものは一般に偶然と称し、制約されないものは必然と称す」(ibid., B. 447)とか「我々は偶然性を、或る事象が或る原因の結果としてのみ存在し能うということから認識する。それゆえに或るものが偶然的と想定せらるれば、それが或る原因をもつというのは一つの分析的命題である」(ibid., B. 291)などといっているのも経験的偶然に関してである。「可想的偶然」をカントはまた「純粋悟性の概念による偶然性」(Zufälligkeit nach Begriffen des reinen Verstandes)といっている。この種の偶然性に関して「範疇の純粋な意味において偶然的であるのは、その矛盾対当が可能的なものである」といっている。「運動が在ったのと同じ時間において運動の代りに静止が在り得た」ごとき場合が可想的偶然である。甲が存在するとき、甲の代りに非甲の存在することも可能である場合が可想的偶然である。すなわち離接的地平における形而上的偶然を可想的偶然といっている。経験的偶然と可想的偶然との差異は、反対が継起的に可能である場合と同時に可能である場合との相違であるといってもよい。そうしてカントは経験的偶然性から可想的偶然性へ

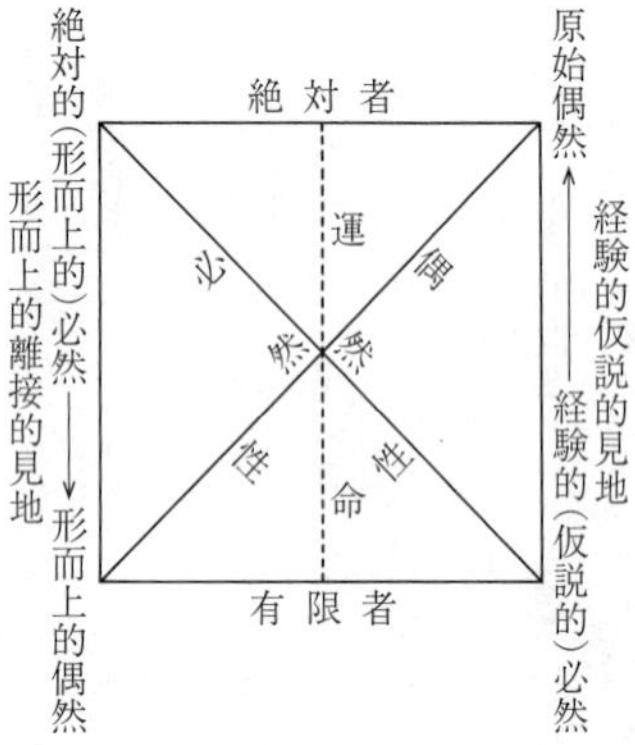

移ることは「他の種類への転移」(*μετάβασις εἰς ἄλλο γένος*)として全然不可能であるといっている(ibid., B. 486–488)。批判主義の立場で現象界の認識に限局される限り、この二種の偶然性を峻別して一方から他方への推移を不可能とするのは当然のことといえる。しかしながら経験的因果的必然を離接的に偶然化して形而上的偶然と見ること、すなわち次元の転化によって「経験的偶然」と「可想的偶然」とを根柢において同一のものと見ることは形而上学的地平に立つ限りは許さるべきことでなければならぬ。カントのいう経験的偶然は、因果的に制約されたものであるから、その限りにおいては当然、経験的必然と呼ばるべきものである。ショーペンハウエルも『カント哲学の批評』において、すべて偶然的のものは原因を有っていると考えることは「明白なる矛盾」であるといっているが、ショーペンハウエルも述べているように、その考《かんがえ》はカントに始まったことではなく既にアリストテレスに淵源を有っている(Schopenhauer, Sämtliche Werke, hrsg. v. Deussen, I, S. 552-553)。ともかくも

経験的必然を経験的偶然と呼ぶためには、少なくともその命名の動因において、不知不識の間に形而上的離接的地平へ逸脱して、必然を偶然化したものと考えるべきであろう。経験的必然は仮説的必然として他者の制約によってのみ必然なものであるから、偶然といわれるのであるが、それが偶然と呼ばれるためには、それ自身によって必然なる絶対的必然を考えてそれに対していうのである。かつまた、他者の制約によってのみ必然なものは、他者の制約さえ解除するならばその矛盾対当が可能的であるから偶然なのである。要するに、経験的必然を経験的偶然と見るには形而上的離接的次元においてなされる偶然化が根柢に予想さるべきである。以上において、経験的必然と形而上的偶然とが次元を異にして見られた有限者であることを明かにしたと信ずる。

以上の考察を右の図形〔前頁〕に表わしておこう。

一四　有と無

偶然は無に近い存在である。[65] 必然―偶然の相関は有と無との相関を暗示しているものでなければならない。甲でもあり、乙でもあり、丙でもあり、丁でもある離接的肯定はその裏面に、甲でもなく、乙でもなく、丙でもなく、丁でもない離接的否定を有っている。絶対者が「必然―偶然者」であることは絶対者が絶対有であるとともに絶対無であることを語っている。甲でないこともあり得るのに甲である偶然性は、有と無との境界線に危く立脚する極限的存在にほかならない。可能性は現実性を有たない非現実であるが、必然性への動向を具備している限り、有の色彩の濃いものである。可能性は実に実在性の次元にあって必然性と大小対当の関係に立つものである。それに反して、偶然性は現実性を有ちながら、不可能性に近接する限り、無を満喫しているものである。偶然性は虚無性の次元にあって不可能性と大小対当の関係に立つものである。円をもって必然性と可能性とに共通の有の性格を表わすならば、偶然性は不可能性の無がたまたま有に接する切点にすぎない(二〇三頁参照)。三角形をもって必然性と可能性とに共通の実在性を表わすならば、偶然性は三角形の頂の一点に現実として立ちながら同時に無の線上に位置するものである(二〇四頁参照)。必然性は有の領域を完全に占めたものである。可能性は「可能的存在」すなわち「生成可能性」として有に面して立ち、偶然性は「反対可能性」すなわち「可能的非存在」として無に面して立っている。理論に実践に、常に必然性を把持する者は無を自覚することが少ないであろう。可能性の追求にのみ心を砕く者は、単に「欠如」として概念的に無を知る場合が多いであろう。それに反して偶然性を目撃する官能を有つ者は無を原的に直観するのである。偶然に伴う驚異は、無を有の背景とし無より有への推移につき、有より無への転歩につき、その理由が問われるとき、問そのものを動かす情緒である。偶然は無の可能を意味する。不可能性を無の中核から拉し来って有に接触せしめる逆説をあえてするのも偶然性である。

いま述べた関係を左の図形(上図)で表わすことができる。

この図においてNは必然性を、Iは不可能性を、Pは可能性を、Cは偶然性を、Rは現実性を、R′は非現実性を表わしている。+は有の領域を、−は無の領域を表わしている(二〇七頁参照)。RとR′とは直線上に位するもので、直線を左右に等分している。+と−とは厚味を有ったもので、曲線によって示される山と谷とを分領している。NはRであるとともに+であり、IはR′であるとともに−である。PはR′と+とに跨がるもので、R′でありながら+である。CはRと−とに跨がるもので、Rでありながら−である。矢の方向は帰趨を示すものである。

上のように(下図)座標軸によって図示することもできる。

この図においてN、I、P、C、R、R′、+、−等の記号は前図と同様の意味を有って

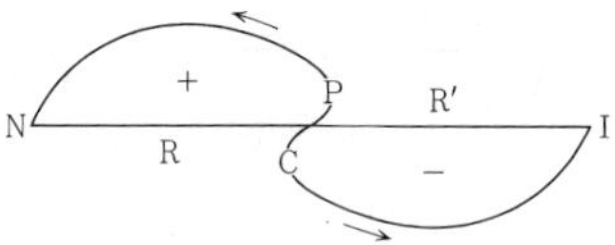

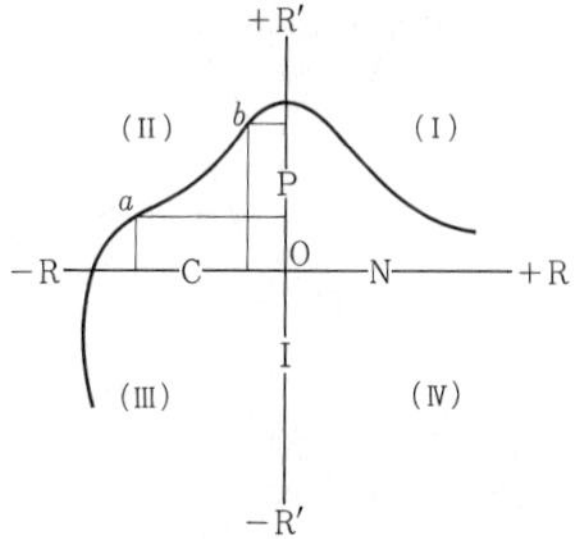

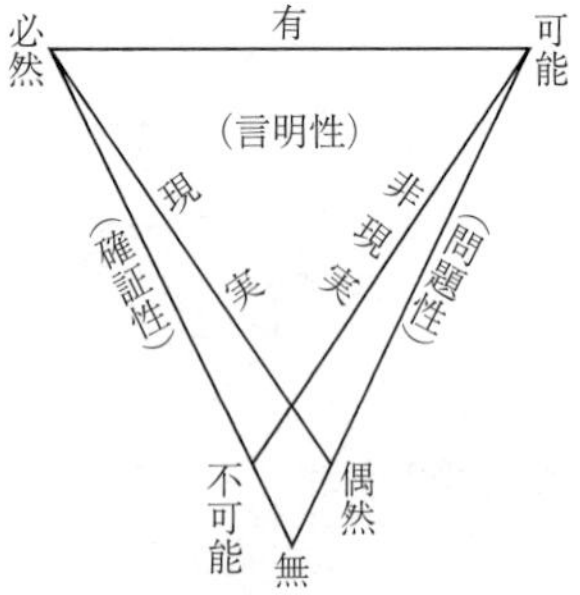

いる。Oを原点とする。Oを通って互《たがい》に直交する二定直線RORおよびR′OR′を取る。Oの右を正とし、左を負とする。またOより上を正とし、下を負とする。座標軸の中、横軸RORは現実性の領域を表わし、縦軸R′OR′は非現実性の領域を表わす。必然性Nは横軸上にあって正の方向に位し、偶然性Cは負の方向に位す。可能性Pは縦軸上にあって正の方向に位し、不可能性Iは負の方向に位す。第一象限(I)と第三象限(III)とは大小対当の関係の場面であり、第四象限(IV)は反対対当の関係の場面、第二象限(II)は小反対対当の関係の場面である。曲線*ab*を考えてみるならば、*a*点にあっては可能性が小さく偶然性が大きい。*b*点にあってはそれに反して可能性が大きく、偶然性が小さい。

同じ関係を、やや異った見地から、右のように図示することもできる。

この図において、偶然が「問題性」の直線上を、上方へ向って可能の方へ、すなわち有の方へ近づけば近づくほど、偶然の偶然性が減少し、それに反して、下方へ向って無の方へ近づけば近づくほど、偶然性が顕著となることはいうまでもない。偶然性は「現実性」によって必然性に繋がれているが、「有」はかえって必然性と可能性とを繋いでいる。可能性は「非現実性」によって不可能性に結ばれているが、「無」はかえって不可能性と偶然性とを包消している。

偶然は無概念的である。無関聯的である。無法則、無秩序、無頓着、無関心である。偶然には目的が無い。意図が無い。ゆかりが無い。偶然は当てにならない。盲目で眼が無い。偶然はシェークスピアのいうがごとく「底が無い[66]」。ヘーゲルのいうがごとく「理由を有たない」。偶然においては無が深く有を侵している。その限り偶然は脆き存在である。偶然は単に「この場所」にまた「この瞬間」に尖端的な虚弱な存在を繋ぐのみである。一切の偶然は崩壊と破滅の運命を本来的に自己のうちに蔵している。「合会有㆓別離㆒、一切皆遷滅[67]」(『涅槃経』巻第二)。現実が無に直面し、無が現実を危くするとき、我々は弥蘭とともに今さらのごとく驚異して「何故」の問を発するのである。

結　論

一　偶然性の核心的意味

以上において定言的、仮説的、離接的の三地平にあって偶然性の闡明をはかった。定言的偶然は、定言的判断において、概念としての主語に対して述語が非本質的徴表を意味するときに成立した。すなわち、或る言明的判断が主語と述語との同一性を欠くために確証性、従って必然性をもたないことが明かになった場合である。仮説的偶然は、仮説的判断の理由帰結の関係以外に立つものとして成立した。すなわち、理由と帰結との同一性によって規定せられたる確証性、従って必然性の範囲外にあるものとして成立した。離接的偶然は、与えられた定言的判断もしくは仮説的判断を、離接的判断の一区分肢と見て、他にもなお幾個かの区分肢が存すると考えることによって成立するといえる。すなわち、言明的または確証的の命題を離接関係に立つ区分肢と見ることによって、被区分概念の同一性に対して差別性を力説するとともに、言明性(現実性)および確証性

（必然性）を問題性に問題化するのである。

定言的偶然は定言的構造にあって非本質的徴表すなわち偶然的徴表が概念の同一性に対して示す偶然性であった。そうして概念の必然的徴表と偶然的徴表との関係は、分析的判断と綜合的判断の差別において、分析的判断の基礎をなす同一性と綜合的判断の根柢に潜む偶然性とに見られた。また全称判断と特称判断との差別においても、必然性は全称判断によって言表され、偶然性は特称判断によって陳述されることを知った。次《つい》で定言的偶然が、孤立的事実として、さらに例外として現われることを考察した。概念の本質的徴表が法則の価値を有つとき、法則に対する例外の意味より有たない偶然的徴表の偶然性が例外的偶然として特に偶然性を強調しているのである。しからば定言的偶然の核心的意味は何にあるか。例外的偶然が定言的偶然の中で特に顕著なる偶然性を有していることによっても察知せらるるごとく、定言的偶然の核心的意味は畢竟、一般概念に対する「個物および個々の事象」ということに帰した。

次に仮説的偶然は理由性の仮説的構造の有つ同一必然性に対して、かかる構造の圏外にあるものが示す偶然性であった。純論理的範囲においては理由的偶然として現われ、経験界にあっては理由的偶然の適用の形で目的的偶然および因果的偶然として現われた。仮説的偶然のこの三様態はさらに各々消極的偶然と積極的偶然とに分れた。消極的偶然は一つの事象に関して理由性、因果性、目的性の非存在が消極的に目撃される場合であり、積極的偶然は二つまたは二つ以上の事象間に理由性、因果性、目的性の仮説的必然的関係の非存在を見るのみならずさらに進んで積極的に他の何らかの関係の存在を目撃する場合である。積極的偶然はその積極性によって消極的偶然よりも顕著な偶然性を示している。のみならず消極的偶然の根柢にはまた必ず何らかの積極的偶然が存しているものである。積極的偶然は相対的偶然の性格を有つ限り「一の系列と他の系列との邂逅」という構造を示す。そうしてこの構造がまた実に仮説的偶然の核心的意味であった。なお目的的偶然と因果的偶然とは経験界に属するものとして経験的偶然と呼ぶことができたが、経験的であることに基いて時間的契機を有っている。経験的積極的偶然は時間内において邂逅するものである。それには同時的偶然と継起的偶然との二つがあるが、後者は前者に還元せられるのである。そうして同時性が空間性と関係している限り、経験界における偶然の核心的意味は「この場所での、この瞬間での邂逅」という歴史的非合理性の形を取ってこなければならない。

最後に離接的偶然は離接的構造にあって、可能的離接肢の全体の有つ同一性に対して、各々の可能的離接肢が示す偶然性であった。偶然性と可能性との関係を知るに至って、諸様相の構成する体系内にあって偶然性の占める位置、特に偶然性が可能性に対して有つ特殊の関係を闡明する必要を生じた。可能性の極小が偶然性の極大である。有ることの可能性が小さいことは無いことの可能性の大きいことを意味している。離接的偶然の核心的意味は「無いことの可能」として「無いことの必然」へ近迫することであった。偶然性は不可能性の無の性格を帯びた現実である。単なる現実として戯れのごとく現在の瞬間に[1]現象する。現在の「今」現象した離接肢の現実性の背景に無を目睹《もくと》して驚異するのが偶然である。そうして驚異の情緒は実存にとって運命を通告する。なお可能的離接肢の全体は勝義において形而上的絶対者を意味し、形而上的絶対者はその具体性において「必然―偶然者」として闡明される。また絶対者と有限者とを繋ぐものが運命である限り、運命もまた「必然―偶然者」の性格を担って実存の中核を震撼するのである。必然偶然の相関が有と無との相関に基くことを会得することが、偶然性に関する知見の根柢をなさなければならぬ。

　要するに定言的偶然の核心的意味は「個物および個々の事象」ということであった。仮説的偶然の核心的意味は「一の系列と他の系列との邂逅」ということであった。離接的偶然の核心的意味は「無いことの可能」ということであった。個物および個々の事象であるがゆえに、一般概念に対して偶然的徴表を備えていたのである。独立した系列と系列との邂逅であるがゆえに、理由と帰結の必然的関係の外にあったのである。無いことの可能なるがゆえに、諸可能性全体の有つ必然性に悖《もと》ったのである。そうして、これらの偶然の三つの意味は決して個々に分離しているのではなく、渾然として一に融合している。「個物および個々の事象」の核心的意味は「一の系列と他の系列との邂逅」ということに存し、邂逅の核心的意味は邂逅しないことも可能であること、すなわち「無いことの可能」ということに存している。そうしてこれらすべてを原本的に規定している偶然性の根源的意味は、一者としての必然性に対する他者の措定ということである。必然性とは同一性すなわち一者の様相にほかならない。偶然性は一者と他者の二元性のあるところに初めて存するのである。アリストテレスが偶然とは「自己としてではなく、他のものとして」(*οὐχ ᾗ αὐτὸ ἀλλ᾽ ᾗ ἕτερον*)存在する(Aristoteles, Metaphysica, Δ. 30, 1025^{a}〔28-29〕)といい、ヘーゲルが偶然的なものとは一般にその存在の根拠を「自己自身の中にではなくて他者の中に」(nicht in sich selbst, sondern in Anderem)有っているごときものである(Hegel, Encyklopädie, hrsg. v. Bolland, 1906, § 145, Zusatz, S. 193)といっているのも全くそのためである。個物の起源は一者に対する他者の二元的措定に遡る。邂逅は独立なる二元の邂逅にほかならない。無いことの可能は一または他の選択に基くものとして二元を予想している。有の意味を同一律によって規定し、同一律に反するものを無とみなしたエレア派の哲学は、偶然に対する驚異に発して他者の二元的措定に対する悲劇的拒否に終った。しかも我々はエレア派の哲学に一面の真理を承認しない訳にゆかない。そこにまた人間の悩みと喜びとが潜んでいるのである。

二　偶然性の内面化

偶然性の問題は、無の問《とい》を含むがゆえに、厳密に形而上学の問題であるといった。また形而上学としての哲学以外の学問は無の問を除外するがゆえに、偶然性を問題としないこともいった。偶然性は「この場所」「この瞬間」における独立なる二元の邂逅として尖端の危《あやう》きに立って辺際なき無に臨むものである。偶然性は普遍的思惟を範として法則の必然ないしは蓋然をのみ追求する学問にとっては一顧の価なき非合理と考えられるかもしれない。アリストテレスも偶然の「背理」(*παράλογος*)(Aristoteles, Physica, II. 5, 197a[18])について語った。偶然性は学的認識に対して限界を形成している。

しかしながら、この限界は理論的実存性に対して端初の意義を有つことを知らなくてはならない。経験的認識は認識の限界たる偶然性から出発し常にこの限界に制約されたものでなければならない。経験に斉合と統一とを与える理論的体系の根源的意味は他者の偶然性を把えてその具体性において一者の同一性へ同化し内面化することに存している。真の判断は偶然—必然の相関において事実の偶然性に立脚して偶然の内面化を課題とするものでなければならぬ。思惟の根本原理たる同一律は内面化の原理にほかならない。「甲は甲である」というのは「我は我である」ということにほかならない。判断の本質的意味は邂逅する「汝」を「我」に深化することでなければならない。我の内的同一性へ外的なる汝を具体的に同一化するのが判断の理念である。しかしそれはエレア的抽象的普遍性における空虚なる同一性を目指すのであってはならない。同一律による内面化は事実として邂逅する汝の偶然性に制約された具体的内面化でなくてはならない。そこに学問の部門的独立と学的体系の段階組織との基礎が存している。またそこに一部門内の学的労作の具体性、現実性の保証も存している。単なる同一化、単なる必然化は一切の汝、一切の偶然性を否定することによって無宇宙論へ導く(2)。理論的認識の到達すべき理想は単なる必然性であってはならない。偶然を満喫し偶然性に飽和された「偶然―必然者」でなければならない。

いったい、偶然性の時間性格が直態としての現在である限り、必然的思惟の方法論的体系としての論理学に対して偶然性が非合理性として現われるのは異とするに足りない。しかしながら、論理的規定を「汝」の直接性に即して出発させ、「汝」の内面化に学的労作の理念を捉えることは論理そのものに生命を齎《もたら》し、学問に具体的価値を賦与するゆえんである。「我＝我」なる思惟の同一性の領域と、「我」による「汝」の体験の直接性とを、でき得る限り緊密の関係に保ち、必然と偶然とを不可分離の相関において接触せしめることは、生の論理学へ邁進する理論的実存にとって公理的要求でなければならない。

抽象的普遍性に誤られた学問にとって偶然性が意味を有たぬと同様に、範を科学に取る合理的形式的倫理説にとっても偶然を容れる場所はないであろう。道徳法をして例外を許さざる普遍的自然法のごとくにあらしめようとする倫理説は抽象的同一性を追うことによって「何ものをも意志しない意志」に到達して実践上の無宇宙論に陥るであろう。(3) 道徳の内容は現在の呈供する偶然性によって個別化されたものでなければならない。道徳の課題とする実践的普遍性は抽象的普遍性であってはならない。偶然を契機として全体を内包的に限定する具体的普遍でなければならない。もしすべてを形式的同一性に単一化しようとする倫理説があるとしたならば、その抽象的普遍性に反抗して、死に臨んで偽ったデスデモナのように偽ろう、テイモレオンのように人を殺そう、オットーのように自殺をしよう、ダビデのように神殿に入って盗もう、飢えたるがゆえに安息日に麦の穂を摘もう(Jacobi, Werke, III. 1816, S. 37)という者があっても、その声は人間の内奥に叫ぶ良心の声として聴かれるであろう。偶然性の実践的内面化は具体的全体における無数の部分と部分との間柄の自覚にほかならない。孤在する一者はかしこにここにはからずも他者と邂逅する刹那、外なる汝を我の深みに内面化することに全実存の悩みと喜びとを繋ぐものでなければならない。我の深みへ落ち込むように偶然をして偶々《たまたま》邂逅せしめるのでなければならない。ハイデッガーも「偶然と呼ばれるものは共同的環境的世界から、決意性へ向ってのみ偶然することができる」といっている(Heidegger, Sein und Zeit, S. 300)。ヤスパースも「把え得べきいかなる思想をも超えて、余は限界状況において驚愕を経験し、かくて我がものとして摑んだ偶然と一体なることを経験する」といっている(Jaspers, Philosophie, II, S. 217)。「説卦伝」に「観㆓変於陰陽㆒而立㆑卦、発㆓揮於剛柔㆒而生㆑爻、和㆓順於道徳㆒而理㆓於義㆒、窮㆑理尽㆑性以至㆓於命㆒」(4)といっているのも偶然性の実践的内面化を説いているにほかならない。偶然を成立せしめる二元的相対性は到るところに間主体性を開示することによって根源的社会性(5)を構成する。間主体的社会性(5)における汝を実存する我の具体的同一性へ同化し内面化するところに、理論における判断の意味もあったように、実践における行為の意味も存するのでなければならない。道徳が単に架空なものでなく、力として現実に妥当するためには、与えられた偶然を跳躍板として内面性へ向って高踏するものでなくてはならぬ。偶然に対する驚異は単に現在にのみ基礎づけられねばならぬことはない。我々は偶然性の驚異を未来によって倒逆的に基礎づけることができる。*17 偶然性は不可能性が可能性へ接する切点である。偶然性の中に極微の可能性を把握し、未来的なる可能性をはぐくむことによって行為の曲線を展開し、翻って現在的なる偶然性の生産的意味を倒逆的に理解することができる。「目的なき目的」を未来の生産に醸して邂逅の「瞬間」に驚異を齎《もたら》すことができる。そうして、一切の偶然性の驚異を未来によって強調することは「偶然―必然」の相関を成立させることであって、また従って偶然性をして真に偶然性たらしめることである。これが有限なる実存者に与えられた課題であり、同時にまた、実存する有限者の救いでなければならぬ。『浄土論』に「観㆓仏本願力㆒、遇無㆓空過者㆒」(5)とあるのも畢竟このことであろう。「遇う」のは現在において我に邂逅する汝の偶然性である。「空しく過ぐるもの無し」とは汝に制約されながら汝の内面化に関して有つ我が未来の可能性としてのみ意味を有っている。不可能に近い極微の可能性が偶然性において現実となり、偶然性として堅く掴まれることによって新しい可能性を生み、さらに可能性が必然性へ発展するところに運命としての仏の本願もあれば人間の救いもある。無をうちに蔵して滅亡の運命を有する偶然性に永遠の運命の意味を付与するには、未来によって瞬間を生かしむるよりほかはない。未来的なる可能性によって現在的なる偶然性の意味を奔騰させるよりほかはない。かの弥蘭の「何故」に対して(6)、理論の圏内にあっては、偶然性は具体的存在の不可欠条件であると答えるまでであるが、実践の領域にあっては、「遇うて空しく過ぐる勿《なか》れ」という命令を自己に与えることによって理論の空隙を満たすことができるであろう。

「偶然性の問題」手沢本への書込み

＊1　「ま」は音便で「まん」ともなる。

＊2　ニイチェもツァラトゥストラの「救いについて」のうちで次のようにいっている。「げに、わが友よ、我が人間の間を行くは、人間の断片と四肢との間を行くごとし。あたかも戦場と屠殺場とにおけるごとく、人間の寸裂せられ撒布せられたるを見出づるは、わが目にまで恐ろしきことなり。しかしてわが目が今より既往へ逃げ行くも、そは常に同じものを見出づるなり。すなわち断片と四肢と怖ろしき偶然とを見出づるなり」。定言的偶然としての「人間の断片」を見出すだけで、全き「人間」を見出さぬことが疑問に充ちた「深き憂愁」にツァラトゥストラを沈めたのである。

＊3　「優曇鉢華《うどんばっけ》の時に一たび現ずるがごとく」[1](『妙法蓮華経』「方便品」)。「葦牙《あしかび》の如《ごと》萌え騰《あが》る」[1](『古事記』)。

＊4　*τύχη* は *αὐτοματία* ともいわれた(Preller, Griechische Mythologie, I, 2, S. 539)。

＊5　偶数とは一と一とが遇って二となることを↓……二という一つの数になることを。

＊6　「偶然値二林叟一、談笑滞二還期一」[2](王維「終南別業」『和漢名詩類選評釈』八七三頁)。値は遇である。

＊7　王充『論衡』にも「偶適然自相遭遇、時也」[3](偶会篇)とある。『中阿含経』にも八難の偶然性を「八非時《ひじ》」[4](一二四、「八難経」)といっているが、非時とは時ならぬこと、時のはずみに適さぬ

ことである。また一不難を「一是時」(4)(同所)といっている。時に適したことである。『増壱阿含経《ぞういつあごんきょう》』には「八不聞《ふもん》の時節」(4)「一時節」(三六)といっている。

＊8 女の手套《しゅとう》の片方を拾ってやり、それに自分の手套の片方を落したことが「偶然時を接して起った」(浜田青陵「旅の女の話」『文藝春秋』昭和十一年五月号、八―九頁)。

＊9 「近代作家論(マン)」『世界文学講座』岩波書店、二八頁参照。

トーマス・マン

誕　生	1875	結　婚	1905
五十歳	1925	死ぬならん	1945

＊10 *le thème* et les *variations* (Bergson, L'Évol. créat., pp. 181, 186, 187).

＊11 図参照。

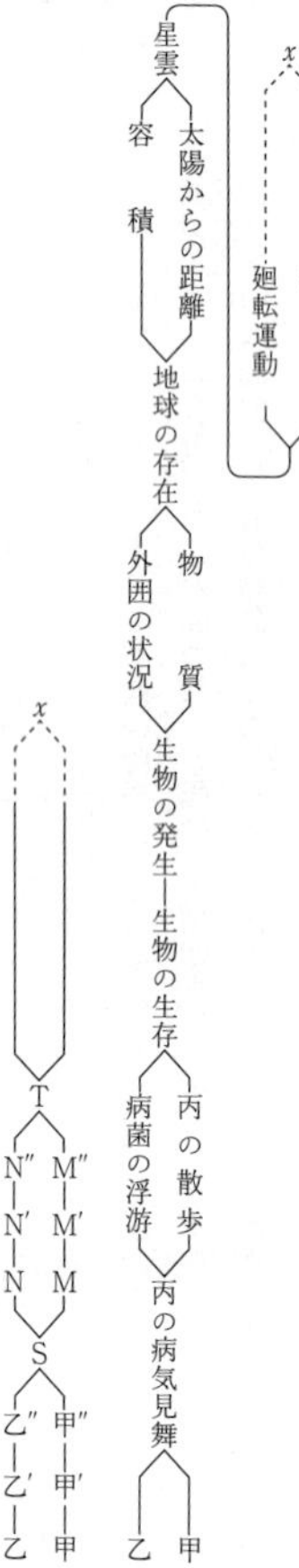

＊12 *τὰ δυνατά*〔*κατὰ τὸ εἰκὸς ἢ τὸ ἀναγκαῖον*〕(what is possible〔as being probable or necessary〕).(Arist, Poetica 9, 1451a〔38〕).〔蓋然的にもしくは必然的に〕可能なこと。偶然性と不可能性との関係の好例、Bergson, L'Évolution créatrice, pp. 61-62.

＊13 大《おおき》さの段階組織の或る段階を選択することによって知覚世界が決定される。あたかもラジオ放送局の或る一定の放送局の波長にこっちの器械を合せると、無数の放送局があっても、その一定の放送局の放送する音楽だけ聞かれるごとし(Bergson, La Pensée et le Mouvant, pp. 73-74)。人間の知覚世界を選択するか動物の知覚世界を選択するか、植物の知覚世界を選択するかもしくは物質の世界を選択するかはそこに選択の可能性(離接的)あり。

＊14 „Der letztere (Stammler) glaubte Intellekt und Willen sicher zu scheiden durch den Gegensatz zurück- und vorausgewandter Haltung, Bestimmtsein des Späteren durch das Frühere oder umgekehrt." (Natorp, Vorlesungen über praktische Philosophie, S. 75).(5)

＊15 Dilthey, VII, S. 193-194.

＊16 ニイチェも偶然と運命との関聯に深い洞察を有っていた。ツァラトゥストラは傴僂を相手に運命よりの救いの道を説いているが、「怖ろしき偶然」であり「謎」である運命に対して意志が立腹せる傍観者として「なされたところのものに向って無力」(Ohnmächtig gegen das, was gethan ist)であることを認めている。「しかありき」(Es war)ということが、意志の切歯であり最も寂しき苦悩である。意欲する者が引返して意欲することができないから、極度に驚愕するのである。それにもかかわらず、ツァラトゥストラが民衆の絶対的信仰を獲得するために最後に忘れてならぬことは、運命の重荷を負う畸形の傴僂にとって「謎を解く者」(Räthselrather)となり「偶然の救主」(Erlöser des Zufalls)となることである(Nietzsche, Also sprach Zarathustra, Von der Erlösung)。

＊17　ツァラトゥストラにとっても「しかありき」を「引返して意欲すること」が「偶然の救主」であった(Nietzsche, Also sprach Zarathustra, Von der Erlösung)。

注　解

＊本書『偶然性の問題』(一九三五年十二月十五日刊)の書名に関して、九鬼周造(一八八八―一九四一)から岩波書店編集者布川角左衛門(一九〇一―九六)に宛てた五通の未公開書簡が残されている。一九三五年七月十八日付け書簡には本書を鋭意準備中であること、また九月五日付けのそれにはあと数日で脱稿の予定である旨、さらに九月十九日付けのそれには版下仕様について了解した旨の内容がそれぞれ記されている。そして、この時点までは本書について九鬼は『偶然性の哲学』という書名を考えていたことが窺われる。ところが、十一月十六日付け書簡でそれを『偶然性研究』(『偶然性の研究』というように「の」を入れずに、とかれは念を押している)と変更するよう要請している。最終的に本書は『偶然性の問題』という書名で公刊されることになったわけであるが、この再度の変更に直接言及した書簡は残されていない。ただ、最後の十一月二十八日付け書簡は、書名変更を了解する旨の電報を布川から受け取ったことへの返礼を含む内容になっており、電報を使ってのやりとりからして、その日付よりそれほど遠くない時点で急遽現行書名への再変更があったことを示唆する。一連の書名変更の理由は、それら書簡によるかぎり定かではない。

＊以下の注解、解説では、できるだけ本書の内容に関わる九鬼の他の論考にも触れることをこころがけた。たとえば、「(XI、二八―八二頁)」とあれば、これは、『九鬼周造全集』第十一巻、二八―八二頁を意味している。

序説

（1）偶然性とは必然性の否定である　この冒頭句は実は本書の以下の議論の端緒であると同時に結論をも予示している。以下の議論はこの冒頭句に潜在的に含まれた意味を展開する思考作業であると言える。とくにその中の「否定」という言葉に注意したい。その意味をどのように解するかは、本書で九鬼が言おうとしたことについて、また九鬼哲学全体の解釈にとって、ひいては哲学史全体の中でそれがどのような位置を占めるのかについて、決定的な意味合いをもつ。従来の多くの九鬼論は、この冒頭句に不思議なほど、とくにその「否定」という言葉に込められた意味にほとんど注意を払わないで見過ごしてきた。

たとえば、コインの「裏は表ではない」という意味で「裏は表の否定である」ということができる。また、「影は光ではない」という意味で「影は光の否定である」ということもできる。しかしこれらの「否定」という言葉の意味は「排除」あるいは「両立不能」という意味ではない。たしかに裏は表ではなく、表は裏ではない。しかし裏のない表もなければ、表のない裏もないのである。影は光ではなく、光は影ではない。しかし影と無関係な光もなければ、光と無縁な影もない。表と裏、光と影、これらはそれぞれ相互否定を媒介にした存立関係にあって、それぞれ一方だけでは存立しえない。裏があるから表もありえ、その逆も言える。「否定」という言葉には、絶対的な分離・分裂と同時に絶対的な結合関係も含意されている。そのことが読み落とされて、とくに相互否定を媒介にした二項ないしは二元間の内的結合関係という含意が看過され、その結果として九鬼哲学は、「偶然性(の哲学)」対「必然性(の哲学)」あるいは「東洋(日本)思想」対「西洋思想」という対立図式の枠組みの中に押し込められて一面的な解釈を受けてきた。

実は、もう一つ、見逃されてきた重要な一文がある。本書の結論に近いところに出てくるのであるが、「絶対的形而上的必然と原始偶然とは一者〔τὸ ἕν〕の両面にすぎない」、あるいは「原始偶然は絶対者の中にある他在〔Anderssein〕である」(二六一頁)という文章がそれである。九鬼は、この文章を書いたとき、明らかに右の冒頭句を意識していたはずである。ここでは冒頭句の中の「否定」(Negaticn)という術語がヘーゲル(一七七〇―一八三一)からとられた「他在」(Anders-sein)というそれに言いかえられている。九鬼はこの「他在」という言葉を、文字通り「他の在り方」という意味で使ったと解されるが、そうだとすれば、その冒頭句は、「偶然性とは必然性の他の(別の)在り方である」、あるいは、冒頭句の「否定」という言葉を生かして言えば、「偶然性とは必然性の自己否定態である」という意味を暗に含んでいたことになる。あるいはまた、九鬼は、「必然性の否定が偶然性を産む」(一八六頁)といったような、より動的・存在論的表現も使う。本書で九鬼が言おうとしたすべてのことは、ある意味で、その冒頭句と結論とでもいうべきこの一文に尽くされていると言っていい。

(2) 形而上学は「真の存在《オントス・オン》」を問題としているに相違ない。しかし「真の存在」は「非存在《メ(ー)・オン》」との関係においてのみ原本的に問題を形成するのである　九鬼はここで、本書の目指す方向のみならず、九鬼哲学全体が何を目指しているかを明瞭に述べている。九鬼がここで「真の存在(有)」

(オントス・オン：*ὄντως ὄν*)という表現を使うとき、アリストテレス(前三八四―前三二二)を、そしてそれに連なる二千年以上に及ぶ長大な西洋の「存在(有)論」(ontologia)の歴史を意識している。アリストテレスは『形而上学』(*τὰ μετὰ τὰ φυσικά*: *Metaphysica*)の中で、「真の存在」を探究する学、つまり「存在論」を「(第一の)哲学」(〔*πρώτη*〕*φιλοσοφία*:〔prima〕philosophia)だとした。そしてその存在論としての哲学は後に「形而上学」(metaphysica)と呼ばれるようになった。九鬼はここで、アリストテレス以来の、二千年以上に及ぶ西洋の「哲学(=存在論=形而上学)」観を、それが十分なものでなかったと見て批判的なニュアンスを込めた文章を書いている。伝統的な哲学観には何が欠けていたのか。九鬼は「無(非存在：メー・オン：*μὴ ὄν*)に行くこと」が欠けていた、「存在(有)論」はあったが「無論」(mehontologia)はなかった、哲学の歴史は「無の忘却史」であったというのである。しかるに、九鬼によれば、「有」は「無」との関係の中ではじめてその具体的な真相を顕わにする。真の哲学、真の「有論」は「無」に触れるものでなければならない、その意味で「有・無・論」(onto-mehonto-logia)でなければならないというのである。「人間の存在や死を問題とする形而上学が欲しい」(I、『巴里心景』所収「秋の一日」の一節、一二九頁)。またその意味で、真の形而上学はメタ・形而上学(meta-metaphysica)でなければならないというわけである。ちなみに、九鬼が「存在と無」について最も詳細な議論をするのは「講義 文学概論」(XI、二八―八二頁)においてである。またその講義は同時に詳細な「偶然論」、「時間論」、「押韻論」を含んでおり、九鬼哲学の全貌を窺うのに欠かせない。

なお、九鬼が本書の中でアリストテレスからの出典箇所を表示するとき、たとえば*Metaphysi-*

ca, Λ, 7, 1072^{a} とか *Physica*, IV, 1, 208^{b} としているとき、これはベッカーによって校訂刊行されたプロイセン王立アカデミー編纂の『アリストテレス全集』(第一巻と第二巻)における巻、章、頁、欄をそれぞれ表している。たとえば *Metaphysica*, Λ, 7, 1072^{a} とあれば、それは『形而上学』第十二巻、第七章、一〇七二頁左欄ということを、*Physica*, IV, 1, 208^{b} とあれば、これは『自然学』第四巻、第一章、二〇八頁右欄ということを表している。また、現今では、たとえば *Metaphysica*, Λ, 7, $1072^{a}12$、*Physica*, IV, 1, $208^{b}10$ などのように、a や b の後にもアラビア数字が付されて表示されることが慣例となっているが、これはベッカー版における行数を表す。たとえば、*Metaphysica*, Λ, 7, $1072^{a}12$ は『形而上学』第十二巻、第七章、一〇七二頁左欄、十二行目を表す。そして九鬼は、『命題論』や『天体論』、『修辞学』、『詩学』なども含めて、アリストテレスから引用するさい、一箇所(本書一五二頁における引用)を除いてその行数表示まではしていないが、本書では小浜がすべてその行数も補足表示しておいた。なおまた、〈metaphysica: metaphysics: Metaphysik〉の訳語「形而上学」の由来は、『易経』「繋辞《けいじ》上伝」の「是故形而上者、謂之道、形而下者、謂之器」(是《こ》の故に形而上なる者、これを道といい、形而下なる者、これを器《き》という)にある。ここでいう「形而上者」とは「目に見える形を超えたもの」というほどの意味で、〈***τὰ μετὰ τὰ φυσικά***〉に当たる。「形而下者」は「現象してきて目に見える形となったもの」というほどの意味で、〈***τὰ φυσικά***〉に当たる。

(3) 他の学問は存在もしくは有の断片を……問題とするだけで……何ものをも知ろうとしない

たとえば、「天文学」、「生物学」、「社会学」、「法学」、「経済学」など、一般にそれらの学問の対象領域ないし範囲はその名称に明示されている。「生物学」は「生物」という存在を、「法学」は「法(律)」という存在をといったように、それぞれ限定された特定の存在をその対象範囲として扱う。その意味で、「〔形而上学以外の〕他の学問は存在もしくは有の断片を……問題とするだけ」なのである。しかるに形而上学としての「哲学」は、限定された特定の存在領域を問題として扱うのではなく存在一般ないし全体を扱う。たとえば「生物学」が「生物(という存在)とは何か」と問うのに対して「哲学」は「存在とは何か」と問う。存在するものすべてが共有する「存在」、それを問うのである。アリストテレス『形而上学』Γ, 1(第四巻、第一章), $1003^{a}20$ に次のように言われている。「存在を存在として研究し、またこれに自体的に属するものどもを研究する一つの学がある。この学は、いわゆる部分的〔特殊的〕諸学のうちのいずれの一つとも同じものではない。というのは、他の諸学のいずれの一つも、存在を存在として一般的に考察しないで、ただそれのある部分を抽出し、これについてこれに付帯する属性を研究しているだけだからである。たとえば数学的諸学がそうである」。しかるに、「存在」は「無」との関係でのみその真相をとらえることができると九鬼は言うのである。なお、「存在としての存在」は〈**τὸ ὂν ᾗ ὄν**〉の訳。(「第一章」注解(12)参照)

(4) **確率論**　ラプラス(Pierre-Simon Laplace, 1749–1827)は、『確率の哲学的試論』(*Essai Philosophique sur les Probabilités*, 1814〔初版〕)のはじめにおいて次のように述べる。「すべての事象は、たとえそれが小さいために自然の偉大な法則の結果であるとは見えないようなものでさえも、太陽の運行と同じく必然的にこの法則から生じている。これらの事象と宇宙の全体系とを結ぶつながりを知らないので、人はこれらの事象が規則的に継起するか、それとも目に見える秩序なく継起するかにしたがって、目的因によるものとしたり、偶然によるものとしたりする。〔中略〕これらは、われわれが真の原因を知らないということの表現〔l'expression de l'ignorance〕でしかないと見なす健全な哲学の前から完全に姿を消すことであろう。〔中略〕われわれは、宇宙の現在の状態はそれに先立つ状態の結果であり、それ以後の状態の原因であると考えなければならない。ある知性が、与えられた時点において、自然を動かしているすべての力と自然を構成しているすべての存在物の各々の状況を知っているとし、さらにこれらの与えられた情報を分析する能力をもっているとしたならば、この知性は、同一の方程式のもとに宇宙のなかの最も大きな物体の運動も、また最も軽い原子の運動をも包摂せしめるであろう。この知性にとって不確かなものは何一つないであろうし、その目には未来も過去と同様に現存することであろう」(岩波文庫、九―一〇頁)(本書一五六頁参照)。九鬼によれば、これは根本においてエレア派(パルメニデス：前五一五?―前四五〇?)、あるいはスピノザ(一六三二―七七)の世界観の近代版ということになるであろう。「この知性にとって不確かなものは何一つないであろうし、その目には未来も過去と同様に現存することであろう」ということは、未来も過去と同様確定しているということであり、時間の未来は実質上その意味をもたないことになるだろう。その意味でラプラスの思想は「無時間論」あるいは「無宇宙論」(acosmisme)に帰着するということになるだろう。なお、ラプラスのいわゆる「知性」は「ラプラスのデモン(鬼神：demon)」と言われることがあるが、それは中世のトマス・アクィナス(一二二五頃―七四)の言う「純粋な知性体」すなわち「天使」(angelus)

に(「神」に、ではない)そっくりである。(「結論」注解(2)参照)

(5) 量子力学的理論/不確定性原理　二〇世紀の革命的な数学・物理学の登場に九鬼も大いに関心を寄せていた。ハイゼンベルクの行列力学(一九二五年)とシュレーディンガーによる波動力学(一九二六年)がそれぞれ異なる数学的手法によって量子力学の基礎を完成したのは、九鬼がちょうど滞欧中のときであった。ニュートン力学によれば、あらゆる物体の初期条件が測定できればその後の運動(位置と運動量)を完全に記述できる。しかし、実際には、原子や分子、電子、素粒子などの微視的現象を扱う場合、粒子の位置と運動量は同時に両方を正確に測定することができない(不確定性原理)。また、原子や電子が粒子としての特徴をもつと同時に波としての特徴をもつ(物質波の概念)ことが知られている。一方、光や電波のような電磁波もまた、波としての性質をもつと同時に粒子としての特徴をもつ(光量子仮説)ことが知られている。このような性質をもっている量子という概念を導入すると、量子の確率分布を数学的に記述することができ(確率解釈)、粒子や電磁波の振る舞いを理解することができる。これを量子力学と呼ぶ。本書のこの箇所や一二〇―一二一頁では量子力学や不確定性原理についての九鬼の評価は揺れていたが、その後の論考では次のように書いている。「与えられた一つだけより知らないのはむしろ抽象的部分的な考え方である。無数の可能性を背景に置いて、与えられた一つはその単に一つの場合にすぎないと考える考え方の方が具体的全体的な考え方である。〔中略〕今日の幾何学から見ればユークリッドの幾何学は多数の可能な幾何学の中の単に一つにすぎない。相対性理論から見ればニュートンの古典的力学は光の速度が無限大になった極限の場合にすぎない。不確定性原理から見れば因果律の行われるのは確率が百パーセントという特殊な場合にすぎない。現代の思索は具体性全体性の方向を目指しているから、従来の認識は抽象的部分的なものになってしまったのである」(Ⅱ、「偶然化の論理」三五四—三五五頁)。

(6) **一切の学問はその根柢において形而上学に連《つらな》っている**　デカルト(一五九六—一六五〇)は『哲学原理』(原文ラテン語)のフランス語訳者クロード・ピコに宛てた手紙(「著者〔デカルト〕から仏訳者に宛てた手紙——序文にかえて」)の中で、哲学を一本の木に譬える。「その根は形而上学であり、その幹は自然学であり、この幹から出ている枝は他のもろもろの学問であり、これらは三つの主要な学問、すなわち医学と機械学と道徳とに帰着する」。果実は枝から得られるが、その枝に幹を通して栄養を供給するのは根である。

(7) **シェストフ**　シェストフ(一八六六—一九三八)はロシア系ユダヤ人の哲学者。本名はレフ・イサコヴィッチ・シュワルツマン。シェストフは『ドストエフスキーとニーチェ』(一九〇三年)などによって、西洋近代の理性主義を批判し、実存主義に通じる「絶望の哲学」を展開した。この哲学は第一次大戦後のヨーロッパに「不安の哲学」として迎えられ、アルベール・カミュ、ジョルジュ・バタイユなどにも大きな影響を与えた。日本では一九三四年に河上徹太郎の訳で『悲劇の哲学』が刊行され、それが発端となり、満洲事変以後の思想弾圧と社会不安にさらされた知識人、たとえば小林秀雄、亀井勝一郎、西谷啓治、下村寅太郎、高山岩男、高坂正顕などの「近代の超克」論に影響を与えた。同年には三木清も「シェストフ的不安について」を発表している。

(8) **㈠定言的偶然、㈡仮説的偶然、㈢離接的偶然の三つ**　博士論文「偶然性」(一九三二年)ではまだそれぞれ「論理的偶然」、「経験的偶然」、「形而上的偶然」という表記が使われていた。なお、その論文に付された「註(二)」で九鬼は次のように言っている。「判断の関係上の区別に関する語のうちでは、categorica は κατηγορία から来たものとして、「述語的」と訳すことが適切のように思う。hypothetica は ὑπόθεσις に基礎を有するものとして「仮説的」の訳を取る。disjunctiva は disjungere から来たものであるから選言的という訳よりは「離接的」という訳の方を取る。また三つのいずれにも「言」の字を附して定言的、仮言的、選言的などと統一する必要は認めることができない」(Ⅱ、三一八頁)。なお、九鬼が三種の偶然性を「定言的(述語的、論理的)偶然」、「仮説的(経験的)偶然」、「離接的(形而上的)偶然」と表現するとき、カント(一七二四―一八〇四)『純粋理性批判』の「超越論的弁証論」における、次のような三種の「理性推理」を意識していたであろう。「およそいかなる理性推理においても、私はまず第一に悟性によって一つの規則(大前提)を考える。次に私は、判断力を用いてある認識をこの規則の条件のもとに包摂する(小前提)。最後に私は、この規則の述語によって、したがってまたア・プリオリに理性によって私の認識を規定する(結論)。規則としての大前提は、ある認識とその条件との間の関係を示すものであるが、これらの関係に従ってそれぞれ異なる種類の理性推理が構成される。そしてその種類にはちょうど三通りある。これは一切の判断が、悟性における認識の関係を表現する仕方の区別に応じるものである。すなわち、定言的(kategorisch)理性推理、仮説的(hypothetisch)理性推理および離接的(disjunktiv)理性推理がこれである」。(「序説」注解(11)、「第二章」注解(19)、および本書一七四頁参照)

(9) 事実としてこの三様態の区分に相当するものはアリストテレスに見ることができる　これ以降、本書においてアリストテレスへの言及は多数に及ぶ。実は、九鬼の偶然論が最も多くを負っているのはアリストテレスのそれであることは、これまで指摘されたことはなかった。九鬼は「講義　偶然性」(一九三〇年)で次のように言う。「Aristoteles の偶然論は epoch-making〔画期的〕のものである。否、偶然ということを哲学的に問題としたのは Aristoteles が始めてである。〔中略〕Aristoteles の偶然論は下〔次〕の箇所に述べられている。1) *Metaphysica*, Δ. 30〔『形而上学』第五巻、第三〇章〕, E. 2〔第六巻、第二章〕　2) *Physica*, II. 4-6〔『自然学』第二巻、第四―六章〕」(XI、二三八頁参照)。さらに、九鬼哲学全体に対して最も深い影響を与えたのは、アリストテレスを含む古代ギリシア哲学であったということもこれまで指摘されたことがなかった。九鬼は生涯ギリシア哲学への憧憬をもちつづけていた。「ギリシア哲学礼讃」と題して、たとえば「哲学をエロスと呼びしアカデミア昔を今になすよしもがな」ほか、数首の短歌も残しているほどである(「第三章」注解(57)参照)。たしかに、九鬼が直接面識をもち、また自身かれらから高い評価を得てもいた同時代のハイデッガーやベルクソンなどの思想そのものから多大の影響を受けたことは、本書からも容易に見て取れる。しかしそれ以上に注目すべきは、九鬼が、足かけ八年(一九二一年十月―二八年十二月)の滞欧を通して、かれらの思想形成の背後には二千数百年に及ぶ西洋哲学史の伝統、とくに古代ギリシア哲学の伝統が脈々と生きていることを実感させられたということであろう。ハイデッガーやベルクソンはもともとアリストテレス学者でもあったし、実際ハイデッガーはゼミナールでアリストテレスの『自然学』をとりあげていたが、九鬼もそのゼミナールに臨席していた(一九二八年)。また、ベルクソンはソルボンヌでプロティノスの『エネアデス』について伝説的な講義を行った。九鬼がハイデッガーやベルクソンから影響を受けたというとき、かれらを通して古代ギリシア哲学研究の必要性について目を開かされたという点をも見逃してはならない。九鬼は、アリストテレスほかのギリシアの哲学者たちやトマスなどの中世時代のキリスト教哲学者たちの思想について、つねにギリシア語やラテン語原典テクストに基づいて検討するが、これは明らかに師ケーベルやハイデッガー、そしてベルクソンなどの影響である(「第三章」注解(59)参照)。学問の方法、スタイルという観点からは、当時の日本の哲学者の中で九鬼ほど正統的な哲学者は他にいない。

(10) **フレデリック大王がロイテンの戦闘に勝利を占めたこと**　「ロイテンの戦い」(Schlacht von Leuthen)とは、プロイセンおよびそれを支援するイギリスと、オーストリア・ロシア・フランスなどのヨーロッパ諸国との間で行われた「七年戦争」(一七五六—六三年)中の会戦のことで、フリードリヒ大王指揮下のプロイセン軍がオーストリア軍を撃破した。その戦術は後にナポレオンによって激賞された。

(11) **優勢的命名法によって三者を論理的偶然、経験的偶然、形而上的偶然と呼ぶ**　「論理的偶然」、「経験的偶然」、「形而上的偶然」という表記が完全に捨てられたわけではない。『偶然性の問題』公刊後の論考「驚きの情と偶然性」(講演、一九三八年/論文、三九年)では、偶然の諸相を表示するのにそれらが使われている。(「序説」注解(8)参照)

第一章　定言的偶然

(1) 非ユークリッド幾何学が三角形の内角の和を……とか考え得る　完全な平面上に完全な三角形が描かれたと想定すれば、その三角形の内角の和は二直角になる。しかし、三角形は平面上に描かれなければならないという必然性はない。それは球面の上に描かれてもよい。そうすれば三角形の内角の和は二直角以上になる。

(2) 概念を実在化して、実体の意味を明確に言表した顕著な例は……イデアである　九鬼はプラトンの『パイドン』のイデア論や『ティマイオス』における宇宙生成論などを念頭において説明を行っている。プラトンによれば、「デーミウールゴス」(*δημιουργός*)という神が「イデア」(*ἰδέα*)を眺めながら「コーラー」(*χώρα*)に形を与え、こうしてこの「コスモス」(*κόσμος*)すなわち宇宙を造ったという。いわば建築家(デーミウールゴス)が設計図(イデア)を眺めながら素材(コーラー)に形を与え、こうしてこの家(コスモス)を造るようなものだというのである(『ティマイオス』29a-37c参照)。設計図に描かれた「家」(イデアとしての家、原型〔*παράδειγμα*〕としての家)に基づいて多数の可感的個物としての家が造られる。イデアないし原型としての家は一つ(「共通者」、「一者」)であり、永遠の存在(「真の存在」)である。その原型の「模写」(*εἰκών*)としての個的家はそれに基づいて造られ存在しているという意味でそれに「分預する」(それを「分有する」*μετέχειν*)ものであるが、他方でこの個物としての家はたんなる「形」ではなく素材をも含んで存立している。九鬼は、この素材に相当するもの、すなわち「コーラー」を「空間と解された「非存在」」と言っている（なお、現今では「コーラー」は「場所」と訳されるのが一般的である）。九鬼が挙げている例で言えば、「三つの線に囲まれた面の一部」という定義で示される「三角形」という概念は「共通者」、「一者」であり、これこそ真に実在する実体としての永遠の存在であるが、それを原型としてそれに基づいて具体的に描かれる模写としてのもろもろの三角形は、その三つの角度、三辺の長さともに無限に多様であり、また素材を使って、たとえば紙の上に鉛筆で描かれるというまさにそのことによって消滅（非存在）の可能性を蔵している。なお、プラトンの「コーラー」という思想は、アリストテレス、そしてプロティノスでは「ヒュレー」（*ὕλη*：質料）という術語に表現を変えて継承される。（次注解および本章注解(13)参照）

(3) **「物質（*ὕλη*）が偶然の原因である」**　九鬼はアリストテレスの〈*ὕλη*〉（「ヒュレー」：ラテン語訳では〈materia〉）をここでは「物質」と訳しているが、現今では「質料」と訳されることが多い。〈*ὕλη*〉はアリストテレス哲学において〈*εἶδος*〉（「エイドス」：ラテン語訳では〈forma〉）、つまり「形相《けいそう》」とともに対概念として使われる重要な術語。この〈*ὕλη-εἶδος*〉という対概念はプラトンの〈*χώρα-ἰδέα*〉に相当する。〈*ὕλη*〉、〈*χώρα*〉はまだ形を与えられていないいわば混沌を表す原理であり、〈*εἶδος*〉、〈*ἰδέα*〉はその混沌としたものに形を与え、それを整える原理である。九鬼が本書第二章「一六　周易と偶然」で言及する『易』の術語で言えば、それぞれ「陰」と「陽」という原理に相当する。（前注解および「第二章」注解(44)(45)(46)参照）

(4) **この種の「それ自身による偶然」（*καθ' αὑτὸ συμβεβηκός*）という概念**　九鬼が「それ自身による偶然」（現今では「自体的偶有」とも訳される）と訳すギリシア語〈*καθ' αὑτὸ συμβεβηκός*〉はラ

テン語に直訳すると〈per se accidens〉となり、これはトマスなども使う。『神学大全』第二部の一、第二問、第六項でトマスは「完全な善に伴う喜びそのものは至福の本質そのものではなく、自体的偶有(per se accidens)のようなものとして至福に伴う或るものである」と言う。「喜び」(delectatio)は「至福」(beatitudo)につきものであるが、喜びがあるから至福であるというのではない。しかしやはり、至福には喜びが伴うであろう。喜びがあるがゆえに至福なのではなくて、至福なるがゆえにこれに喜びが伴うというのである。別の具体的な例としては「笑う」という徴表(自体的偶有)を考えてみればよいだろう。笑う動物といえば、それは人間のことであるが、笑わないからといってその人間が人間でなくなるかというと、そうとは言い切れないだろう。人間が人間たるゆえん(本質)は、アリストテレスやトマスによれば、あくまでもそれが「理性的動物」であるということにあるからである。笑うがゆえに人間なのではなくて、人間なるがゆえにこれに笑うということが伴うのである。

（5） **フッサールのいう「偶然的アプリオリ」**　ライプニッツは真理を「思惟の真理」(vérité de raison〔raisonnement〕)と「事実の真理」(vérité de fait)に分ける。「事実の真理」は「偶然の真理」(vérité contingente)と呼ばれることもある。たとえば、「三角形とは三線で囲まれた面の一部である」というのは理性の真理であり、これは「ア・プリオリな真理」である。他方、「きょう夜が明けた(太陽が昇った)」というのは事実の真理であり、明日も夜が明けるかは分からないという意味で、それは「偶然の真理」であり、「ア・ポステリオリな真理」である。本来ア・プリオリな真理の真理性はわれわれの経験に依存しないがア・ポステリオリな真理のそれはわれわれの経験に依存する。フッサールは、経験を通じて得られる真理でありながら、しかもア・プリオリであるような真理(九鬼はこれを「矛盾を含んだもの」と言う)、つまり「偶然的アプリオリ」といったようなものを認める。たとえば、プルトニウム239の半減期は約二万四〇〇〇年(アルファ崩壊による)、比重は一九・八で、それはきわめて重い金属である。融点はセ氏六三九・五度、沸点はセ氏三二三〇度。プルトニウムがもつこれらの特質は経験によって知られたものであり、その意味で偶然的なものであるが、それらはプルトニウムに不可分であるという意味ではア・プリオリなものである。(「第二章」注解(1)参照)

(6) **クーテュラー**〔クーチュラ〕 L・クーチュラ(Louis Couturat, 1868–1914)は、フランスの数学者・哲学者で、ライプニッツの研究で有名。一九〇五年からはコレジュ・ド・フランスの教授。彼の最も価値のある著作は、ライプニッツ(Gottfried Wilhelm Leibniz, 1646–1716)の論理学に関するものであった。ラッセルは『自伝』I–5で次のように回顧している。「彼〔ライプニッツ〕の最良・最高の著作は印刷に付されないままに残された。クーチュラは、ライプニッツの最高の著作を発掘し、世に紹介した最初の人であった。私は当然のごとく嬉しく思った。なぜなら、〔中略〕ライプニッツに関する自分の著書(*A Critical Exposition of the Philosophy of Leibniz*, 1900)の中で採用したライプニッツ解釈を支持する証拠資料を、クーチュラの著書が提供してくれたからである」。

(7) **間接推理にあって……三段論法の第三格である** 「間接推理」とは、論理学で、二つ以上の判断を前提として結論を導く推理。三段論法がその典型。九鬼が挙げる〈Darapti, Felapton〉は、アリストテレスによってほぼ確立された三段論法(『命題論』参照)の十九の格式を記憶するために作られたラテン語詩の中に嵌め込まれた言葉。三段論法の具体的な例を挙げれば、次のようになる。

大前提：すべての動物は死ぬものである。
小前提：すべての人間は動物である。
結　論：ゆえにすべての人間は死ぬものである。

結論の主語(「人間」)をS、述語(「死ぬもの」)をPとし、大前提および小前提にある媒介項(「動物」)をMとすれば、右の例は次のように一般化して書ける。つまり、右の例はこの一般化された推論式の一例である。

大前提：すべてのMはPである。
小前提：すべてのSはMである。
結　論：ゆえにすべてのSはPである。

そして、各命題ないし判断(大前提、小前提、結論)におけるS、P、Mの配列の仕方を「格」と呼び、これには四つの可能性がある(表参照)。ところで、三段論法を構成する各命題には四つの型がある。a(全称肯定命題)、e(全称否定命題)、i(特称肯定命題)、o(特称否定命題)がそれである。aとiはラテン語affirmo(「(私は)肯定する」)のはじめの二つの母音から、そしてeとoはラテン語nego(「(私は)否定する」)

格	大前提	小前提	結論
第一格	M-P	S-M	S-P
第二格	P-M	S-M	S-P
第三格	M-P	M-S	S-P
第四格	P-M	M-S	S-P

の二つの母音から採られている。それぞれの例を挙げれば、次のようになる。

a：すべての人間は動物である。

e：すべての人間は不死ではない。

i：ある(若干の)人間は黄色である。

o：ある(若干の)人間は黄色ではない。

このように四つの格があり、そして三つの各命題ごとに四つの型があるから、全部で $4\times4^3=256$ 通りの三段論法がありうるが、実際にはそのうちの十九通りのみから恒真な結論が得られる。なお、このとき、二つの前提はともに真でなければならない。その十九式を示せば、次のとおりになる。

第一格：aaa, eae, aii, eio

第二格：eae, aee, eio, aoo

第三格：aai, eao, iai, aii, oao, eio

第四格：aai, aee, iai, eao, eio

九鬼が本文中で〈D**a**r**a**pt**i**〉と〈F**e**l**a**pt**o**n〉として挙げている例は、第三格の最初の〈aai〉と〈eao〉(〈D**a**r**a**pt**i**〉と〈F**e**l**a**pt**o**n〉のそれぞれから母音〔太字〕だけを抜き出したもの)の例である。すなわち、次のような各命題によって構成される三段論法である。

D**a**r**a**pt**i**(**aai**)

大前提：全称肯定命題(a)：すべてのエチオピア人は黒色である。(MaP)

小前提：全称肯定命題(a)：すべてのエチオピア人は人間である。　(MaS)
結　論：特称肯定命題(i)：ゆえに、若干の人間は黒色である。　(SiP)

Felapton (eao)

大前提：全称否定命題(e)：すべてのエチオピア人は白色でない。　(MeP)
小前提：全称肯定命題(a)：すべてのエチオピア人は人間である。　(MaS)
結　論：特称否定命題(o)：ゆえに、若干の人間は白色でない。　(SoP)

(8)**『列子』「黄帝」**〔第二の六〕　概略次のような内容である。子華は、高い楼台から飛び降りた者には黄金百両をやろうと言った。すると、子華一味によっていつも軽蔑されからかわれていた、身なりも貧相な老人の商丘開が真っ先に飛び降りた。そのさまは鳥のようであり、傷一つ負わなかった。范氏子華一味はこれは偶然であろうと考えた(「范氏之党以為二偶然一」)。しかしさらに、商丘開が河の深い淵に潜って宝玉を取ってきたのを見て、子華一味は態度を変え、かれを厚遇した。そしてまた、商丘開は范氏の蔵が大火事になったとき、その中に飛び込んで錦を持ち出した。それを見て范氏子華一味は商丘開を道術の体得者として敬った(岩波文庫『列子』七九―八三頁参照)。

(9)**超越論的還元と形相的還元……イデア直観の本質学**　いずれも現象学に関わる術語で、「超越論的還元」(transzendentale Reduktion)とは、物が客観的に存在しているというわれわれの素朴な確信を中断(エポケー＝判断中止)して、一切を主観内の超越論的な構造をもつ「現象」として扱うことである。「形相的還元」(eidetische Reduktion)は、現象の中の個別の事例から共通する形相(本質)を観て取る作業であり、本質直観の手続きである。形相的還元とは普遍的な形相すなわち本質ないしイデアを直観すること(これをフッサールは「イデアチオン」(Ideation)、すなわち「イデアを観て取るはたらき」と呼ぶ)であるから、九鬼は現象学を「イデア直観の本質学」であると言う(Ⅲ、「実存哲学」六八―七五頁参照)。なお、九鬼が「いき」の構造を解明するさい、そのとるべき方法として「イデアチオン」は適切でないと言っているが、フッサールの言う「イデアチオン」は個別的な事例から共通の形相を抽象する反省的なはたらきではなく直観的なそれであるから、九鬼のフッサール現象学の解釈・批判はかならずしも正当とは言えないだろう(Ⅰ、『「いき」の構造』一二頁参照)。(本章注解(15)参照)

(10) **三葉ということは「多くの場合に」または「ほとんど常に」** 九鬼がここで「多くの場合に」または「ほとんど常に」と言うとき、アリストテレスの『形而上学』E, 2(第六巻、第二章), 1026^b28–32, 1027^a20–21 などにおける次のような文章を念頭においている。「学はすべて、常にそうである物事かあるいは多くの場合にそうである物事かに関する認識」である。

(11) **『那先比丘経《なせんびくきょう》』のうちで弥蘭《みらん》が那先《なせん》に次の問《とい》を発している** 『那先比丘経』(『ミリンダ王の問い』)は、紀元前二世紀後半に西北インドを支配したギリシア人の国王ミリンダ(弥蘭)と仏教僧ナーガセーナ(那先)との対話形式で書かれた経典。弥蘭のこの問いこそは九鬼自身の問いでもあったことに注意されたい。この問いこそ九鬼を「偶然性の問題」の探究へ向かわせた根本動機の一つである。本書はその問いへの解答の試みである。九鬼は、本書の議論の節目節目でこの問いを確認し、その「結論」の最後にも、つまり探究を終わるにあたって、改めて弥蘭のこの「何故」

という問いに触れて本書を締めくくる(「序説」注解(2)および次注解参照)。「序説」注解(9)でも述べたように、九鬼が西洋古代ギリシア哲学に生涯憧憬の念を抱き、そこから大きな影響を受けたことはこれまで見落とされてきた。さらに、これも一見して明らかなことと思われるにもかかわらず、従来見過ごされてきた点をもう一つ注記すれば、九鬼は東洋の古典(インドのヴェーダや仏教思想、『易』などの中国思想、日本の『古事記』ほか)を尊重し、そこから多くの示唆を得ているという点である。

(12) **個物の存在に対する疑問**　弥蘭の問い、すなわち九鬼の問いは「個物の存在」、そして結局は「存在そのもの」に対する問いである。言いかえれば、それは「なぜ個物が存在するのか」、そして結局は「なぜ無ではないのか」という問いである。さらに言えば、それは「なぜ私は存在するのであって無ではないのか」という問いである。弥蘭や九鬼のこの問いは、すぐにライプニッツのそれや、ライプニッツの問いを意識したハイデッガーのそれを想起させる。「なぜ何もないのではなくてむしろ何かが存在するのか、〔中略〕なぜものはこういう仕方で存在しなければならないのか、別の仕方で存在するのではないのか」(Pourquoi il y a plutôt quelque chose que rien? pourquoi elles〔choses〕doivent exister ainsi, et non autrement?：「理性に基づく自然及び恩恵の原理」Principes de la Nature et de la Grâce, fondés en raison, 1714：ゲルハルト版『ライプニッツ 哲学著作集6』六〇二頁、一九七八年、および岩波文庫『単子論』一五七頁参照)。「なぜ一体存在者があるのか、そしてむしろ無ではないのか」(Warum ist überhaupt Seiendes und nicht vielmehr Nichts?：ハイデッガー『形而上学入門』、Max Niemeyer, Tübingen, 1976, S. 1)。

(「序説」注解(2)および前注解参照)

(13) もとより、普遍者が個別化する際に……「不可弁別即同一」の原理が支配している　たとえばプラトンの「イデア」は「普遍者」である。そして、それを「分有する」ものは無限に多様な「個別者(個物)」である。たとえば「三線で囲まれた面の一部」という定義で示される三角形、すなわちイデアとしての「三角形」は「普遍者」(「一者」)であるが、それに基づいて描かれるもろもろの具体的な三角形は「個別者」であり、角度の大きさ、辺の長さともに無限に多様である。現実に描かれる三角形のうち「類似の」複数の三角形は存在するであろうが、厳密に「同一の」複数の三角形は存在しないはずである。もし描かれた二つの個別的な三角形が厳密に同じ大きさの角度、同じ長さの辺をもつというのであれば、それは二つの異なる三角形ではなくて一つの同じ三角形になる。弁別できないものは即同一のものとみなさなければならない(「不可弁別即同一の原理」le principe de l'identité des indiscernables、ライプニッツ『形而上学叙説』九参照)。つまり、この現実の世界には厳密に同一の複数の個別者は存在しないのである。そうではあるが、イデア(普遍者)がいわばそのままの姿で多数化している世界は考えられないだろうか。イデアとしての「三角形」が多数存在するような世界、言いかえれば、ライプニッツのその原理を破る、あるいは超えたような世界は考えられないだろうか。たしかに「多数のイデアとしての三角形」というのは論理的矛盾であろうし、そのようなものは具体的にはイメージできないだろう。しかしその可能性は皆無であろうか。一つの三角形がそのまま多数の三角形であり、多数の三角形がそのまま一つの三角形であるような、その意味で一即多あるいは同即異、多即一あるいは異即同であるような三角形(それを九鬼は「フッサールのいうイデア的単体性(形相的単体性〔eidetische Singularität〕)の実現されたようなもの」と言う)の存在の可能性はないであろうか。九鬼は別の論考では、ライプニッツが他方でその可能性をも否定しなかったことを指摘している(Ⅲ、「形而上学的時間」一九一頁)。そして、そのような「一即多」、「多即一」であるような構造をもった時間(永遠回帰する時間)を探究したのが九鬼のフランス語講演「時間の観念と東洋における時間の反復」(一九二八年)であり、それとほぼ同様の内容をもった日本語論考「形而上学的時間」(三一年)であった。(本章注解(2)参照)

(14) **各々の単子は、「形而上学的点」として……宇宙を表現している**　九鬼はライプニッツの『単子論』(*Monadologie*)三五―五七を念頭においている。「形而上学的点」とは、ライプニッツが「単子」(monade)と呼ぶ「単純な実体」(substance simple)のことであるが、それはちょうど「数学的〔幾何学的〕点」が最も基本的な要素として数学的体系の根本にあるように、最も基本的な要素としてこの宇宙という体系の根本にあるものだというのである。〈atome〉(物質的原子)との区別を意識してライプニッツが使ったフランス語〈monade〉はもともと生物学でいう「単細胞生物」を意味するが、その単子についてライプニッツは次のように言う。「創造されたすべての物がその各々に対してまた各々が他のすべてに対して持つこの聯結もしくは適応によって、単純な実体はそれぞれ他のすべての実体を表出〔表現：expriment〕する関係を持ち、従って宇宙の永久な活きた鏡〔un miroir vivant perpétuel de l'univers〕となっている」(『単子論』五六)。「同一の都市でも様々の異なった方面から眺めると全く別のものと見え、眺望としては幾倍にもされたようになるが、それと同じく、単純な実体が無限に多くあるために、その数だけの異なった宇宙があることになる。しかしそれは各単子の異なった視点から見た唯一の宇宙の様々な眺望に他ならない」(同書五七、岩波文庫、二六九―二七〇頁)。一つの雨滴、一つの砂粒、一枚の葉、一人の人間、どのような個物もそれなりの視点から全宇宙を映す「鏡」であり、したがってこの宇宙にはまったく同一の複数の個物は存在しない、言いかえれば、この宇宙はそれぞれが無限に異なった差異をもつ無限数の個物の体系だというのである(前注解参照)。なお、このような「宇宙の鏡」という思想はすでに擬ディオニシウスやトマスなどに現れていた(『神名論』第四章/『神学大全』第一部、第五八問、第四項参照)。なおまた、右の「同一の都市でも……」という思想は現象学者たちも関心を寄せる一節である。「主観」はそれぞれの観点から世界を眺めている。いや、それぞれの観点からしか世界を眺められない。しかしそれでも、それぞれの主観はいわば「間主観的世界」という一つの世界を共有しているであろう。

(15) **種とか類とかいうような一般概念……当然のことである**　もともと「抽象」と「捨象」は同じ〈abstraction〉に当てられる訳語である。「抽象」とは具体的な諸個物(individuum)が共通にもつ「象《かたち》」を「抽きだす」はたらきであり、これは他方で同時に諸個物に共通でない「象」を「捨てさる」はたらきを含んでいる。要するに「抽象」と「捨象」は一つのはたらきの両面である。たとえば、「ソクラテス」や「プラトン」、「アリストテレス」といった諸個物は、顔容、身長、体重ほか、無限の差異(共通でない「象」)をもっているであろう。しかし他方、それらの諸個物には共通の「象」も見出せるであろう。その無限の差異を捨て、共通のかたち(たとえば「理性的」

という徴表)を抽きだして、これに当てた名が「人間」という名称である。「犬」や「猫」といった名も同じような抽象と捨象というプロセスを経て得られた名称である。さらに、これら「人間」、「犬」、「猫」など、つまり「種」(species)概念のあいだにもそれぞれ差異と共通性が見出される。それらの差異を捨てさり共通性(「動く」という特徴)を抽出し、この共通性に着目して当てられた名が「動物」という名称である。「植物」も同じような抽象と捨象というプロセスを経て得られた名称である。そして、「動物」、「植物」、つまり「類」(genus)概念のあいだにもそれぞれ差異と共通性が見出される。一方は「動く(場所移動する)もの」であり、他方は「動かない(場所移動しない)もの」であるという差異があるが、「生きている」という点で共通性をもつ。そこからそれらは一括して「生物」という名称で呼ばれる。こうして最終的に、「生物」と「無生物」の差異を捨象して、「物(もの)」という最上位の類概念に到達する。要するに、「ソクラテス」→「人間」→「動物」→「生物」→「物」という方向は次々に差異性を捨象していってより共通性・普遍性を高め、その結果として得られる概念(言葉)であり、逆の方向は差異性を次々に付加していってより個物性に近づき、その結果として得られる概念である。九鬼は、抽象される共通性にではなく捨象される差異性にこそ個物の個物たるゆえんがあると言いたいのである。(本章注解(9)参照)

第二章　仮説的偶然

(1) **矛盾律と充足理由律**　ライプニッツは『単子論』三一―三三で次のように述べる。「われわれの思惟は二大原理に基づいている。一つは矛盾の原理(principe de la contradiction)で、それによってわれわれは、矛盾を含むものを偽(faux)と判断し、偽に反対なもしくは偽に矛盾するものを真(vrai)と判断する」(三一)。「もう一つは充分な理由の原理(充足理由律：principe de la raison suffisante)で、それによってわれわれは、なぜこうなってああはならないかという充分な理由がなければ、どんな事実も真であることもしくは実在していることができず、どんな命題も真実であることができないと考える。もっともそういう理由はわれわれに知られない場合がきわめて多い」(三二)。「真理も二種ある。思惟の真理(les vérités de raisonnement)と事実の真理(les vérités de fait)とである。思惟の真理は必然的なもの(nécessaires)でその反対が不可能であり、事実の真理は偶然的なもの(contingentes)でその反対が可能である。真理(une vérité)が必然的である場合には分析によってその理由を見出すことができる。すなわちその真理をもっと簡単な観念もしくは真理に分解していって最後に原始的な観念もしくは真理(les idées et vérités primitives)に到達すればいい」(三三)。「第一章」注解(14)で見たように、無数にある「単子」はそれぞれがそれぞれの観点から宇宙を映し出している「永久な活きた鏡」のようなものである。たとえば一枚の葉、一人の人間といった個物にはそれなりの観点から全宇宙が映し出されている。一人の人間の中には、かれの過去、現在、未来に生じることすべてのみならず、全宇宙に生じる出来事すべてが映されている。だから、たとえばラプラスが想定するような「知性」あるいはトマスの言う「天使」などがその人間を見れば、そこにその人間に内在するものすべてのみならず全宇宙をも見ることになるだろう。たとえば、「九鬼周造」という個体概念(主語)を分析すれば、その個体に内在するすべてのもの(述語)を細大漏らさず導き出すことができるとライプニッツは主張する。すべての述語は主語に内在する。その意味で、主語と述語とは同一のものなのである。こうしてライプニッツは、思惟の真理のみならず事実の真理に関する命題も、それが真理であるかぎり、すべて分析的命題であると考える。(「第一章」注解(5)参照)

(2) **次の例にこの種の偶然の概念があらわれている**　九鬼はデカルトの『省察』(*Meditationes*)の中の文章を引いている。意志の決定には、つねに知性による明晰判明な認識が先行しなければならないというデカルトの有名な思想が表明された文章である。なお、九鬼がここで「偶然に〔よって〕」と訳しているフランス語は〈par hasard〉である。(本章注解(42)参照)

(3) **夢のうちの観念措定の動向**　九鬼は夢を好んだ。「夢を語る」という随筆を書いている(V、八一―九〇頁)。内田百閒が『百鬼園随筆』の中で語る夢についてはこの随筆でも触れられ、最後に「邯鄲《かんたん》の夢」について言及される。「或る夜の夢」と題された未完の随筆もある(V、二一三―二二三頁)。これには、九鬼は中学一年から三年頃までは植物学者になるつもりでいたこと、大学の文学部を卒業して間もなく理学部へ再入学する希望をもち、植物学を専攻しようかと思案したこともあったと記されている。さらにハイデルベルクのリッケルトのもとへ留学し、夏休みにアルプスへ行ったが、そのアルプスでなにを勉強したかとリッケルトに問われた九鬼は、つい遊んでしまったと答えたようであるが、実はそのときも九鬼は植物採集に精出していたのである。なお、夢については「講義　文学概論」(一九三三年)でも詳細に論じられる。夢は古今東西、文学の題材としても多くとりあげられてきた。九鬼によれば、それはいわゆる現実性を欠くという意味で一種の「無」であるが、無は文学にとっても重要な意味をもっているというのである。九鬼は中国の故事「胡蝶の夢」や也有の『鶉衣《うずらごろも》』の「夢弁」にも触れる。「世の中は夢かうつつかうつつとも夢とも知らずありてなければ」(『古今集』巻十八、雑下、読人知らず)、「いつの世にながきねぶりの夢さめて驚くことのあらんとすらん」(西行)(XI、四五頁参照)、「夢よりも不思議の夢のゆくりなく現《うつつ》のわれをおそひ来にけり」(別巻、一四七頁)。

(4) **芸術が一方において夢と狂気とに接近しながら、他方において差別を有つ** 前注解で触れた「講義 文学概論」は、「存在と無」論、偶然論、押韻論、時間論という観点から文学について論じた、古今東西類例を見ない、きわめてユニークな講義であり、九鬼哲学全体の概略を知るのに欠かせない。九鬼はそこで「無」(nihil)を「欠性的無」、「積極的無」、「消極的無」という三種に区分する。そして「積極的無」として「夢」、「狂」、「芸術的製作」を挙げて、これら三者の異同について詳しく論じる。三者に共通の点は「心像及び心像相互の結合が現実の制約を離れて自由に形成されること」にあり、「夢と狂人の場合とに共通の点は大脳皮質の仕事が普通以下に低下する。そのために現に焦点に立っている意識的所与を統御することができなくなるのである」が、「それに反して芸術家の場合には大脳皮質の仕事は決して普通以下に低下するようなことはない。かえって普通以上に働いているのである。ただ現に焦点に立っている意識的所与が非常な強烈なものである。〔中略〕しかるに〔芸術家が〕外界及び内界から受ける印象が非常に強烈である場合には大脳皮質が過労しやすい。そのため組織が極度に過敏になったりまたは麻痺したりする。そういう場合には天才が本当の狂人になる」(XI、七二―七三頁)。

(5) **『歌経標式《かきょうひょうしき》』の「離会《りかい》」の歌**　『万葉集』巻十六の二首「吾妹子が……」(三八三八)と「吾背子が……」(三八三九)は、舎人親王の令に応えて大舎人安倍朝臣子祖父《あべのあそみこおじ》が作った歌(岩波文庫『万葉集』下、一七七―一七八頁参照)。『歌経標式』は藤原浜成の撰による日本最古の歌論書で、七七二(宝亀三)年に成立。「離会」とは「二者が相会する」の意。雑多な言葉が相会し、意味・内容が支離滅裂で「歌」の体をなしていない例として、久米広足の「何須我夜麻《かすがやま》　美禰己具不禰能《みねこぐふねの》　夜倶旨弖羅《やくしてら》　阿婆遅能旨麻能《あはぢのしまの》　何羅須岐能幣羅《からすきのへら》」が挙げられている。「久米広足」については未詳(沖森卓也ほか『歌経標式　注釈と研究』桜楓社、一九九三年参照)。(「第三章」注解(45)参照)

(6) **循環節142857が「またしてもまたしても」**　「またしてもまたしても」(πάλιν καὶ πάλιν)という表現、とくにそのギリシア語表現には「偶然論」と「回帰的時間」(永遠回帰)の思想との関連、あるいは『偶然の必然』という思想が示唆されている。仏教の輪廻思想(劫波《こうは》思想)やストア派の再生思想の根底にある回帰的時間の構造を究明したフランス語講演「時間の観念と東洋における時間の反復」(一九二八年)、およびそれをもとにした論考「形而上学的時間」(講演、三〇年/論文、三一年)における九鬼の根本思想が念頭におかれている。「再生」はギリシア語で〈παλιγγενεσία=παλιγγενεσία〉という。「再び」を意味する〈πάλιν〉と「生成」を意味する〈γένεσις〉との合成語。(本章注解(60)参照)

(7) **命数法**　数詞を用いて数を表す命数《めいすう》の方法であり、言語により異なる。たとえば、〈10000〉を、日本語では「一万《いちまん》」、英語では〈ten thousand〉と呼ぶ。日本語の命数法は、〈1、2、3、……9〉という数詞と「十、百、千、万、……」という「位」を表す数詞との間で、乗法と加法を交互に組み合わせる方法になっている。たとえば、〈32537〉は、〈3×万＋2×千＋5×百＋3×十＋7〉である。これは、完全な十進法で、記数法とも一致している。命数法とは、「いち、に、さん、……きゅう」という数詞を使って、「さんまんにせんごひゃくさんじゅうなな」というように数を言葉で表す方法と言ってもよい。これに対し、数字〈1、2、3、……9〉を使って、数を〈32537〉と表す方法を記数法という。つまり、命数法は数の言い表し方、記数法は数の書き表し方とも言える。

(8) **地格**　姓名判断の用語。姓名判断は五格と運格の画数で占う。五格とは天格、人格、地格、外格、総格である。たとえば、「九鬼周造」という姓名についていえば、天格は姓の部分、すなわち「九鬼＝九＋鬼＝2画＋10画＝12画」、人格は姓と名の接合部、すなわち「鬼周＝鬼＋周＝10画＋8画＝18画」、地格は名の部分、すなわち「周造＝周＋造＝8画＋10画＝18画」、外格は「九造＝九＋造＝2画＋10画＝12画」、そして総格は天格と地格の総計、すなわち「九鬼周造＝九鬼＋周造＝12画＋18画＝30画」である。運格には社会運と家庭運がある。社会運は総格から一番下の漢字の画数を引いた残りの画数。家庭運は総格から一番上の漢字の画数を引いた残りの画数。

(9) **理由的積極的偶然はなお言語の音韻関係の上にも著しく見られるものである**　本章注解(6)の「またしてもまたしても」(*πάλιν καὶ πάλιν*)もそうであるが、九鬼の押韻論が偶然論と時間(形而上学的時間・回帰的時間)論と密接な関係をもつことが暗示されている。(本章注解(60)、「第三章」注解(45)参照)

(10) **「洛陽城東桃李花」／「飛来飛去落誰家」**　(洛陽城東、桃李の花／飛び来り飛び去りて、誰が家にか落つ)。初唐の詩人・劉希夷《りゅうきい》(劉廷芝《ていし》)(六五一―六七八)の「代悲白頭翁」(「白頭吟」)の最初の二句。その中にある「年年歳歳花相似、歳歳年年人不同」(年年歳歳花相い似たれども、歳歳年年人同じからず)の二句も有名。洛陽城(現河南省洛陽市)の東にある桃園の花びらがひらひらと近くの家の屋根に落ちかかる。いつまでも若さを保ちたいと願う洛陽の若い女性が、花びらの落ちる情景を見てため息をつく。年々歳々人は老いていく、その悲しみを歌った詩。同じく初唐の詩人宋之《そうし》問《もん》(六五六頃―七一二)が作った詩の最初の二行にも全く同じ句が見える(『全唐詩』上海古籍出版、一九八六年参照)。「花」、「家」はいずれも唐代の漢音を反映している〈ka〉。〈a〉(ア)が韻を踏んでいる。

(11)「**奥つ鳥(-i-)……**」「鴨の寄り着く遠い島で、私が共寝をしたおまえのことは忘れまい、私の生きているかぎりは」(岩波文庫『古事記』七八頁参照)。(本章注解(60)参照)

(12)「**からごろもきつつなれにしつましあれば……**」在原業平朝臣作の折句(『古今和歌集』巻第九「羇旅歌」四一〇)。「東《あづま》の方へ、友とする人ひとりふたりいざなひていきけり。三河の国八橋《やつはし》といふ所にいたれりけるに、その河のほとりに、かきつばたいとおもしろくさけりけるを見て、木のかげにおりゐて、かきつばたといふ五文字を句のかしらにすゑて、旅の心をよまんとてよめる」歌である。「唐衣の着慣れたように、慣れ親しんだ妻が都にいるので、遥々やってきたこの旅をしみじみ悲しく思うことだ」(岩波文庫、一一一―一一二頁参照)。なお、『伊勢物語』九段「東下り・その壱」にもほぼ同様の記述と同じ歌が見える。

(13)**廻文**〔回文〕「長き夜のとをの眠《ねぶ》りの皆目覚め浪乗り船の音のよき哉」。室町時代の一五四八

(天文十七)年頃成立した国語辞典『運歩《うんぽ》色葉集《いろはしゅう》』に見える(中田祝夫・根上剛士『中世古辞書四種研究並びに綜合索引　影印篇』風間書房、一二二五頁、一九七一年参照)。

(14) **エミール・メイエルソンは次のようにいっている**　エミール・メイエルソン(一八五九―一九三三)とその思想については、『現代フランス哲学講義』(Ⅷ、二〇六―二一二頁)にやや詳しい説明がなされている。メイエルソンによれば、科学の理想は〈causa aequat effectum〉(原因は結果に等しい)という原則によって世界を説明し尽くすところにある。〈$2H+O \rightarrow H_2O$〉を例にとれば、左辺(原因)は気体で右辺(結果)は液体であり、そこに変化が生じているように見えるが、実は左辺にあった水素原子二個と酸素原子一個は右辺にも増減なしにある。つまり、原因からその原因とはまったく異なる結果が生じているように見えるが、実はその間には同一のものがある。「要するに科学の理想は éléatisme〔エレア主義〕にある。運動をも変化をも否定して、絶対的に唯一のものより認めない Eléa 派の世界に身を置くことである」(同、二〇八頁)。メイエルソンの真の意図は、科学の理想をそのように解したうえで、それを批判し、運動・変化の実在性を認めようとするところにあるのだが、九鬼も、偶然性の客観的実在性を主張するとき、基本的にメイエルソンのそのエレア派批判に従って議論を進める。ただし九鬼は、エレア派の思想に一面の真理性を認めていることにも注意しなければならない。(本章注解(38)、「結論」注解(2)参照)

(15) **ベルクソンのいわゆる「取消された意識」……としての無意識の概念……とラヴェッソンはいっている**　西洋には古代のアリストテレス以来「習慣論」の長い歴史がある。ラヴェッソン(一八一三―一九〇〇)はかれの『習慣論』(*De l'habitude*, 1838)の最初に、そのアリストテレスの

「記憶と想起について」にある有名な一文を掲げる。「習慣はあたかも自然のごとし」(*ὥσπερ γὰρ φύσις ἤδη τὸ ἔθος*)(*ΠΕΡΙ ΜΝΗΜΗΣ ΚΑΙ ΑΝΑΜΝΗΣΕΩΣ*, 452^{a}28)がそれである。中世時代にはトマス・アクィナスが詳細な習慣論を展開した。そして近代では英米圏には多くの習慣論が残された。たとえばJ・デューイ(一八五九—一九五二)の『人間性と行為』(*Human Nature and Conduct*, 1922)。このように、習慣論自体はメーヌ・ドゥ・ビラン(一七六六—一八二四)やラヴェッソンなどのフランス哲学に特有なものでもなければ、そこに突然に現れたものでもない。ただ、フランス哲学における習慣論はデカルトの心身二元論、ひいてはプラトニズムの心身論への反論ないしその克服の試みという意味合いを色濃くもっていたのであり、この方向はベルクソンやメルロ・ポンティ、そしてマルセルなどへと継承されてゆく。ラヴェッソンがその思想を継承したメーヌ・ドゥ・ビランは、「印象」(impression)に「受動的印象」(impressions passives—sensations proprement dites)と「能動的印象」(impressions actives—perceptions)とがあると言う(*Tisserand, II; Influence de l'habitude sur la faculté de penser*, 1802)。たとえば、触覚において何かが皮膚に触れるとくすぐったい感じがするような場合と、手を動かして物に触れるような場合とがそれである。そして「習慣」は受動的印象と能動的印象とに正反対の影響を及ぼす。前者は反復・習慣によってますます不明瞭になる。たとえば、臭いは習慣によって感じなくなる。それに対して、後者は反復・習慣によってますます明瞭になる。たとえば、手の自発的運動によって行われる触覚は習慣によってますます物体の形状・性質を把握し分析することに熟練する。木工や陶芸などの場合の、手の働きを想起すればよいだろう。習慣が能動的印象を支持し、受動的印象の束縛から解放するとき、われわれの思惟作用は真の発展を遂げうるのである。精神の発展は能動性の習慣的練習に依存するという。このようなメーヌ・ドゥ・ビランの思想を継承したラヴェッソンは、習慣は受動性を弱め、能動性を強めるという。能動性が強められることによって「非反省的自発性」(spontanéité irréfléchie)が生じる。習慣によって発達する自発性は機械的運動とは異なり、また反省的自由とも異なる。非反省的自発性である。習慣によって行為は内面化され、そのことによって獲得される自由は私にとって「自然」(*φύσις*)となる。アリストテレスは「習慣はあたかも自然のごとし」と言ったが、「習慣はあたかも自由を自然のごとくにする」と言えるであろう。自然と自由とは相容れないものではない。自由な行為(動き)とは無意識的で自然な行為である。いわば身体が精神化し、精神が身体化する。最も自然な行為は最も自由な行為である。「ベルクソンのいわゆる「取消された意識」」というのは、無意識になった意識のことである(本章注解(38)およびⅧ、『現代フランス哲学講義』二六二—二三六頁参照)。なお、西田幾多郎はラヴェッソンの『習慣論』を読んで、それはたいへん「美しい考え」だと言って激賞した(『西田幾多郎全集』旧版第八巻「哲学論文集 第一——哲学体系への企図」「哲学論文集 第二」二〇三—二〇四頁、一九三五—三七年参照)。ラヴェッソンなどの、身体が精神化し、精神が身体化するという思想は、西田の心身論にきわめて近い。

(16) **カントは天才が「自然として」……芸術的制作をなすことを説いている**　九鬼はカントの『判断力批判』(*Kritik der Urteilskraft*)第一部、第一篇、第二章、四六節から次の文章を引用する。「天才とは芸術に法則を与えるところの才能、すなわち自然の賜である。才能は芸術家の本有の生産的能力としてそれ自身自然に属している。それゆえに次のようにいうこともできる。天才とは本有の心的素質で、その心的素質によって自然が芸術に法則を与えるものである」(V、「邦詩の押韻に就いて」二六三頁／岩波文庫『判断力批判』(上)、二五六頁参照)。

(17) **「不可不」(Müssen)と「当為」(Sollen)**　〈Müssen〉はドイツ語助動詞〈müssen〉(「ねばならない」)の名詞形。〈Sollen〉もドイツ語助動詞〈sollen〉(「べし」)の名詞形。(本章注解(30)参照)

(18) **成瀬《なるせ》無極《むきょく》氏の『偶然問答』**　成瀬無極(一八八五—一九五八)は京都帝国大学で九鬼の同僚でもあった独文学者。九鬼は、成瀬と林芙美子を交えて過ごした京の一夜について書いた随筆の中で、「私はここにいる三人はみな無の深淵の上に壊れやすい仮小屋を建てて住んでいる人間たちなのだと感じた」(V、「小唄のレコード」一七〇頁)と記している。

(19) **確証性／言明性／問題性**　九鬼は「博士論文」に付した「註(一)」で次のように言う。「判断の様相上の区別 problematica, assertoria, apodictica を問題的、言明的、論証的と訳してはどうかと思う。problematica は普通に「蓋然的」と訳されているが、極めて不適切である。蓋然とは probabilis の訳である。そうして probabilis は problematica よりも積極的な意味内容をもっている。problematica は *πρόβλημα* から来たものとして「問題的」と訳すことが適切のように考える。assertoria は asserere から来たものであるから「言明的」と訳す。apodictica は *ἀπόδειξις* をもととするから「論証的」と訳す。従来は三つのいずれにも「然」の字を附して〔それぞれ「確然的」、「実然的」、「蓋然的」と訳し〕統一してきたがその必要はどこにもないと思う」(II、三一八頁)。九鬼は、本書ではさらに apodictica の訳を「論証的」から「確証的」に変えている。

(20) **機械観**　機械論(mechanism)は、宇宙に生じるできごとを精神や意志や霊魂、そしてまた超自然的な存在者などの概念を用いずに決定論的な因果関係のみで説明でき、全体の振る舞いも予測できるとする立場。九鬼は機械論者としてデモクリトスなどを挙げている(七六頁)が、デカルトがその代表者とされる。この宇宙は一種の「無限機械」のようなものである。ただし、デカルトはその中で、人間の精神だけは機械論では説明できないところをもつとし、人間の自由意志を主張した(『方法序説』第五部参照)。その後、九鬼も触れるラ・メトリィは人間も一種の機械として説明できると主張し、『人間機械』(*L'homme machine*)というタイトルの著作を公刊した。目的論や生気論と対置される。超自然的な力の介在を否定する機械論は自然科学の発展の基礎となったが、カオス理論で示されるように人間には実質予測不可能な現象があることも知られている。また、量子力学の不確定性原理のようにそもそも決定論が当てはまらない物理現象も知られている。もっとも、カオス理論にしても量子力学にしても、超自然的な存在者の介在を認めるわけではない。

(21) **Platon, Leges, X. 889c**　九鬼のプラトンからの引用箇所表記は通例に倣ってステファヌス版『全集』(H. Stephanus, Platonis opera quae extant omnia, 1578)に基づいている。〈Platon, *Leges*, X, 889c〉は「プラトン『法律』第十巻、八八九頁、三段落目」。なお、このように、アラビア数字の後には各頁の段落順を表すa、b、c、d、eのいずれかが付されるが、一段落目を表すaは省略される。したがって、後出七六―七七頁での引用箇所表示〈Platon, *Leges*, X, 889〉は正確には「プラトン『法律』第十巻、八八九頁、一段落目」ということである。

(22) **Thomas Aquinas, Summa theologiae I. 19. 8c**　現今では〈Thomas Aquinas, *Summa theologiae*, I, q. 19, a. 8, c.〉と表記される。日本語表記では「トマス・アクィナス『神学大全』第一部、第一九問、第八項、回答」となる。

(23) **ベルクソンも指摘しているように、一から他へうつり行って……(l. c. p. 255)**　〈l. c. p. 255〉のように、九鬼は〈l. c.〉という表記を使うが、これはラテン語〈loco citato〉の略で、通常は〈loc. cit.〉と表記され、「前に引用された箇所(で)」の意。したがって、〈l. c. p. 255〉は〈L'évolution créatrice, 25e éd., p. 255〉(『創造的進化』第二五版、二五五頁)。

(24) **プラトンのイデアが「善のイデア」として当為の性格において妥当するがゆえに……反省判断的課題的普遍性に照して明かである**　そもそもプラトンのイデアやアリストテレスのエイドスは、個物が自らの完成を目指してそれに憧れる目的(善)という意味をもっていた。そしてわれわれの側でも、たとえば具体的な個的「クローバー」を見るとき、もしそれが四葉であれば、それをわれわれは自然に反する、実現されているはずの三葉という目的(イデア・エイドス・善)に反するものとしてとらえるだろう。そこには「クローバー」は「三葉」であるべきだというわれわれの無意識の願望・期待も隠されている。これは、「種《しゅ》」のほうから「個」を見ようとする傾向がわれわれにあるということである。個は種(イデア)の特徴をそのまま実現しているべきものであるはずだということである。しかし現実には反自然的な(反目的的な)事例が見出されるのがつねであって、「クローバー」すなわち「三葉」という概念は普遍的なものではあるが、その普遍性は絶対的な、完結したものではなく、反自然的な、あるいは例外的な事例の存在によって絶えず脅かされている。

(25) **コンドラテンコ**　コンドラテンコ(一八五七—一九〇四)は、日露戦争(一九〇四年二月十日—〇五年九月五日)で旅順防衛司令官を務めたロシアの軍人。一九〇四年十二月十五日、東鶏冠山北堡塁で戦死。

(26) **AK／BK**　「AK」は東京放送局、「BK」は大阪放送局。

(27) **ポアンカレ**　ポアンカレ(Jules-Henri Poincaré, 1854-1912)はフランスの数学者で、『科学の価値』(*La Valeur de la science*, 1905)、『科学と方法』(*Science et méthode*, 1908)などの著作がある。「ポアンカレ予想」で有名。

(28) **グスターフ・アドルフ**　三十年戦争(一六一八—四八)中の一六三二年、グスターフ・アドルフ率いるスウェーデン軍およびドイツ・プロテスタント諸侯の連合軍と、アルブレヒト・フォン・ヴァレンシュタイン率いる神聖ローマ帝国皇帝軍がドイツのライプツィヒ南西、リュッツェン近郊で交戦し(リュッツェンの戦い：Schlacht bei Lützen)、スウェーデン軍が勝利した。しかし、この戦いでグスターフ・アドルフは戦死した。

(29) **「精神的」**　九鬼は、通常「道徳的」と訳されるフランス語〈morale〉をここでは「精神的」と訳している。

(30) **『書経』康誥《こうこう》篇**　「王」とは、周の武王を継いだ成王のこと。「人が小さな罪を犯しても、それが過失ではなくて常習のことであり、勝手に悪いことをしていながら当然としているならば、その罪が小さくても、やはり殺さなければならない(不レ可レ不レ殺)。……」。なお、「非レ眚乃惟終(眚《せい》にあらずしてすなわちこれつねにして)、……」の「終(つねにして)」は「常習」というほどの意であるが、九鬼はそれを「故意に」としている。(本章注解(17)参照)

(31) **刑法第三十八条/第一項但書/刑法第百八十五条**　これらの「条・項」については、その表現は改められているものの、その内容(意図)は、現在も九鬼の時代と基本的には変わっていない。

(32) **アフロディシアスのアレクサンドロス**　『運命について』(*De Fato*) 173, 8–22。

(33) **das grundlos von selbst Eintretende**　「理由なしに(grundlos)おのずから(von selbst)生じるもの(das Eintretende)」。

(34) **エピクロス/ルクレチウス/デモクリトス/Diogenes Laertios**〔ディオゲネス・ラエルティオス〕　ルクレティウス(Titus Lucretius Carus, c. B.C. 99–B.C. 55)の『物の本質について』(*De rerum natura*)は、デモクリトス、エピクロスの原子論を受け継いで、「原子」(*ἄτομον*)ないし「原体」(corpora prima)の運動によってすべての現象を説明しようとした六巻の書。総行数七四〇〇に及ぶ叙事詩詩形で書かれている。九鬼が付記している〈II, 289–293〉は、その第二巻の二八九—二九三行目を表す(岩波文庫、七四—七五頁参照)。ディオゲネス・ラエルティオスは、『ギリシア哲学者列伝』の第十巻一三一—一三二においてエピクロスのいわゆる「快楽主義」について、その真意を伝えている。それによれば、人生の目的は「快楽」にあるが、それは放蕩者たちが求める身体の享楽ではなく魂の快楽である。醒めた分別、思慮(*φρόνησις*)こそ快適な生活をもたらす(岩波文庫『ギリシア哲学者列伝』下、三〇六—三〇九頁参照)。(本章注解(41)参照)

(35) 目的論を可能にする反省判断的普遍　本章注解(24)参照。

(36) 『理想』特輯号「人生観の哲学」中の「我が人生観」　「『理想』特輯号」とは一九三四(昭和九)年十月に発行された雑誌である。九鬼は「我が人生観」というタイトルでそれに寄稿した。その後(一九三九年九月)、それを「人生観」と改題して論文集『人間と実存』(岩波書店)に収めた。この『人間と実存』は『全集』第三巻に収録されているが、その一〇一頁を参照。なお、「原始偶然」という術語はすでにその「我が人生観」(『理想』五〇号、一四一頁。Ⅲ、「人生観」一〇〇頁参照)にも出ている。

(37) 『源氏物語』帚木《ははきぎ》　「帚木」は、『源氏物語』(五十四帖)の第二帖。五月雨の夜、十七歳になった光源氏のもとに、頭中将《とうのちゅうじょう》が訪ねてきた。さらに左馬頭《さまのかみ》と藤式部丞《とうしきぶのじょう》も交えて、四人で女性談義(いわゆる「雨夜の品定め」)をすることになる。まず左馬頭が口火をきり、女性を上流階級、中流階級、下流階級に別けて、中流階級について定義する。続いて話した頭中将は、「中の品」(中流)の女性が一番よいとして、藤式部丞へ話を促した。藤式部丞は文章生《もんじょうのしょう》の頃に出会った学者の娘について、その女は文章を女手すなわち平仮名ではなく、男手すなわち「まんな」(真名＝漢字)で書き、女らしさが感じられず、付き合うのに困ったというような話をする。

(38) メーヌ・ドゥ・ビランやラヴェッソン　九鬼は、『現代フランス哲学講義』第三章「現代のフランス哲学」において、メーヌ・ドゥ・ビランの思想、とくにその「習慣論」を発展・深化させたラヴェッソンの「自由の哲学」がブートルーやベルクソンに深い影響を与えた経緯について詳細な説明を行っている。(Ⅷ、二六二―三三六頁および本章注解(15)参照)

(39) **「ここにもまた神々がある」**　アリストテレスが『動物部分論』第一巻、第五章(645^a19–24)で紹介したエピソードの中に出てくる有名なヘラクレイトスの言葉。ヘラクレイトスに会うため訪ねてきた人々は、かれが台所の竈の前で暖をとっているのを見て驚いた。中に入るのを躊躇する人々に対し、「ここにもまた神々がある」と言って、入ってくるように勧めたという。このエピソードによってアリストテレスが言いたかったのは、この世界のどんな場所にも、またどんな自然物にも、無意味な、探究に値しないようなものは存在しないということである。そしてアリストテレスは動物の頭から足に至るまでの器官と内臓、筋肉、骨、血液などの「部分」の詳細な分析を展開した。「下等動物について調べることを、子供みたいにいやがってはならない。実際、どんな自然物にもきっと何か驚くべきことがある。〔中略〕われわれもためらわずどんな動物の研究にも向かわねばならない。〔中略〕自然物には偶然性ではなく一定の目的性が、しかも最も良く認められるからであって、その存立や生成の目的は美の領域に属することである」とアリストテレスは言う。いわば天上のイデア界に目を向けがちであった師プラトンとは異なるアリストテレスの一面が垣間見える。

(40) **マルブランシュの偶因論**　マルブランシュ(Nicolas de Malebranche, 1638–1715)の「偶因論」(occasionalism)は「機会原因論」とも言われる。デカルトは精神と物体(身体)のそれぞれを「思考」と「延長」を本質とする別種の、独立の実体とした(「心身二元論」)。しかし他方で、人間の精神と身体との合一をも認めた。これに対し、マルブランシュはその二元論を貫徹し、両実体間の直接的相互作用を否定する。神のみが結果を現実に産出する能力をもつ。精神にある変化が生じるとき、それを「機会原因」(causa occasionalis: cause occasionnelle)として、神がそれに対応する変化を物体(身体)に生じさせるのであって、直接に精神が物体に作用を及ぼすのではない。逆もまた同じである。そして、物体相互間にも同じ考えを適用する。こうして、マルブランシュの「偶因論」では、人間精神をはじめ被造物に対する神(必然者)の能動性が著しく強調されることになった(『真理の探究』*De la recherche de la vérité*、第六巻、第二部、第三章参照)。同様の思想はコルドモア(Géraud de Cordemoy, 1628–84)やゲーリンクス(Arnold Geulincx, 1624–69)にもみられる。

(41) **因果性に関する非決定論と決定論との論点は……exiguum の一点に集注する** 「量子力学」については、「序説」注解(5)参照。〈exiguum〉は「微小」を意味するラテン語。ルクレティウスは、原子論の立場から神の存在や魂の不死を否定したエピクロスの思想を詩の形式によって表現した。九鬼は論考「驚きの情と偶然性」において次のように述べる。「エピクロスも元子論の立場から偶然論を説いた。元子の本来の運動は上から下に向う同じ速さの垂直運動であるが、何らの原因に規定されずに全く偶然に垂直線から極めて少しそれる元子がある。僅かの「傾き」(clinamen)が偶然に生じて、その結果、元子が互《たがい》に衝突して渦巻が起り、それで世界が出来てくる。世界の生成は全く偶然による(Lucretius,〔De rerum natura〕II, 243–250, 289–293; Cicero, Natura deorum I, 69)」(Ⅲ、一六五頁)。(本章注解(34)参照)

(42) **「偶然に真理の中へ落ちる」** ここでは九鬼はデカルトの『哲学原理』(ラテン語原文)から引いていて、〈casu〉を「偶然に」と訳している。(本章注解(2)参照)

(43)『古事記』　九鬼が触れているのは、伊邪那岐命と伊邪那美命の結婚の場面である。これに先立って、それら二神による「国土修理固成」の場面が述べられている。すなわち、伊邪那岐命と伊邪那美命は天《あま》つ神より天《あめ》の沼矛《ぬぼこ》を授けられ、天《あめ》の浮橋《うきはし》に立って矛を海の中へ入れ、海水を「こをろこをろ」と画《か》き鳴らすと「淤能碁呂島《おのごろじま》」ができた。伊邪那岐命と伊邪那美命は島へおりて天《あめ》の御柱《みはしら》を中心に八尋殿《やひろどの》を作るという場面である。そして「伊邪那岐命詔《の》りたまはく、「……国土《くに》を生み成さむと以為《おも》ふ。生むこと奈何《いかに》。」とのりたまへば、伊邪那美命、「然善《しかよ》けむ。」と答へたまひき。ここに伊邪那岐命詔りたまひしく、「然らば吾《あれ》と汝《いまし》とこの天の御柱を行き廻《めぐ》り逢ひて、みとのまぐはひ為《せ》む。」とのりたまひき。かく期《ちぎ》りて、すなはち「汝は右より廻り逢へ、我《あれ》は左より廻り逢はむ。」と詔りたまひ、……」と続く(岩波文庫『古事記』一九—二〇頁参照)。なお、九鬼は別の論考で、「海水を「こをろこをろ」と画き鳴らすと「淤能碁呂島」ができた」の「こをろこをろ」にサイコロが転がる「コロコロ」というイメージを、その結果としての「淤能碁呂島」に「おのずから(自然に)凝って偶然に生じた」というイメージを読み込んで、日本神話における「原始偶然」の観念を指摘している(Ⅲ、「驚きの情と偶然性」一六八—一六九頁参照)。

(44) 周易の指導原理も邂逅としての偶然にある　九鬼の議論の理解に必要なかぎりで、『易』の基本概念について確認しておきたい。『易』は『易経』とも言うが、もともと占筮《うらない》の書である。中国の周代には占筮の方法として多くは筮《ぜい》が用いられるようになった。九鬼が「周易」と言うのは、その周代の『易』のことである。これは本文の部分と解説の部分とから成る。本文の部分を(狭義の)「経」と呼び、解説の部分を「伝」と呼ぶ。「経」は六十四の符号「卦《か》」と、それに付された「卦辞《かじ》」、「爻辞《こうじ》」とである。「卦」は六本の棒から成り、その棒には⚊と⚋の二種がある。その棒を「爻《こう》」と呼ぶ。⚊と⚋とは相反する属性、いわば積極的なものと消極的なものを象徴する。たとえば男と女、奇数と偶数、剛と柔、陽と陰などである。そこで、⚊を「剛爻」あるいは「陽爻」、⚋を「柔爻」あるいは「陰爻」と呼ぶこともある。また奇数の代表として九を、偶数の代表として六を選んで、⚊を「九」、⚋を「六」とも呼ぶ。それで、たとえば「初九《しょきゅう》」、「九二《きゅうじ》」、「九三《きゅうさん》」、「九四《きゅうし》」、「九五《きゅうご》」、「上九《じょうきゅう》」とあれば、それらは䷀の六爻のそれぞれを指し、下のほうから数えていく。「初九」の「初」は一番下の位置を示し、「九」はそれが⚊であることを示す。「九二」は、「九」が⚊を、「二」が下から二番目の位置を示す。「九三」、「九四」、「九五」もこれに準じる。そして「上九」の「上」は一番上の位置を、「九」が陽爻であることを示す。䷁坤《こん》の六爻においては、下から「初六《しょりく》」、「六二《りくじ》」、「六三《りくさん》」、「六四《りくし》」、「六五《りくご》」、「上六《じょうりく》」と呼ぶ。「卦辞」は卦全体の内容を説く。「彖辞《たんじ》」とも言い、占いの判断の言葉。「爻辞」は、その卦の中のそれぞれの爻、すなわち⚊もしくは⚋の棒にかかる文句で、その判断の中の微妙なシチュエーションを示す。卦は六爻から成るが、三爻ずつのものが上(外卦)と下(内卦)に重なってできている。⚊と⚋の二種の爻を三つ重ねると、☰乾《けん》、☷坤、☳震《しん》、☴巽《そん》、☵坎《かん》、☲離《り》、☶艮《ごん》、☱兌《だ》の八種類の卦ができる。いわゆる「八卦《はっか》」(「小成の卦」)である。八卦は万物を象徴するものであるが、それだけではより複雑な変化の世界を表現しえない。そこで八卦が重ねられて六十四卦(「大成の卦」)とされた。次に「伝」であるが、これは経の理解を助ける解説を意味し、十篇あり、「十翼」とも言う。「彖《たん》伝」(上、下)、「象《しょう》伝」(上、下)、「繫辞伝」(上、下)、「文言《ぶんげん》伝」、「説卦《せっか》伝」、「序卦《じょか》伝」、

「雑卦《ざっか》伝」がそれである。「彖伝」は彖辞すなわち卦辞の解説。「繫辞伝」は易全体の概論で、易をたんなる占い書にとどまらない思想書とする、中国思想史上重要な論文。なおまた、易に特有の術語のいくつかを、九鬼の議論の理解に資すると思われるかぎりで、確認しておこう。

「中《ちゅう》」　六爻の卦を内卦(下卦)と外卦(上卦)に分ける。内卦の真中は二で、外卦の真中は五である。この二と五の位が中を得ているから、三や上よりもよいとされる。

「正」　奇数は陽に、偶数は陰に属する。そこで、奇数の位(陽位)、すなわち初、三、五には陽爻が、偶数の位(陰位)、すなわち二、四、上には陰爻が居るべきだとされる。そのような場合を「正を得る」とか「位当たる」と言い、反対の場合、すなわち奇数位(陽位)に陰爻、偶数位(陰位)に陽爻が居る場合は、「不正」とか「位当たらず」と言う。たとえば、䷾は全爻が正、䷿は全爻が不正である。

「応」　内卦(下卦)と外卦(上卦)のそれぞれの第一爻、第二爻、第三爻どうし、すなわち初と四、二と五、三と上のそれぞれの間に、相応関係がある。その組み合わせは必ず陰と陽でなければならない。たとえば、䷾や䷿は全爻が応じている。

(45)「繫辞《けいじ》〔上〕伝」に「聖人有三以見二天下之動一……」(聖人は以て天下の動を見る有りて、その会通を観……是《こ》の故にこれを爻と謂《い》う)/「両儀生二四象一」(両儀は四象を生ず)/「四象生二八卦一」(四象は八卦を生ず)……乾《けん》、坤《こん》、震《しん》、巽《そん》、坎《かん》、離《り》、艮《ごん》、兌《だ》の八通りの偶然である　「繫辞上伝」に「是故易有太極。是生両儀。両儀生四象、四象生八卦。八卦定吉凶、吉凶生大業」(是の故に易に太極あり。是れ両儀を生ず。両儀は四象を生じ、四象は八卦を生ず。八卦は吉凶を定め、吉凶は大業《たいぎょう》を生ず)とある(岩波文庫『易経』下、二四一—二四三頁)。これを図解すると次のようになる(岩波文庫『易経』上、二七頁)。なお、第一次『全集』版の『偶然性の問題』(Ⅱ、一一二頁)では「少陽⚍」、「少陰⚎」とされているが、これは爻が逆で、「少陰⚍」、「少陽⚎」が正しい。第三次『全集』版では訂正されている。

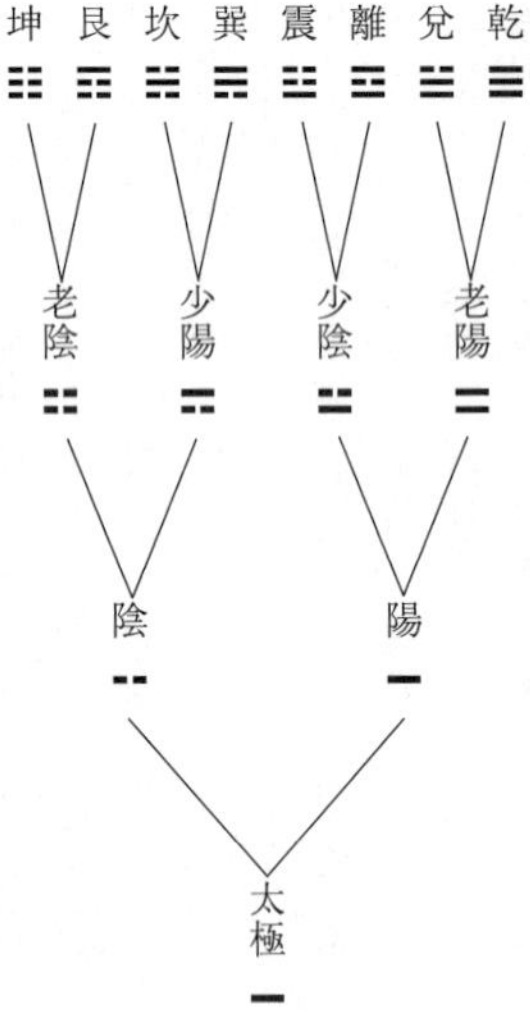

(46) ⚊と⚋との邂逅をば「おめ」(ἀνδρόγυνος)に起因するものとして認めて都合三通りの邂逅の仕方を述べている　「愛」(ἔρως)をテーマにした対話篇『饗宴』(190e–193d)の中で、プラトンは喜劇作家アリストパネスを登場させ、次のように語らせる。その昔、人間本来の姿は今日見られるような男、女二種類ではなく、「男・男」、「女・女」、そして「男《お》・女《め》」(アンドロギュノス：ἀνδρόγυνος: a man-woman)の三種であった。これら三種の人間どもは神々を攻撃するほどの力

をもっていた。懸念を抱いたゼウスをはじめとする神々は、その力を弱めるためにかれらを両断することにした。その結果が今日の男と女なのである。したがって、今日の男、女にはその由来からしてそれぞれ二種類があることになる。すなわち、その昔「男・男」が両断された結果としての「男」と「男・女」が両断された結果としての「男」、そして「女・女」が両断された結果としての「女」と「男・女」が両断された結果としての「女」がそれである。その昔「男・男」であった「男」はいわば自分の「半身」ないし「片割れ」としての「男」を、また「女・女」であった「女」はその「半身」としての「女」を、そして「男・女」であった「男」はその「半身」としての「女」を、「男・女」であった「女」はその「半身」としての「男」を恋い焦がれる。こうして、「愛」とは、それぞれの「半身」が、両断される前の昔日の全体的な姿を回復しようとする欲求にあてられた言葉であるという。九鬼によれば、プラトンは「男・男(陽・陽)」、「女・女(陰・陰)」、「男・女(陽・陰)」という三種の人間と三通りの邂逅を挙げたが、「男・女(陽・陰)」(おめ)とは区別された別種の人間の邂逅として「女・男(陰・陽)」(a woman-man)は挙げなかったというのである。「陰・陽」を「陽・陰」とは異なるものとして区別し四種の人間と四通りの邂逅を挙げる『易』のほうがプラトンより具体的で厳密であると言いたいのである。

(47)「**天地不レ交、而万物不レ興**」(天地交わらざれば万物興らず：およそ天地も陰陽こもごも感じあうことがなければ万物は発生しない)(岩波文庫『易経』下、一四八—一四九頁)。

(48)「**易与二天地一準、故能弥二綸天地之道一**」(易は天地と準《なぞら》う。故に能《よ》く天地の道を弥綸《びりん》す：易は天地になぞらえて作られた。だからこそ天地の道を洩れなく包みこむのである)。「繫辞上伝」(岩波文庫『易経』下、二一七―二一九頁)。

(49)「頤中有レ物曰二噬嗑一」……「噬嗑而亨、剛柔分、動而明、雷電合而章」……「柔得レ中而上行」……「〔雖〕不レ当レ位〔、利用獄也〕」といっている（頤《い》中に物あるを、噬嗑《ぜいこう》と曰《い》う。噬《か》み嗑《あ》わせて亨《とお》るなり。剛柔分れ、動きて明らかに、雷電合して章《あき》らかなり。柔、中を得て上行す、位に当たらずといえども、獄を用うるに利《よ》ろしきなり：頤《おとがい》の中に物のあるのを、噬嗑という。その物を噬み嗑わせるから亨るのである。剛(三陽)と柔(三陰)が半分ずつに分かれ、動いて(震)明らか(離)であり、雷(震)と電《いなずま》(離)が合わさって、あたりを明るくする。柔(六五)が中を得て上にのぼる、位は不当であるが中を得ているから、獄を用いて悪人を裁くによろしい)。

(50)「六三、噬二腊肉一、遇レ毒」（六三。腊肉《せきにく》を噬《か》み、毒に遇う)。

(51)「九四、噬二乾胏一、得二金矢一」／「六五、噬二乾肉一、得二黄金一」（九四。乾胏《かんし》を噬み、金矢を得／六五。乾肉を噬み、黄金を得)(以上、岩波文庫『易経』上、二〇九―二一二頁)。

(52)「姤遇也、柔遇レ剛也」／「天地相遇、品物咸章也」（姤《こう》は、遇なり。柔、剛に遇うなり／天地相い遇いて、品物咸《ことごと》く章《あき》らかなり：姤とは遇うということである。柔(一陰、初六)が剛(五陽)に遇う象である／およそ天地陰陽の気は相い遇ってこそ、あらゆる種類の物みながことごとくその姿をあきらかにする)(岩波文庫『易経』下、八七―八八頁)。

(53)「天地絪縕、万物化醇、男女構レ精、万物化生」（天地絪縕《いんうん》して、万物化醇《かじゅん》し、男女精を構《あわ》せて、万物化生す)。「繫辞下伝」(岩波文庫『易経』下、二六四―二七一頁)。

(54)「上九、睽孤、見レ豕負レ塗、載レ鬼一車、先張二之弧一、後説二之弧一、匪レ寇婚媾、往遇レ雨則吉」

／「〔象曰、遇雨之吉、〕**群疑亡也**」（上九。睽《そむ》きて孤なり。豕《いのこ》の塗《どろ》を負うを見、鬼を一車に載す。先にはこれが弧《ゆみ》を張り、後にはこれが弧を説く。寇《あだ》するにあらず婚媾《こんこう》せんとす。往きて雨に遇えば吉なり／象に曰く、雨に遇うの吉とは、群疑亡ぶればなり）。「繫辞下伝」（岩波文庫『易経』下、五三―五四頁）。

なお、(44)(45)(47)(48)(49)(50)(51)(52)(53)(54)の注解の記述に際しては、岩波文庫『易経』（上・下、高田真治・後藤基巳訳）および『新訂 中国古典選』第一巻『易』（本田済訳・解説、朝日新聞社、一九六六年）を参考にした。

(55)**「六爻相雑、唯其時物也」**（六爻相い雑《まじ》るは、ただその時の物なり）。「繫辞下伝」。卦中の六爻に陰陽錯雑して生じる変化は、その時々の事態物情を示しているという意味（岩波文庫『易経』下、二七八頁参照）。

(56)**『古事記』**『古事記』の訓読は岩波文庫版を参考にした。「かれやらはえて……」は同版の三九頁、「すなはち速須佐之男命……」は四〇―四一頁、「かれ木幡村に……」は一四一頁をそれぞれ参照。

(57)**周の武王が孟津に至って……清盛が熊野へ赴く途の海上で……躍り入ったこと**　周の武王が、暴君と言われた殷王朝最後の王・紂《ちゅう》を討つために黄河を渡ったとき、その船中に白魚が躍り入ったという。周を象徴する色が「赤」であるのに対して殷を象徴する色は「白」であり、「船中に白魚が躍り入った」ということは、殷が周の軍門に降《くだ》ることの予兆だと受け取られた。それで武王は、「俯してこの魚を捕えて天を祭った」（司馬遷『史記』「周本紀第四」）。

「古《いにし》へ清盛公、いまだ安芸の守たりし時、伊勢の海より、船にて熊野へ参られけるに、おほきなる鱸《すずき》の、船に踊り入たりけるを、先達申けるは、「是は権現の御利生《ごりしょう》なり」……」(『平家物語』巻第一「鱸」)。それを聞いて清盛は、「昔周の武王の船にこそ、白魚は踊入たりけるなれ。是吉事なり」と言ったという。「鱸」は成長するにつれて「せいご」、「ふっこ(はね)」、「すずき」と呼称が変わる、いわゆる「出世魚」である。あまりの(継起的)偶然に、清盛にはこれは必然なのではないか、いやこれは「偶然の必然」、つまり「運命」なのではないかという思いがよぎったにちがいないと九鬼は言いたいのであろう。

(58) **赤帽** 「赤帽」とは、鉄道駅構内入口から待合室や列車へ、あるいは逆に列車から待合室や駅出口まで旅客の手荷物を有料で運搬する職業、またはその職業に従事していた者。岡山駅を最後にして、現在は見られない。

(59) **アルバノ湖畔の砂上にステッキで書いた十二箇の頭文字** 『赤と黒』『パルムの僧院』『恋愛論』などで知られるスタンダール(本名Marie-Henri Beyle: マリ=アンリ・ベイル：一七八三―一八四二)は、一八三五年、五十二歳のとき生涯を回顧して、彼が愛した女性の名前の頭文字(「V」以下)を砂上に十二個書いた。すなわち、順に、Virginie(ヴィルジニー)、Angela(アンジェラ)、Adèle(アデール)、Mélanie(メラニー)、Mina(ミーナ)、Alexandrine(アレクサンドリーヌ)、Angeline(アンジェリーヌ)、Angela(アンジェラ)、Métilde(メチルド)、Clémentine(クレマンチーヌ)、Giula(ジゥラ)、Azur(アジュール夫人)のそれぞれの頭文字がそれである。しかし、片思いの恋が多かった。そのことを九鬼は、『源氏物語』の主人公・光源氏の(藤壺、空蟬、夕顔……との)恋がことごとく成就したのを「幸ある偶然〔邂逅〕」と言うのに対して「幸なき偶然」と言っている。なお、九鬼は二番目と八番目の〈Angela〉を区別しているが、実は同一人物の〈Angela Pietragrua〉である。十一年後に再会した(スタンダールの自伝『アンリ・ブリュラールの生涯』参照)。

(60) **輪廻のごとき回帰的形而上的時間も……「またしてもまたしても」(πάλιν καὶ πάλιν)……継起的偶然であると考えて差支えないであろう**　九鬼は「偶然論の哲学者」であると同時に「時間論の哲学者」でもある。しかも、「偶然」と「時間」は九鬼哲学において無関係のテーマではなくて同一テーマの二面であることがここで明確に述べられている。従来、不思議なことであるが、九鬼哲学を解読するさいそのことが看過されてきた。その理由の一つは、『偶然性の問題』に匹敵する分量をもった『時間の問題』といった著作が残されなかったからということにもよるであろう。しかし、九鬼自身がここで挙げている論考「形而上学的時間」(講演、一九三〇年／論文、三一年)、そしてそれのもとになったフランス・ポンティニー講演「時間の観念と東洋における時間の反復」(La notion du temps et la reprise sur le temps en Orient, 1928)は、分量こそ少ないが、そこに込められた深い洞察と古今東西に亘る長大な思想史的展望という観点からは、優に『偶然性の問題』に匹敵する内容をもっている。短論文であるがゆえに、そこに込められた深い意味を読み取るには読者の力量を必要とするであろう。さらに、九鬼には、「偶然論」、「時間論」とともにかれの哲学の三大テーマともいうべき「押韻論」(「日本詩の押韻」一九三一年)があるが、これは「偶然論」と「時間論」とを総合したかたちで含む。この点も従来見逃されてきた。本書六四頁に引かれた歌「奥つ鳥(・i)鴨着く島に(・i)我がゐ寝し(・i)妹は忘れじ(・i)世のことごとに(・i)」(『古事記』上巻、「火《ほ》遠《お》理命《りのみこと》」)を例にとってみよう。同じ韻(〈・i〉)が偶然に五回繰り返されている。継起的偶然が時間内に現れているのである。詩は本来「歌」、すなわち声に出して歌うもの、吟唱するものである。かりに現在歌われている句が「我がゐ寝し」であるとすれば、現在あるもの(「我がゐ寝し」の脚韻〈・i〉)は過去にあったもの(「奥つ鳥」の脚韻〈・i〉と「鴨着く島に」の脚韻〈・i〉)であり、また現在あるもの(「我がゐ寝し」の脚韻〈・i〉)は未来にもあるもの(「妹は忘れじ」の脚韻〈・i〉と「世のことごとに」の脚韻〈・i〉)である。過去にあったものが現在あるものであり、現在あるものが未来にもある。したがって過去にあったものが未来においてもある。未来においてあるものは過去にあったものである。出来事の継起と時間の継起とは相即であるから、過去が現在に、現在が未来に、そして未来が現在に、現在が過去に円環を描いて回帰する。言うまでもなく、上の歌に現れた同一者(〈・i〉)は五回であるが、無限の過去と無限の未来における同一者の回帰という観念にわれわれを誘う。同一者が偶然に五回現れているが、これは実は必然(偶然の必然:運命)なのではないかという思いを抱かせる(本章注解(6)「またしてもまたしても」(*πάλιν καὶ πάλιν*)参照)。九鬼の押韻論は偶然論と時間(形而上学的時間=回帰的時間)論を総合したかたちで含んでいる。

　九鬼によれば、押韻は「詩を永遠の現在の無限な一瞬間に集注させようとする」(IV、「文学の形而上学」五一頁)。こうして、過去・現在・未来という継起的・水平的時間におけるその都度の現在は無限の過去と無限の未来を同時に含む垂直的な重層構造をもっていることになり、重畳無限の深みをもつことになる。時間の真の構造は、継起的・水平的時間に同時的・垂直的時間が交差するところに成り立っている。「Heidegger のいう Ekstasis〔脱自〕の外にもう一つ異った意味の Ekstasis が成立する。Heidegger のは水平的な Ekstasis であるがそれに垂直的なものが考えられてくる」(XI、「講義 文学概論」一三二―一三七頁)。九鬼が無限回帰の時間を象徴するものとして何度か引用する芭蕉の句と、九鬼による注釈(III、「文学の時間性」三五一頁)とを記しておこう。そこには九鬼流の形而上的想起説が述べられている。「橘やいつの野中のほととぎす――橘の匂いがする。かつて同じ匂を嗅ぎながらほととぎすを聞いたことがあった。あれはいつのことであったろう。過去が再び現在として全く同じ姿でよみがえっている。全く同じ現在である。時間が回帰性を帯びて繰り返されている。橘の匂というものによって「永遠の今」という無限な形而上学的時間がそこに含まれている」。また、芭蕉のその句と蟬丸《せみまる》の歌について、「風流に関する一考察」にも次のように記されている。「たまたま橘の香を機縁として過去が深い眠りから現在の瞬間に同じ姿で蘇ってきている。有体的に嗅覚されているのは橘―ほととぎす聯関であるが、その背後に形而上学的な永遠の今の厳かな感動が潜んでいる。「これやこの行くも帰るも別れては知るも知らぬも逢坂の関」も偶然と運命の神秘に重圧された哲学的な厳かな感覚であって、時間的に無限の展望を過去と未来に有っている」(IV、六七頁/岩波文庫『「いき」の構造』一〇九―一一〇頁)。(本章注解(6)(9)、「第三章」注解(31)(44)(45)参照)

(61) **偶然性がそのまま必然性であり得る場合**　継起的偶然―回帰的偶然―必然性については、前注解および「序説」注解(1)参照。

(62) **方位判断** 「本命殺《ほんめいさつ》」とは、自分の生まれ年の方位で、この方位への移動などは避けるのが賢明とされるが、伊藤はこの大凶を犯した。「艮」も「六白」も「東北」である。また、「歳破《さいは》」とは、誰に対しても悪い方位で毎年変わる。この方位への移動なども避けるべきであるとされるが、伊藤はこれをも重ね犯した。

(63) **ジョン欠地王** ジョン欠地王(一一六七―一二一六)は、イングランドのヘンリー二世の末子。父王はジョンの兄たちに大陸の領地を分け与えたが、まだ幼かったジョンには領地を与えなかった。父王はそのようなジョンを憐れんで〈John the Lackland〉(「領地のないジョン」)と言ったというが、それが「欠地王」の由来。また、イングランド王位に就いてからも、フランス王フィリップ二世との戦争に敗れ、フランスの英領地を失うなど、多くの領地を無くしたことからも「欠地王」と呼ばれる。

(64) **flatus vocis** 西洋中世時代に「普遍」(universale)すなわち「種《しゅ》」(species)や「類」(genus)の存在をめぐって論争(普遍論争：Universalienstreit)が行われた。普遍は実在すると主張する「実在論(実念論)」(realism)と普遍は実在するものではないと主張する「唯名論」(nominalism)が対立した。実在論と唯名論の立場はそれぞれ、「普遍はもの(個物)より前にある」(universalia ante res)という定式と「普遍はもの(個物)より後にある」(universalia post res)というそれで示される。それぞれアンセルムス(一〇三三―一一〇九)とロスケリヌス(一〇五〇頃―一一二三頃)が代表者として挙げられる。たとえば、「人間」という種と「九鬼周造」というもの(個物：individuum)について言えば、実在論者は「人間」という種は実在し、それを分有するという仕方で個物も存在すると主張する。それに対して唯名論者は、実在するものは「個物」のみであって、「人間」という種(普遍)は「唯の名前」すなわち「音声の風」(flatus vocis)にすぎないと主張する。「普遍」を「音声の風」にすぎないと主張したのはロスケリヌスであると伝えているのは実在論者アンセルムスである(『三位一体の信仰について』2)。クールノーは、その普遍論争とは無関係であるが、「偶然」という言葉は何か客観的に実在するもの・事態を指し示すものではなく、ただの〈flatus vocis〉にすぎないのかと問う。もちろん、クールノーの答えは否である。なお、トマスは、普遍は神の知性においては「ものより前に」(ante res)存在し、世界の中においては「ものの中に」(in rebus)存在し、そして人間の知性においては「ものより後に」(post res)存在するとしている。九鬼は自らを「個物主義者」(individualist)、すなわち「唯名論者」(nominalist)として明確に自覚していた。

(65) **人間より以上の叡智の所有者**　「序説」注解(4)参照。

(66) **「原始偶然」**(Urzufall)／**「最古の原始偶然」(der älteste Urzufall)**　本書ではここではじめてこの「原始偶然」という術語が出てくる。「最古の」(ältest)という最上級形容詞の中に時間的な意味での「最古」というニュアンスを読み込んではならない。原始偶然の「有る」ところは時間上の無限のかなた(過去)というのではない。(「第三章」注解(30)(31)(32)(35)参照)

(67) **かの那先比丘《なせんびく》は弥蘭《みらん》に反問して……弥蘭はそれに対して……また自らに答えた**　「第一章 定言的偶然」の『六 定言的偶然の存在理由』のところ、すなわち「第一章 定言的偶然」から「第二章 仮説的偶然」へ議論が移るところ(本書四四―四五頁)で引かれた『那先比丘経』における弥蘭と那先の問答が、いままたこの「第二章 仮説的偶然」の「二一 仮説的偶然から離接的偶然へ」に議論が移るところでも繰り返される。さらに「第三章 離接的偶然」の最後、そして「結論」の最後にも。弥蘭の問いは九鬼自身の問いとして終始一貫している。九鬼にとってなぜ「偶然性」が問題になったのか、九鬼哲学の根本問題が何であったのか、明らかである。議論の細部にとらわれて、この根本的な問いを見失ってはならない。(本書二七一頁、二八二頁参照)

第三章 離接的偶然

(1)「或然《わくぜん》之詞」／「心には忘れぬものを……」「或然之詞」(『経伝釈詞』巻六)。「心には忘れぬものを儻《たまたま》も見ざる……」は、『万葉集』巻四「大伴宿禰駿河麻呂の歌三首」の中の一首(六五三)(岩波文庫『万葉集』上、一八九頁)。以下、「わくらばに人とはあるを、人並に吾《あれ》も作《なれ》るを、綿も無き布肩衣《ぬのかたぎぬ》の、海松《みる》のごとわわけさがれる……」(同書、二二八―二二九頁)。「この世にし楽しくあらば……」は、『万葉集』巻三「太宰帥大伴卿、酒を讃《ほ》むる歌十三首」の中の一首(三四八)(同書、一三一頁)。

(2)『和語燈録』／『拾遺和語燈録』 いずれも法然(一一三三―一二一二)の作。

(3)「ビュッフォンはまず第一に、諸遊星の軌道面と黄道面との……」 九鬼は、科学的な宇宙観が歴史的にどのように変遷してきたかをたどったスウェーデンの科学者スワンテ・アーレニウス(Svante August Arrhenius, 1859–1927)の著作から引用しているが、その引用文の直前にはニュートンの宇宙観についての記述がある。「遊星系内に行われている著しい規則正しさが強くニュートンの注意を引いた。すなわち、当時知られていた六つの遊星もまたその一〇個の衛星もいずれも同じ方向にその軌道を運行し、その軌道は皆ほとんど同一平面、すなわち、黄道面にあって、しかもいずれもほとんど円形だということである。〔中略〕ニュートンは(何ら格別の理由はなかったが)遊星運動の規則正しさについては力学的の原因はあり得ないだろうという推定を下した。そうしてこういっている。「そうではなくて、このように遊星が皆ほとんど円形軌道を運行し、そのために互《たがい》に遠く離れ合っていること、また多くの太陽が互に十分遠く離れているために彼らの遊星が相互に擾乱《じょうらん》を生ずる恐《おそれ》のないこと、こういう驚嘆すべき機構は、何ものか一つの智恵ある全能なる存在によって生ぜられたものに相違ない」。ニュートンの考《かんがえ》では、遊星はその創造に際してこうした運動の衝動を与えられたのである。この考え方は、実は説明というものではなくてその反対である。これに対してライブニッツは強硬に反対を唱えたが、それかといって、彼もこの謎に対して何ら積極的の解答を与えることはできなかった。これに対する説明を得んとして努力したらしい最初の人は『博物史(Histoire naturelle)』(一七四五年)の多才なる著者として知られたビュッフォン(Buffon)であった。ビュッフォンはデカルトやスウェデンボルクの著述を知っていた。そうしてスウェデンボルクの考えたような太陽からの遊星の分離の仕方は物理的の立場から見てあまり感心できないということを、正当に認知し、そうして別に新しい説明を求めた」(岩波文庫、一四〇—一四一頁。本文での岩波文庫の引用頁は旧版のもの)。

(4)　様相性の考察にはアリストテレスの古典的な考察……を出発点としないわけにいかない　アリストテレス『命題論』(*De interpretatione*)第十二および十三章に様相性に関する詳しい分析が

ある。

(5) C. I. Lewis, A Survey of Symbolic Logic　本章注解(15)参照。

(6) **オスカー・ベッカー**　O・ベッカー(一八八九―一九六四)はE・フッサールの門下としてフライブルク大学に学ぶ。数理哲学および数学史専攻。ハイデッガーと同年に、九鬼より一年後に生まれている。主要著作に『ギリシア初期の数学と音楽論』(一九五七年)、『数学的思考』(一九五九年)、そして『現存在と現前存在』(一九六三年)などがある。一九二七年、九鬼はフッサールやオスカー・ベッカーから現象学を学び、またフッサールの自宅でハイデッガーにも会っている(「年譜」参照)。ベッカーは、一九二九年のフッサール生誕七〇年記念号の『哲学および現象学研究年報』に寄稿した論考で、「美しいもののはかなさ」(Hinfälligkeit〔Fragilität〕des Schönen)、またその「壊れやすさ」(Zerbrechlichkeit)について論じたが、九鬼も本書でそれに共感をもって言及している。(本書二四〇頁参照)

(7) **矛盾律**　Law of Contradiction: アリストテレスは『形而上学』第四巻($1005^{b}19$–20)で「同じものが同時に、また同じものに関して、同じものに属しかつ属しないということは不可能である」と言う。たとえば、「この花は赤い」とその否定命題「この花は赤くない」が「同時に」成り立つことはないという論理法則。

(8) **排中律**　Law of Excluded Middle: アリストテレスは同じく『形而上学』第四巻($1019^{b}23$–24)で「二つの矛盾したもののあいだにはいかなる中間のものもありえず、必ずわれわれはある一つについては何かある一つのことを肯定するか否定するかのいずれかである」と言う。たとえば、「ある人物Xは独身者であるかまたは独身者でないかのいずれかであり、第三のものであることはない」。

(9) **カントの様相性の範疇**　カントによれば、時間(Zeit)と空間(Raum)とは「感性」(Sinnlichkeit)の受容性のア・プリオリな直観形式である。そしてこの直観形式はたしかに「物自体」(Ding an sich〔selbst〕)による「触発」(affizieren)を受けてはじめて発動するが、物自体の認識に関わることはできず、われわれに現れるかぎりでの、すなわち「現象」(Erscheinung)であるかぎりでの対象の認識にのみ関わる。われわれは感性にア・プリオリに具わる時間・空間と、悟性(Verstand)にア・プリオリに具わる概念すなわち範疇(カテゴリー)によって対象を認識する。カントは形式論理学の判断形式に基づいて十二個の範疇を提示する。すなわち、(1)量:単一性、数多性、総体性、(2)質:実在性、否定性、制限性、(3)関係:実体性、因果性、相互性、(4)様相:可能性、現存性、必然性がそれである。(本章注解(52)参照)

(10) De interpretatione, 12, 21^{b}〔13–14〕／Metaphysica, Δ. 12, 1019^{b}〔30–33〕　九鬼がアリストテレスの『命題論』から引用する箇所(*De interpretatione*, 12, 21^{b}13–14)の訳「有ることの可能と無いことの可能とは同一である」はかなり意図的な解釈を含んだ訳である。九鬼はその原文(*δοκεῖ δὲ τὸ αὐτὸ δύνασθαι καὶ εἶναι καὶ μὴ εἶναι*)を示していないが、これはむしろ「同じものが有ることも無いことも可能であるように思われる」という意味である。そしてアリストテレスはその例として「切られることまたは歩むことの可能であるものは、また歩まないこともまたは切られないことも可能である」ということを挙げているのである。また、『形而上学』からの引用原文に付された訳もかなり九鬼の意図的な解釈を含んでいる。たとえば、〈ἔνια δὲ τὸ ἐνδεχόμενον ἀληθὲς εἶναι〉は「ある意味では真でありうる」というほどの意味であるが、九鬼は大胆に「或る意味では真で偶然あるもの」と訳している。〈ἐνδεχόμενον〉は本来「可能的なもの」を意味するが、九鬼がそれを「偶然あるもの」と訳していることにその意図が現れている。つまり、九鬼はこれらの原文引用と九鬼自身がそれに付す訳によって、アリストテレスも（一方で可能性と偶然性とを区別しながらも他方で）可能性と偶然性とを同一のものと見ているということを示したいのである。言いかえれば、偶然性は可能性からはっきりと区別されなければならないと九鬼は主張する。九鬼自身は本書では〈ἐνδεχόμενον〉を一貫して「偶然的なもの」と訳し、「可能的なもの」（*δυνατόν*）と区別している。（本書一六八―一六九頁の「㈠可能性の立場よりの規定」と「㈣偶然性の立場よりの規定」および一九六―一九八頁参照）

（11）**必然性の否定が偶然性を産む**　本書冒頭句「偶然性とは必然性の否定である」という表現が静的・論理的な表現であるのに対して、ここでの表現は、これまでの分析を踏まえて、動的・存在論的なそれになっている。

（12）**世界大戦**　言うまでもなく、足掛け五年に亘って戦われた「第一次世界大戦」（一九一四年七月―一八年十一月）のことである。

（13）**可能性の全体は必然性と全然合致する**　後に九鬼は「絶対的形而上的必然とは離接的地平において形而上的偶然〔可能性〕のすべてを部分とする全体である。〔中略〕絶対的形而上的必然と原始偶然とは一者の両面」であると言う（本書二六〇―二六一頁）。

(14) **潜勢態と現勢態** 「潜勢態」、「現勢態」はそれぞれギリシア語〈δύναμις〉〈ἐνέργεια〉に当てられた訳語であるが、「質料」と「形相」という対概念とともに、アリストテレス哲学における重要な対概念であり、西洋中世時代にも継承されて重宝された。現今ではそれぞれ「可能態」、「現実態」と訳されることが多い。ラテン語圏では〈potentia〉〈actus〉と訳された。たとえば、大工の能力(δύναμις: potentia)は家を建てる前には可能態にあり、現実に建てるはたらき(ἐνέργεια: actus)をなすとき現実態にある。また、材木などの素材は建てられる家に対して可能態にあるが、完成すれば家として現実態にある、などである。しかし、大工の能力が建てるはたらきへと移行するためには様々の条件(制約)を前提とする。たとえば、設計図や素材などがなければならない。それらの条件が整うことによって能力は現実にはたらきへ移行する。また、素材であればそれはなんでもいいというのではなく、建てられることを意図された家にふさわしいものでなければならない。なお、「質料」、「形相」はそれぞれギリシア語〈ὕλη〉〈εἶδος〉に当てられた訳語で、ラテン語圏では〈materia〉〈forma〉と訳された。

(15) **ルイス** C・I・ルイス(一八八三—一九六四)は『記号論理学』(*A Survey of Symbolic Logic*, 1918)の中で次のように述べる。「これまで展開されてきた〔論理学の〕体系は「真」か「偽」の二つの真理値しかもっていない。「不可能性」の概念を加えることで五つの真理値(five truth-values)が与えられる。すなわち、(1) p(「pは真である」)、(2) —p(「pは偽である」)、(3) ~p(「pは不可能である」)、(4) —~p(「pが不可能であるのは偽である」つまり「pは可能である」)、(5) ~—p(「pが偽であるのは不可能である」つまり「pは必然的である」)。〔中略〕もっと複雑な真理値(complex truth-value)も存在する。――p は p と同値であるが、―∼―p、∼―∼p、―∼―∼p などは不可還元的(irreducible)である」。

(16) **形式論理学／存在論理学**　「存在が可能である」ことと「非存在が可能である」こととは厳密に区別されなければならない。前者は「可能性」という様相であり、必然性への方向を孕み、後者は「偶然性」という様相であり、不可能性への方向を孕む。「可能性」という様相のみ認め、それと厳密に区別される「偶然性」という様相を認めない傾向の強い形式論理学はその点を看過している。

(17) **「自己原因」(causa sui)／「原始偶然」**　本章注解(60)参照。

(18) **類比推理**　論理学で、二つの事物の間に本質的な類似点があることを根拠にして、一方の事物がある性質をもつ場合に他方の事物もそれと同じ性質をもつであろうと推理すること。たとえば、正方形の対角線は直交している。ところで、ひし形も正方形と同じく四辺の長さが等しい。したがって、ひし形も対角線が直交するだろうと考えるのが類比推理(類推)である。

(19) **帰納的推理**　演繹的推理の対義語。有限の経験的事例から一般的・普遍的な原理を導くこと。前提から帰結への導出関係は蓋然的にのみ正しい。(**演繹的推理**　一般的・普遍的な前提から、より個別的・特殊的な結論を導出すること。前提を認めるなら帰結は絶対的・必然的に正しい。**直接推理**　論理学で、一つの判断を前提としてそこから直接に結論を導き出す推理。「第一章」注解(7)の「間接推理」についての注釈参照。**同一律**(Law of Identity)　一般的に「AはAである」という形式をとる。)

(20) **究竟《くきょう》的な立場において、他の必然性の因果的系列をも取り得たと思惟し得る点に……偶然性が存するのである**　本章注解(25)「ライプニッツの可能的世界論」について、また手沢本から転載注記された図式についての注解者による「解説」四二〇―四二二頁参照。

(21) **プラッセ**　フランス語の〈placé〉で、競馬用語。いわゆる「複勝」を意味する。一頭を選び三着内で的中となる。一頭につき一枚馬券を買う。

(22) **決勝線／発馬線**　「序説」注解(4)「確率論」と「結論」注解(2)「無宇宙論」参照。

(23) **ミソロンギを包囲したイブラヒム・パシャ／バイロン**　バイロン(George Gordon Byron, sixth Baron, 1788-1824)はイギリスの詩人。代表作『チャイルド・ハロルドの巡礼』一・二巻、『ドン・ジュアン』。イブラヒム・パシャ(一七八九―一八四八)はムハンマド・アリー朝エジプトの総督。トルコのオスマン帝国の支配下にあったギリシアは、一八二一年五月二十日にオスマン帝国に対する反乱を開始(ギリシア独立戦争)。ミソロンギ(メソロンギ)はギリシア人反乱軍にとっての主要な要塞となった。二二年にはオスマン帝国軍に町は包囲されたが、守り切ることに成功した。しかし二五年四月十五日には、レシド・メフメト・パシャとイブラヒム・パシャによって二度目の包囲が開始された。二三年ギリシア暫定政府代表の訪問を受けたバイロンはギリシア独立戦争へ身を投じることを決意、二四年一月にミソロンギに上陸し、コリンティアコス湾の要衝レパントの要塞を攻撃する計画をたてたが、熱病にかかって同地で死去。

(24) **重星**　天球上で二つ以上の恒星が接近して見えているものをいう。星が二つの場合は二重星、以下、三重星、四重星、……などと呼ぶ。多重星とも言う。

(25) ライプニッツは無数の世界が可能であったことを述べて……あり得たとしている　プラトンの『ティマイオス』における「イデア論」(28c–31a)は、キリスト教の思想家アウグスティヌスにも継承され(『八三問題集』第四六問「イデア論」)、さらに中世時代のトマスに及んだ。トマスのイデア論の特徴は、「個物のイデア」(idea individui)と「非有のイデア」(idea non entis)という思想を提示した点にある。「個物のイデア」とは、たとえば「このクローバー」のイデア、「九鬼周造」のイデアといったような、無限数の個物それぞれについてイデアがあるというものである。「非有のイデア」とは、「かつて存在しなかったし、これからも存在しないだろうし、いまも存在しない」、その意味では「存在しないもの」(non ens)であるが、それにもかかわらず、まったくの「無」(nihil)というのではなくて、「存在可能なもの」のイデアのことである。創造者が意志すれば存在することが可能なもののイデアのことである。そしてそのような「可能的宇宙」は無数にある。西洋思想史上おそらくはじめて、はっきりしたかたちでトマスは「可能的宇宙」(possibilia)という思想を提示したのである(『真理論』*De veritate*、第六問および第八問)。かれは、無数の可能的宇宙を背景にしてこの現実の宇宙を見ている。もちろんキリスト教の思想家トマスは、さらにその背後に、この宇宙を「創造する神」を考えている。神は、無数の「非有のイデア(可能的宇宙のイデア)」の中からこの現実の宇宙を選択し、創造したのだと考えられる。このようないわば「選択宇宙論」の立場をとる代表的な思想家として、トマス以降では近代のライプニッツを挙げることができる。

この「選択宇宙論」は、厳密に言えば、さらに二種のそれに区分することができる。すなわち、無数の可能的宇宙の中から選択され現実化されたこの宇宙は最完全なそれであると見なす立場(いわゆる「最善観」optimism)と、最完全なそれではなく、より完全な宇宙、別の仕方で在るそれも実現可能であったと見る立場とである。前者がライプニッツ(『単子論』五三―五五)の、後者がトマス(『神学大全』第一部、第二五問、第六項)の立場である。最善観(オプティミズム)はプラトンの『ティマイオス』に起源をもち、中世時代にアベラルドゥス(アベラール)が(『神学入門』Ⅲ)、近代になってライプニッツが主張することになる。

トマスの立場からは、そしてまた九鬼の立場からも、ライプニッツの最完全宇宙論は、一種の必然宇宙論に帰するという批評も可能である(Ⅲ、一五九―一六三頁)。ライプニッツの宇宙論でも無数の可能的宇宙が想定されてはいるが、現に実在化する宇宙は最完全なそれでなければならず、実質的にこの宇宙以外の可能的宇宙は現実化されえないという意味で、他の宇宙ではなくてこの宇宙が存在し、またこのような仕方で存在しなければならないという、ある種の必然性がそこにはあるからである。実は、選択は、他の宇宙ではなくてこの宇宙の選択にすでに決定されていたのである。

しかし九鬼によれば、たとえばサイコロが振られて偶然に或る目が出るように、無数の可能的宇宙という「目」をもった「サイコロ」が振られて偶然に出た「目」がこの宇宙であると考えられる。他の「目」が出る可能性も同等にあった。この「目」が出たのはまったく偶然である。「サイコロ」が振られないこともありえたであろう。もちろん、現にこの宇宙という「目」は出ているのであるから、それは振られてしまっているのであるが、神は何のためにそれを振ったかといえば、それは「戯れ」にである。それ以外に意図・目的があったわけではない。遊戯が遊戯である所以は、まさに遊戯以外に何の目的もないというところにこそある。ただひたすら遊ぶために遊ぶ。その戯れの結果がこの宇宙である。神は、コロコロと転がったサイコロに動悸をうち、出た目に驚き哄笑する(本書二三六—二三七頁参照)。あるいは落胆したでもあろうか。別の仕方での宇宙ではなく、このような宇宙であるのは偶然である。そもそもこの宇宙が在るということ自体偶然である。したがって、この宇宙に私が存在することも、あなたが存在することも、このクローバーやこの三角形が存在することも偶然である。たまたま私は人間として存在し、たまたま私はあなたと出遇った。なお、『偶然性の問題』以降に書かれた「偶然化の論理」と「驚きの情と偶然性」はとくに重要な論考である。

(26) **『雑阿含経《ぞうあごんきょう》』(巻第十五)は人間に生れる偶然性を巧みに譬えている**　九鬼はこの「盲亀浮木」の譬えをよく引く。「偶然」とは「たまたま(偶)しかある(然)」という意味である。ということは裏面に「そうでないこともありうる」という意味を含んでいる。「私」はたまたまいまここにこうして存在している。ということは「私」は存在しないこともありえたということである。九鬼はこのような「私」の存在の真相を仏典『雑阿含経』にあるその譬えを引いて説明する(Ⅲ、一四〇頁をも参照)。大海を何の当てもなく木片が漂う。その大海に住む寿命無量の盲目の亀が百年に一度海面に首をもたげる。木片にあいた穴に亀の首が入る。木片の漂流はもちろんのこと、亀の動きも、したがって亀の首が木片の穴に入ることも意図されたことではない。すべてがたまたまそうであった。そのようにして亀の首が木片の穴に入ったということ、これは限りなく不可能に近い「出来事」、文字どおり「有りがたいこと」であろう。しかもその可能性はゼロではない。極小とゼロとのあいだには超えがたい断絶がある。可能性が減少し不可能性に接近すればするほど偶然性は増大する。

この盲亀浮木の譬えは、しかし、例外的な出来事を譬えて言われたのではない。むしろ逆に典型的な出来事の譬えと見るべきである。すなわち、宇宙(世界)に生じることはすべて盲亀浮木の譬えのようにほとんどありえない、限りなく不可能に近い出来事であり、宇宙はこのような出来事に充ち満ちている。一粒の砂がそこにあり、一枚の木の葉がここにある。あなたがそこにそうして、私がいまここにこうして存在することも、あなたと私が出遇ったことも、そしてそもそもこの宇宙がこうして存在することもそのような出来事である。偶然性(可能性減少の極限)の典型的な例はどこにあるのでもない、またいつ出遇われるというのでもない、まさにいまここ、脚下にあると言わなければならない。だからわれわれはだれでも、またいつでもどこでも偶然性に出遇っている。この宇宙、「私」の存在自体が偶然性の典型的な例である。(Ⅲ、「驚きの情と偶然性」およびⅡ、「偶然化の論理」参照)

(27) **数《す》論《ろん》瑜《ゆ》伽《が》説《せつ》ないし吠檀多《ヴェーダーンタ》派の哲学**　インド哲学(ダルシャナ)のうち、ヴェーダの権威を認める六つの有力な正統学派を「六派哲学」(シャド・ダルシャナ)と呼ぶ。ヴェーダーンタ派(宇宙の本質を意味するブラフマンと自己の本質を意味するアートマンとが究極的には同一であることを説く)、ミーマーンサー派(祭祀の実行によって果報を得ると説く)、ヨーガ派(身心の訓練による解脱を説く)、サーンキヤ派(精神的原理と物質的原理を分ける二元論)、ニャーヤ派(論理の追求による解脱を説く)、ヴァイシェーシカ派(一種の自然哲学)がそれである。ニヤーヤは「因明」あるいは「正理学」、ヴァイシェーシカは「勝論」、サーンキヤは「数論」、ヨーガは「瑜伽」あるいは「瑜伽行」と漢訳される。ヴェーダーンタとミーマーンサー、ヨーガとサーンキヤ、ニヤーヤとヴァイシェーシカはそれぞれ対として補完しあう関係になっている。九鬼が「数論瑜伽説」と言っているのは、サーンキヤ(数論)がヨーガ(瑜伽)の理論的根拠づけをなすものとして補完関係にあると見ているからであろう。なお、「ヴェーダ」とは、広義においては、紀元前一〇〇〇年頃から紀元前五〇〇年頃にかけてインドで編纂された一連の宗教文書の総称であって、「サンヒター(本集)」、「ブラーフマナ(祭儀書、梵書)」、「アーラニヤカ(森林書)」、「ウパニシャッド(奥義書)」の四部から成る。狭義においては、その中心的な部分をなす「サンヒター(本集)」を指す呼称であり、これはマントラ(讃歌、歌詞、祭詞、呪詞)によって構成されている。九鬼が言及する「ヴェーダーンタ」(「ウパニシャッド」とも呼ばれる)は紀元前五〇〇年頃を中心に成立したとされ、インド哲学の源流でもある。ヴェーダーンタは「知識」を意味する〈veda〉と「終わり」を意味する〈anta〉との合成語で、ヴェーダの最終的な教説を意味する。

(28) **現実性へすべってくる推移のスピード**　この表現は、「哲学私見」(Ⅲ、一二〇頁、一九三六年六月)および未発表随筆「音と匂――偶然性の音と可能性の匂」(Ⅴ、一六七―一六八頁、三六年六月以降)にも見える。この随筆の中で九鬼は、「私はかつて〔「哲学私見」において〕偶然性の誕生を「離接肢の一つが現実性へするりと滑ってくる推移のスピード」というようにス音の連続で表わしてみたこともある」と書いている。かれは「音」と「匂」に生涯愛着をもっていた。(本

書七二頁「ポックリ……」を参照)

(29) **ハイデッガー哲学の中心点は投企(Entwurf)としての関心および先駆(Vorlaufen)としての決意性の観念である**　われわれは自らこの世界に生まれ存在することを意志したわけではない。気づいたときにはすでに存在してしまっていた。その意味でわれわれはそこから逃れられないこの世界に否応なしに投げ込まれているのであって、そのような状況をハイデッガーは「被投性」(Geworfenheit)と呼んだ。いつもは「日常性」(Alltäglichkeit)の中に埋没してその問いを忘れ去ってしまっているが、なぜ私は存在するのか、生きるとは死に向かって生きる、ただそれだけのことではないのかという漠然とした「不安」(Angst)が脳裏をよぎる。ハイデッガーは、死を強く自覚することを死への「先駆的決意性(覚悟性)」(vorläufende Entschlossenheit)と呼んだ。この死の自覚から改めて生の新たな意味づけを始め、未来の可能性に向けて自らを「投企」(Entwurf)することができるというのである。なお、〈Geworfenheit〉は、〈werfen〉(投げる)の過去分詞形〈geworfen〉(投げられた)から造られた名詞。また、〈Entwurf〉は、「分離」ないし「対応」を意味する接頭辞〈ent-〉と〈werfen〉との合成動詞〈entwerfen〉(立案する・投げ返す)に由来する名詞。世界の中に「投げられた」私が、その私自身を引き受けて、可能性へ向けて自らを「投げ返す」のである。九鬼自身の表現では「譲り受けながら選択した可能性において、自己自身に自己自身を交付する」(二五五頁)のである。そのような「私」をハイデッガーは暫定的に〈das verfallend-erschlossene, geworfen-entwerfende In-der-Welt-sein〉(「頽落的・開示的、被投的・投企的な世界・内・存在」)(『存在と時間』I, 6, 39)と巧みに表現した。なおまた、ハイデッガーの術語〈Existenz〉に「現実的存在」を約めた「実存」という訳語を当てたのは九鬼である(Ⅲ、「実存哲学」七六頁参照)が、その他にも、たとえば右の「被投性」や本書二二九頁の〈Verfall〉の訳語「頽落」など、いわゆる「実存哲学(実存主義：Existenzialismus)」で使われる多くの術語(訳語)は九鬼に由来する。試みに、本書二〇四頁の逆三角形の図とハイデッガーの思想との対応関係について注釈しておこう。「必然性」すなわち「離接肢(可能性)全体」の中から離接肢の一つが「墜落」(Abfall)する。それが私がこの世界の中で「被投性」においてあるということ、私が「偶然に」(zufällig)存在するということ、すなわち無(「不可能性」)に差し掛けられて存在するということである。この無を目撃することによって改めて自己の可能性へ向けて自己を「投企」する。(本章注解(58)およびⅢ、「ハイデッガーの哲学」一九八―二七一頁参照)

(30) **アリストテレスは必然的本質を「何で在るべく在ったかのもの」(*τὸ τί ἦν εἶναι*)と呼んだ**　アリストテレスはものの「本質」を「何で在るかのもの」(***τὸ τί ἐστι***)と呼ぶが、「何で在るべく在ったかのもの」(***τὸ τί ἦν εἶναι***)とも呼ぶ(*Metaphysica*, A, 3, 983^{a}28; Γ, 8, 1017^{b}21–22など)。そのギリシア語〈***τὸ τί ἦν εἶναι***〉はラテン語世界で〈quod quid erat esse〉と直訳された。一語では〈essentia〉(本質)と訳される。〈***εἰμί***〉の不定詞〈***εἶναι***〉が〈sum〉の不定詞〈esse〉と訳され、「在る(こと)」を意味し、〈***εἰμί***〉の未完了過去〈***ἦν***〉が〈sum〉の未完了過去〈erat〉と訳され、「在った」を意味する。そして、未完了過去〈***ἦν***〉と〈erat〉は過去における「継続」、「反復」を含意している。九鬼が言いたいのは、過去に一回かぎり在ったのではなくて、過去から現在に至るまでずっと「在り続けた」、その意味で必然的本質は過去性という時間性格をもつということである。もっとも、アリストテレス自身が〈*τὸ τί ἐστι*〉や〈*τὸ τί ἦν εἶναι*〉という表現で言いたかったことは、「必然的本質」はたんに過去性という性格をもっているということだけではなかった。たとえば、九鬼自身が例として挙げていた三角形の定義(必然的本質)、すなわち「三つの線に囲まれた面の一部」(二四頁)は、たんに過去においてそうであっただけではなく現在においてもそうであり、また未来においてもそうで在り続けるだろうという性格、つまり時間を超えた不変の性格をもつ。

(31) **プラトンのイデアは本質必然性の典型であるが……前世における直観を想起(*ἀνάμνησις*)しなければならない**　プラトンの「想起説」は『メノン』『パイドン』『パイドロス』などに述べられる。それは「魂の不死説」および「イデア論」と不可分の思想である。ただ、魂が不死であること、そして具体的なもろもろの「美しいもの」や「善いもの」がそれに与《あずか》ってはじめて「美しいもの」や「善いもの」と言われる「美そのもの」や「善そのもの」といった「イデア」という思想は、まだ『メノン』には現れず、『パイドン』に、そしてさらに『パイドロス』に現れる。真の認識とは、魂が身体を纏《まと》う前、前世において観ていた「イデア」を想起することであるとプラトンは言う。ただし、プラトンの「イデア」論に即してみれば、前注解で触れたアリストテレスの「必然的本質」についてと同じく、それもたんに「在った」という過去性のみをその時間性格とするのではなく、「在った」(*ἦν*)、「在る」(*ἔστι*)、「在るだろう」(*ἔσται*)という性格、つまり過去・現在・未来に亘って永続するという全時間的性格をもつ。したがって、それはむしろ時間を超えた永遠の存在という性格をもつと言ったほうがより適切であろう。その意味で、「イデア」については「在った」、「在る」、「在るだろう」というより「在る」、「在る」、「在る」という性格、あるいはもっと言えば、端的に「在る」という性格をもつと言ったほうがさらにより適切であろう。なお、「想起説」はアウグスティヌスの『ソリロクィア(独白)』(*Soliloquia*)や『教師論』(*De magistro*)に、また擬ディオニシウスなどを介してトマスの「天使論」(De angelo)に、さらにデカルトの『精神指導の規則』(*Regulae ad directionem ingenii*)にも装いを変えて現れ、そしてライプニッツもそれに共感をもって触れている(『形而上学叙説』*Discours de Métaphysique*, 26)。九鬼もまたその想起説を生涯愛した。もっとも、プラトン以降の想起説は九鬼のそれも含めて、ライプニッツが言うように、プラトンの想起説に密接に結びついている「前世という誤った考えを除けば」という条件付きのそれではあるが。(V、「音と句——偶然性の音と可能性の句」一六七—一六八頁および「第二章」注解(60)の「橘やいつの野中のほととぎす」についての注釈参照)

(32) **「太初《はじめ》に言《ことば》ありき」(*ἐν ἀρχῇ ἦν ὁ λόγος*)**　前々注解で見たように、アリストテレスの〈*τὸ τί ἦν εἶναι*〉の中の〈*ἦν*〉(「在った」)は未完了過去を表していた。そして未完了過去とは、過去における継続ないし反復を意味した。この『新約聖書』「ヨハネ伝」の有名な冒頭句にもその〈*ἦν*〉が使われている。九鬼によれば「言《ことば》」(*ὁ λόγος*)は過去から現在に至るまでずっと継続して「在った」というのである。なお、九鬼はここでは、この「太初《はじめ》に」(*ἐν ἀρχῇ*)の意味を時間上の過去における「はじめ」であるかのように説明しているが、これは時間の過去が「必然性」の性格をもつという文脈でのことであって、「太初に」の本来の意味はそうではない。この同じ〈*ἐν ἀρχῇ*〉という表現は『旧約聖書』「創世記」冒頭句(ギリシア語訳『セプタギンタ』)にも見られる。「はじめに神は天地を造った」の「はじめに」(*ἐν ἀρχῇ*)がそれである。これも時間上の過去における

「はじめに」ではない。そもそも「言」と訳された〈*ὁ λόγος*：ロゴス〉とは「三位一体」としての神、すなわち父なる神・子なる神・聖霊なる神のうちの「子なる神」、要するに「神」を意味している。三位一体の位格の一つ「言」(*ὁ λόγος*：言なる神：子なる神)は絶えず現在に「臨在」している。神の存在には時間上の過去の「始まり」があるわけではない。「太初に」とは時間的な「はじめに」ではなく、「秩序」(ordo)における「はじめに」である。また、アリストテレスの「必然的本質」やプラトンの「イデア」と同じように、「言」(*ὁ λόγος*)もたんに時間性格として過去性をもつだけではなく、過去・現在・未来に亘って永続するという全時間的性格をもつ。いやむしろ、それは時間を超えた永遠の存在という性格をもつと言ったほうがより適切であろう。それゆえ、前注解でも述べたように、「言」も全時間を超えて端的に「在る」という存在性格をもつ。トマスは神を「存在そのもの」(esse ipsum)と呼んだ。

(33) **「傍に在ること」(Sein-bei)**　「傍に在ること」(Sein-bei)もハイデッガーの用語。本章注解(29)で見たように、ハイデッガーの言う「不安」とは、何か具体的な対象についての不安ではなくて、「被投性」そのものに由来する漠とした不安である。その不安から逃げ出し日常性の中に埋没し安住している、そのような在りようをハイデッガーは「頽落」と呼んだ。自己の本来の在りようを忘れて日常馴染んだ道具的世界にいわば自らを委ね浸りきっている、そのような在りようを「傍に在ること」(Sein-bei)という。(次注解参照)

(34) **偶然(Zufall)を「頽落」(Verfall)または「墜落」(Abfall)と解すること**　ドイツ語〈Verfall〉の〈ver-〉は「消滅」を、〈Ab-fall〉の〈ab-〉は「(根源からの)分離」といったような、いずれも否定的(価値論的)ニュアンスをもつ接頭辞である。〈fall〉も〈fallen〉すなわち「落ちる・倒れる」という意味の動詞に由来するものであるから、「頽落」、「墜落」という訳語は、本来あるべきところから離反し非本来的あり方に堕しているという、そのニュアンスをよく表している。しかし、ここで九鬼はそのニュアンスを排除してそれらの訳語を使いたいと言う。「偶然」は「離接的可能性の一離接肢が現実として眼前に措定された場合」(二二五頁)に、すなわち可能性全体の中の一つの可能性が現実化したときに目撃されるのであるが、このこと、つまり全体から一つの部分が「離れる」こと自体に否定的な意味が含まれているわけではない。たとえば、サイコロが振られて六つの目(可能性全体)の中の一つの目(部分)が出ることに否定的な意味合いがあるわけではない。(本章注解(29)(33)(63)参照)

(35) **原始偶然が偶然たるゆえんは与えられた「いま」の瞬間に偶然する現在性に存するのでなくてはならぬ** 原始偶然(Urzufall)は「最古の原始偶然」(der älteste Urzufall)(一六一頁)とか「原始事件」(Urereignis)とか「歴史の端初」(Anfang der Geschichte)(二六〇頁参照)とか言われる。また、因果系列を過去に向かって無限に遡った果てに原始偶然に到るとか言われる(一六一頁)。しかし、その「最古」とか「原始」とか「端初」、そしてまた「果て」とは時間的なそれではない。むしろ水平的な時間軸を垂直に超えた次元に位置するそれである。原始偶然は時間のその都度の現在の根底に絶えずいわば接している。これは九鬼の偶然論の本質に関わるきわめて重要な点であることに注意されたい。原始偶然の「原始」という言葉に惑わされてはならない。なお、『偶然性の問題』に先立つ「講義 偶然性」(一九三〇年)、博士論文「偶然性」(二二一年)では、〈Ur-

zufall〉は「原偶然」と訳され使われている(Ⅺ、二七八頁およびⅡ、三〇三頁参照)。原始偶然が時間の無限延長線上の「最初に」位置するかのような誤解を与えないためには、むしろ「原偶然」という訳語のほうがよかったかもしれない。〈Ur-〉は「根源」を意味する接頭辞であるから、ドイツ語〈Urzufall〉は「根源的偶然」というほどの意味である。(「第二章」注解(66)および本章注解(63)参照)

(36) **偶然性の成立する現在は「一点において過ぎゆく」(in puncto praeterit)……無に等しい現在である**　「過去」、「現在」、「未来」のいずれに重点を置いて時間をみるか、論者によって違いがある。九鬼は「講義 文学概論」で次のように述べる。「過去に重きを置く時間論と未来に重きを置く時間論に対して現在に重きを置く時間論がある。Bergson にあっても Heidegger にあっても現在というものは極めて軽く見られている。〔中略〕それに反して現在を時間の中心と考える時間論がある。現代では Husserl の時間論がそれであるが、既に Augustinus もそういう考を明かに述べている。〔中略〕Husserl は Jetzt〔今・現在〕は die Urquelle(原泉)であるといっている。〔中略〕そして今がそういうように Urschöpfung(原創造)、Urquelle である以上はいわゆる「永遠の今」ということもそこに考えられてくる。かつまた永遠の今とは静止したものでなくて円を描いているというようにも考えてくることができる。円を描くことによって今が無限に繰返される。その無限の繰返しの総和が「永遠の今」である。今とは無限の深みを有ったものである。印度《インド》哲学や希臘《ギリシア》哲学(Pythagoras, Platon, Stoa)でいう輪廻とか Nietzsche のいう ewige Wiederkunft〔永遠回帰〕などの考えもそこに生かされてくる。そうすれば Heidegger のいう Ekstasis

〈脱自〉のほかにもう一つ異った意味の Ekstasis が成立する。Heidegger のは水平的な Ekstasis であるがそれに垂直的なものが考えられてくる」(XI、一三二―一三七頁)。なお、九鬼が引くアウグスティヌスからの一句は、フッサールが(『内的時間意識の現象学』において)言及してにわかに注目を浴びることになった『告白』(*Confessiones*)第十一巻の「時間論」の中(二八節三七)にみられる。未来はまだ存在しないが、心(animus)の中にすでに未来の予期(expectatio)があり、過去はすでにないが、心の中にまだ過去の記憶(memoria)があり、現在の時間は「一点において過ぎゆく」がゆえに広がりを欠いているが、それでも現在へ向けられた心の注視(attentio)する作用は持続するとアウグスティヌスは言う。

(37) **有体的に原的に** 現象学で使われる言葉で、九鬼は〈leibhaft〉を「有体的に」、〈originär〉を「原的に」と訳して使っている。フッサールによれば、根源的明証とは、「有体的にそこに」(leibhaft-da)という様態において原的に与える直観(die originär gebende Anschauung)にあるとされる(『フッセリアーナ』I, S. 92; III, S. 52 など)。たとえば過去に私が会った友人は、きょうのいま「有体的に」は現前していないが、私によってその過去において「有体的に原的に」知覚(直観)されたがゆえに、想起されうるし、また未来に再会するかれを予期することができる。その意味で想起・予期は知覚の派生様態である。言いかえれば、「有体的に原的に」とは、想起・予期を可能にするような、その都度の現在意識の根源的な明証性を言い表す術語であり、九鬼もそのような意味でこの術語を使っている。

(38) **偶然性は単なる現実としての現実の現実性である** 偶然性は、必然性との関係においてはその否定態として、また可能性との関係においてはその極微の可能性として、そして不可能性との関係においては虚無性に近接するものとして把握される。しかし、いずれにしてもそれらは「体験の直接性を既に離脱した論理の領域」(二三一頁)における偶然性の把握である。偶然性の現実性は体験の直接性においては、九鬼が使う現象学の術語でいえば「有体的に原的に」(二三一頁)、「一つの現存在」、「一つの実存」、「一つの直接者」として把握されるということであろう。

(39) **可能性は……不安／必然性は……平穏**　注記するまでもないことかもしれないが、ここでの「不安」、「平穏」という言葉はいわば価値語として使われているのではない。われわれは未来における出来事に対して、まだそれがどのようになるか確定していないため、いわば「未確定」、「不安定」の状態にある、そのことを九鬼は「不安」と言い、過去の出来事はすでに確定し変わりようがない、その意味で「安定」しているから、そのことを「平穏」と言っている。

(40) **驚異の情緒はアリストテレスのいう *θαυμάζειν* であり、デカルトのいう admiration である**　九鬼も共感をもってしばしば触れるように、「驚き」(*θαυμάζειν*: admiration)が哲学の始まりであったと言ったのはアリストテレスである(『形而上学』982b12)。そして「驚き」という情念(情緒：passio)にかぎらず、一般にヨーロッパでは古代のアリストテレス、ストア派以来、中世のトマス、そして近代のデカルト、スピノザなどの、情念に関する詳細な論考が残されている。人間はしばしば「理性的動物」であると言われるが、むしろそれ以上に「感情的動物」であって、しかも感情の猛威の前では理性など、いわば荒れ狂う大海に翻弄される小舟のようなものである。たとえば愛や憎しみといった情念は、場合によっては自己のみならず他者をも破滅へ導くこともある。感情を支配するか、感情に支配されるか、それは人間の幸福を左右しかねない重大な問題である。ヨーロッパの情念論史は幸福論ないしは倫理学と深い関係をもっている。現代では、たとえばニーチェの哲学は情念の問題に深い関わりをもち、またB・ラッセルの『幸福論』は一種の情念論でもある。人間はたんなる精神的な存在でもなければ、たんなる肉体的なそれでもない。人間は精神と肉体とが相交わり葛藤する矛盾に満ちた「煩悩の身」である。情念は、まさに精神と肉体とが相交わる「場」に生じる事象である。パリ時代に、「灰いろの抽象の世に住まんには濃きに過ぎたる煩悩の色」(I、「巴里小曲」一八九頁)と歌っていた九鬼にとって、情念の問題は主要な関心事の一つであった。かれは一九三八年五月、「情緒の系図」を公表した。これは『新万葉集』巻二に収録された短歌に見られる感情(情緒)表現を詳細に分析し、様々の感情の関係について考察したものである。

この「情緒の系図」と同年の十一月、九鬼は京都哲学会で「驚きの情と偶然性」と題して講演を行った(翌年、同じタイトルで『哲学研究』に掲載)のであるが、そこでデカルト(『情念論』)とスピノザ(『倫理学』第三および第四部)の情念論を比較してその異同について論じ、かれらの情念論の違いはかれらの世界観の違いと密接に関わっていることを指摘し、そして自分の立場をデカルトのそれに近いものとする。

デカルトは「原初的な情念」として、「驚き」、「愛」、「憎しみ」、「喜び」、「悲しみ」、「欲」という六つの情念を挙げたが、スピノザはそれを批判して、「喜び」、「悲しみ」、「欲」の三つしか挙げなかった。九鬼は、両者の情念論を比較して、その最大の違いは、「驚き」という情念を原初的なそれと認めるかどうかにあると言う。そして九鬼は、「驚き」という情念を原初的なそれと見る点ではデカルトに与《くみ》する。他方、スピノザによれば、「愛」は「喜び」に、「憎しみ」は「悲しみ」に還元されてよいであろうから、「愛」、「憎しみ」のそれぞれを「喜び」、「悲しみ」とは根本的に異なる原初的情念と見なす必要はないという。この点では九鬼はスピノザに従う。要するに、九鬼は「原初的な情念」として「驚き」、「喜び」、「悲しみ」、「欲」の四つを認めるのである。デカルトが「驚き」を原初的な情念の一つとして認めたのに対して、スピノザはなぜそれを認めなかったのか。それは、九鬼によれば、デカルトが「非決定論」(indeterminism)の世界観をとったのに対して、スピノザが「決定論」(determinism)の世界観をとったからである。言いかえれば、両者は、この世界に生じる事象の中に偶然性を認めるか否かという点で異なったのである。「驚き」はまさに「偶然性」に関わる情念なのである。九鬼がデカルトとともに「驚き」を原初的情念として認めるのは、かれが、偶然論という意味での非決定論の世界観をとったことと密接な関係にある。九鬼の世界観は、現実のこの世界ではたまたま2＋2は4になるが、そうでない世界もありうるというデカルトのそれに親近性をもつ(「驚きの情と偶然性」および「情緒の系図」参照)。なお、九鬼によるプラトンからの引用箇所表記については「第二章」注解(21)参照。

(41)　**神的立場においては偶然に対する可笑味《おかしみ》となり得ることである**　九鬼は「風流に関する一考察」において次のように言う。「「厳かなもの」は「可笑しいもの」へ、「可笑しいもの」は「厳かなもの」へ常に急速に転化しようとするのである。「厳かなもの」は主体小と客体大との関係に基き、「可笑しいもの」は主体大と客体小との関係に基いている。そうして大とか小とかは相対的なものであるから、立脚地に即して位置の顚倒が行われ、大と小とがたちまち交代するのである。「天文を考へ顔の蛙かな」では、蛙の世界が人間の世界へ移ることによって、主体小に主体大が交代し、客体大に客体小が交代し、ために「厳かなもの」が「可笑しいもの」へ転化している。すなわち小主体としての蛙と大客体としての天空との関係に基いた「厳かなもの」が、大主体としての人間と小客体としての蛙との関係に基いた「可笑しいもの」へ転じている」(Ⅳ、七二―七三頁)。

(42) **超人ツァラトゥストラの笑う明朗な笑である**　ニーチェの『ツァラトゥストラはこう語った』を参照。「実存的意義の大きい偶然」とは、たとえばオィディプスとかれを死んだものと思っていたはずのライオス・イオカステ夫妻、リヤ王と末娘コーディリア、蟬丸と逆髪《さかがみ》、阿曽次郎と深雪、そして縮屋新助と美代吉などの邂逅・別離である。それらは、絶望的な邂逅・別離と言ってよい。しかし、九鬼はニーチェとともに、どのような過酷な出来事・状況であっても、それを「運命」として受け取り愛さなければならないという(「運命愛」amor fati)。その出来事・状況をあたかもみずからが自由に意志したかのごとくに、「これが私か」、「これが人生か」、いや「これが私だ」、「これが人生だ」というがごとくに受け取り直せというのである(Ⅴ、「偶然と運命」三四―三五頁参照)。パリ時代の歌に次のようなものがある。「時にまたヅアラトゥストラの教へたるのどけき笑ひ内よりぞ湧く」(Ⅰ、一九〇頁)。九鬼哲学の根底には「悲劇」に対する深い共感が潜んでいる。(本章注解(29)(43)(44)(56)参照)

(43) **『朝顔日記』などは偶然性が全体の骨子をなしている**　日向国(宮崎県)の城主秋月弓之助の娘

深雪は、あるとき宇治の蛍狩りで宮城阿曽次郎と出会う。深雪は阿曽次郎に朝顔の描かれた扇子を贈った。秋月藩にお家騒動が起こり、深雪は国許に帰ることになり、明石浦で別れる。阿曽次郎との約束を忘れかね家を出た深雪は、「朝顔」と名を変え、東海道の旅を続けるうちに失明し、島田の宿に流れ着く。ある宿の客のために琴を弾いた。その客こそ深雪が慕う阿曽次郎であったのだが、失明していた深雪には知るすべもなかった。阿曽次郎は深雪であることに気づいたが、この悲劇のもとになったのは自分であると思い、心中詫びながら、かつて宇治で深雪からもらった扇子と目薬を深雪に渡してもらうよう宿の者に頼み、京に出発する。残された深雪は宿の者に扇子の絵と話を聞き、阿曽次郎の後を追う。しかし、大井川の川止めで渡ることもできなかった。

(44) **謡曲『蟬丸《せみまる》』**　蟬丸は生まれながらの盲目を前世の罪業だとして、天皇である父から捨てられる。侍臣に先導されて逢坂に来た蟬丸の絶望を、謡曲は、「皇子はあとにただ独り、琵琶を抱き杖を持ち、伏し転びてぞ泣き給ふ」と謡う。蟬丸は庵を結び、そこで琵琶を弾きつつ孤独な生活を始める。姉の逆髪《さかがみ》は、その名のとおり髪が逆さになった狂女である。たまたま逢坂の関を通りかかって琵琶の音に惹かれて庵に近づいた逆髪は、その声を聞いてそれが弟の蟬丸であることに気づく。二人は互いに慰めあい、運命の過酷さを嘆きあうが、やがて逆髪は去る。二人に過酷な運命を強いるこの世界の不条理に対し、九鬼は「一切が空の空である」と言うだろう(本章注解(56)参照)。蟬丸は歌う。「これやこの行くも帰るも別れつつ知るも知らぬも逢坂の関」(「東国へ旅立つ人も見送って帰る人も、ここで別離を繰り返し、知っている者同士も知らぬ者同士も、ここで邂逅を繰り返す、これがあの逢坂の関なのだ」)。「逢坂の関」とはこの世界のことなのだ。

邂逅と別離、喜びと悲しみが交錯するこの世界。「またしてもまたしても」という仕方で無限に繰り返される邂逅と別離の世界。九鬼はその歌について、「偶然と運命の神秘に重圧された哲学的な厳かな感覚であって、時間的に無限の展望を過去と未来に有っている」と言う(Ⅳ、「風流に関する一考察」六七頁)。ここに、魂が休らうべく帰る家もなく、漂泊の魂をよしとした九鬼の人生を、そして、どこからともなくやってきて、どこへともなく去ってゆく「浮雲」のように放浪し、ゆくりなく邂逅した九鬼と深い共感で結ばれ、そして去っていった林芙美子の人生を重ね合わせてみても不当ではあるまい(別巻、未発表詩「さすらひ」一七四頁およびⅤ、未発表随筆「小唄のレコード」一六九―一七〇頁参照)。なお、『旧約聖書』の「伝道の書」(新共同訳聖書では「コヘレトの言葉」)(一・二―三)にも「空の空、空の空、いっさいは空である」と言われる。

(本章注解(50)(56)参照)

(45) **押韻の起源** 「押韻の問題」は、「偶然性の問題」、「時間の問題」とともに九鬼哲学の三大テーマをなす。九鬼は、一九二七(昭和二)年の三月と四月にパリから『明星』に「押韻に就いて」を投稿した。これは『明星』廃刊のゆえに掲載されなかった。九鬼は、その主宰者である与謝野鉄幹・晶子夫妻に再三原稿の返却を請うたが容れられずにいた。ところが、三〇年三月、突然、雑誌『冬柏』創刊号に、「小森鹿三」というペン・ネームで、その第一節が掲載された。それは自らの意に反することであったと九鬼自身が書いているのであるが、かれは残りの掲載は見合わせてくれるよう要請し、原稿の返却を請うたが、自筆原稿は失われたとの通知を受けた。やむをえず手許に残された準備草稿等をもとにして、新たに「日本詩の押韻」を書かざるをえなくなる

(Ⅴ、「日本詩の押韻〔B〕」「序」二七三頁参照)。

押韻論に直接関わる資料としては、その『冬柏』掲載の第一節分、また帰国後『大阪朝日新聞』紙上に発表された「日本詩の押韻〔A〕」(一九三一年十月、これも『冬柏』掲載の第一節と同様、「日本詩の押韻」全体の「序論」に当たるもので、『全集』版(Ⅴ)で七頁の分量である)、さらに岩波講座『日本文学』に発表された「日本詩の押韻〔B〕」(三一年十月)、そしてこれに改訂を施した「日本詩の押韻」がある。最後の論考が「決定稿」と見られる。改訂は削除、付加、敷衍といったように多岐に及ぶが、基本的な主張に変更はなかったとみてよい。「決定稿」には、それまでの諸稿にはなかった『偶然性の問題』(三五年)への言及がある(Ⅳ、「日本詩の押韻」二三二頁)から、おそらく九鬼は、少なくとも三五年あたりまでは岩波講座のそれの見直し作業を続けていたことになろうし、押韻の問題が偶然性の問題と関連をもつと見なされていたことの一つの証しにもなるであろう。パリから投稿して「決定稿」に至るまで、おおよそ八年を経ている。押韻論に関わる間接的な、しかしやはり重要な資料としては、ポンティニーでの講演「日本芸術における「無限」の表現」、さらに帰国後の「講義　文学概論」(三三年)、そして講演「文学の時間性」(三六年)および「文学の形而上学」(四〇年)がある。押韻論に関するこれら直接・間接の資料を通覧しても、九鬼の基本的な論点および論旨にほとんど変更はなかったと言ってよい。

それら『冬柏』掲載稿から「決定稿」に至るまでの押韻論および間接的な資料における押韻論の根底には、一貫して、一つの形而上学が潜んでいたと思われる。この押韻論の形而上学は「時間—永遠」論と「偶然—必然」論とを同時に含んでおり、九鬼哲学においてきわめて重要な位置を占める。『冬柏』掲載分の押韻論は「押韻論」全体の「序論」に当たるものであろうが、これを見ると、ポンティニーでのあの二つの講演(「時間論」と「無限論」)が、差し当たってヨーロッパ人を聴衆にして日本文化の独自性を述べたものであったのに対して、それは読者として明らかに日本人を想定していた。

ヨーロッパと祖国日本と、双方に批判の眼差しを向けていた九鬼は、「日本詩の押韻」において、日本人に向けて、忘却の淵にある独自の伝統を想起すべきであると訴える。もちろんかれは、たんに保守的な過去への回帰を主張するのではない。「既存を回顧して伝統の中に自己と言葉とを確実に把握すればよい。与えられた可能性を与えらるべき現実性に展開せしめ、匿された潜勢性をあらわな現勢性に通路させればよい」(Ⅳ、四四九頁)。過去の伝統を批判的に吟味し、これをもとにして未来の可能性を開拓すべきだと言うのである。日本語の特殊性、たとえば単語を構成する字母中の母音数の多数性からくる韻の響きの弱さゆえに、日本詩には押韻は適さない、それゆえ、響きの強い子音中心に単語が構成されている西洋詩の押韻法に追随すべきではない、つまり押韻にこだわるべきではないという主張に対して、九鬼は、日本語の音声学的性格からしても歴史的伝統からしても、日本詩に韻を踏むことは、それに豊かな展開をもたらすであろうと反論する。ギリシア語、ラテン語、フランス語、ドイツ語、イタリア語など、西洋各国語による詩における押韻の豊富な実例分析を行いながら、日本詩の押韻が決して木に竹を接いだようなものではないことを示す。押韻法の起源に関しても、それはヨーロッパにではなく、東洋(岩波講座の論稿ではインドないしペルシアとされ、決定稿ではインドないし周代中国とされる)(同、四三九頁)にあり、ヨーロッパはむしろそれを東洋から学んだのであると言う。また、すでに日本でも『古事記』に押韻の例を見ることができるが、『万葉集』や『新古今集』にはその豊富な例を見出すことができる。だれにもまして日本的な歌人といえる人麻呂や芭蕉は、明らかに意識して押韻詩を試みた。かれらは「天体の運行に宇宙の音楽を聴いた霊敏な心耳と、衣ずれの微韻にも人知れず陶酔を投げる尖鋭な感覚とを有」っていたのである(同、四四八頁)。このような客観的事実をみるならば、日本詩に押韻は適さないという主張には何の根拠もない。むしろ古来日本人は鋭敏で繊細な音楽的感覚(聴覚)をもっていたのであり、一と他という二元が偶然の遊戯の中で邂逅し共鳴し合う韻の響きに喜びを感じ取る鋭敏な魂をもっていたのである。「押韻によって開かれる言語の音楽的宝庫は無尽蔵である。韻の世界は拘束の彼岸に夢のように美しく浮んでいる偶然と自由との境地である。詩人は法則の必然的拘束性から生れた偶然と自由とを抱いて闊達無碍の天地に逍遥」(同、四四八―四四九頁)する。

押韻論(詩学)に関しても、奈良朝の『歌経標式』、そして平安朝の『奥義抄』以来、押韻に関する賛否両論を含めて、長い伝統があり、それらは、日本詩が押韻法を採用することによって無限の展開可能性を獲得しうることを暗示する。ちなみに、九鬼によれば、『歌経標式』は日本の詩学(Poetik)のはじめであり、これ以後の詩学は、それに対する賛否両論を含めてすべて『歌経標式』に基づくと言う。『新撰髄脳』(藤原公任)、『能因歌枕』(能因法師)、『綺語抄』(藤原仲実)、『奥義抄』(藤原清輔)、『無名抄』(源俊頼)といった、いわゆる「五家髄脳」や『悦目抄』がそうである(XI、「講義　文学概論」一一〇―一一五頁)。『無名抄』は鴨長明のものではなく、『俊頼髄脳』の別名『俊頼無名抄』のことである。また九鬼自身の押韻論の結論は、「将来日本詩に脚韻としての押韻の発達が可能であるとすれば、それは二重韻に基礎を置くものでなければならぬ」(同、一一二頁)というものである。九鬼の詩のほとんどは押韻(脚韻)が意識されて作られている。「詩」は「うた」であり、「音楽」である。詩はそもそも吟唱されるものであり、韻の響きの共鳴にこそその価値の過半がある(「第二章」注解(5)(60)参照)。なお、「ペルシア(の伝説)」というのは「ササン朝ペルシア(二二六―六五一)」(Ⅳ、「日本詩の押韻」四三九頁/Ⅺ、「講義 文学概論」一〇四―一〇五頁参照)。

(46) **ポール・ヴァレリー** 九鬼は、一九三一(昭和六)年に岩波講座『日本文学』に発表した「日本詩の押韻〔B〕」の扉(Ⅴ、二七一頁)に、ポール・ヴァレリー(Ambroise-Paul-Toussaint-Jules Valéry, 1871-1945)の詩篇『魅惑』(*Charmes*)の冒頭詩「曙」(Aurore)から、フランス語原文の一一―一四行目を引用している。鈴木信太郎訳を付して引いておく。

Salut! encore endormies
À vos sourires jumeaux,
Similitudes amies
Qui brillez parmi les mots!

おはやう。双生児《ふたご》のやうに似た微笑《ほほゑみ》を
浮べて　なほまだ寝込んだままの、
女の友達、相似形よ、

単語の間で　きらきらと燦《かがや》いてゐる。　(岩波文庫『ヴァレリー詩集』一三二頁)

ヴァレリーが言う「双子の微笑」、「親密な相似形」とは、単語の間で響き合う脚韻を意味している。引用された詩でも〈endormies〉と〈amies〉、そして〈jumeaux〉と〈mots〉とがそれぞれ韻を踏んでいる。

(47)「言霊《ことだま》」の信仰　「言霊」とは、言葉に宿ると信じられた霊的な力のこと。九鬼は、「日本詩の押韻〔A〕」(V、二六四—二七〇頁)において、古来「言霊のさきはふ国」と言われた日本では詩に韻を踏む伝統が培われてきたが、その押韻の技法は日本詩の展開に無限の可能性を与えるだろうと主張する。九鬼は、『万葉集』巻十三の三二五四にある、柿本人麻呂の次のような歌を念頭においている。「志貴嶋　倭国者　事(言)霊之　所佐国叙　真福在与具——しき島の日本《やまと》の国は言霊のさきはふ国ぞまさきくありこそ」(岩波文庫『万葉集』下、八六頁)。また、山上憶良は次のように言う。「神代欲理　云伝久良久　虚見通　倭国者　皇神能　伊都久志吉国　言霊能　佐吉播布国等　加多利継　伊比都賀比計理——神代《かみよ》より　言ひ伝《つ》て来《く》らく　そらみつ　倭の国は皇神《すめがみ》の　厳《いつく》しき国　言霊《ことだま》の　幸《さき》はふ国と　語り継ぎ　言ひ継がひけり」(『万葉集』巻五の八九四)(同書、上、二二九頁)。(本章注解(45)参照)

(48)一般に芸術が偶然性に対して有つ内的関係　ここでは九鬼は、芸術が偶然性と内的関係をもつという観点から「学問と道徳とが、必然性を無窮に追求する可能性としての「未来的」文化形態であるに反して、芸術は現前の偶然性において自己を観照する「現在的」文化形態である」(二四一頁)と言うが、学問と道徳と芸術の関係について、別の論考では学問と道徳をも区別している。学問は時間的性格として過去性を、道徳は未来性を、芸術は現在性をそれぞれもつ。学問が過去性をその時間的性格としてもつというのは、「古いものから新しいものへ進み、理由から帰結へ動いていくのが学問の構造」(Ⅳ、『文芸論』「文学の形而上学」一〇頁)だからである。道徳が未来性を特徴とするというのは、「行為の目的が意識的に未来においてあらかじめ把握され、未来への距離が義務としての緊張を有ち、義務が努力によって果されるところに道徳現象は成立する」(同、一〇頁)からである。芸術が現在性をもつというのは、芸術は直観を特性とするが、「直観はまのあたり見ることを条件としている。まのあたり見るのは現在において」(同、八頁)だからである。さらに、芸術の中でも文学と音楽は時間芸術であり、絵画と彫刻は空間芸術である。演劇は時間空間芸術であると言ってよいだろう。そして時間芸術である文学の中でも小説は過去的性格を濃厚にもっており、戯曲は未来的性格を、詩は現在的性格をそれぞれ特徴とする。すなわち、小説は過去を起点として展開し、戯曲は未来へ向けて収斂し、詩は現在に集中する。それゆえ小説は過去的現在を、戯曲は未来的現在を、詩は現在的現在をそれぞれの時間的性格としてもつと言う。(Ⅲ、「文学の時間性」/Ⅺ、「講義 文学概論」参照)

(49) **「君子以自彊不レ息」(『易』「象伝」)** 六十四卦の最初には「乾」の卦が、二番目に「坤」の卦が置かれる。乾は「天」を、坤は「地」を意味する。乾と坤すなわち天と地は万物の根源とみられる。九鬼が引用する一句は、「乾☰」に関わる「象伝」の「天行は健なり。君子以て自彊して息《や》まず」の中のそれである。「天体の運行は健やかで息むことがない。君子はこの健やかさにのっとって、みずからつとめはげむ努力を怠ってはならない」(岩波文庫『易経』上、八三—八四頁参照)。なお、「象伝」は上下の三画卦の象徴を説明する部分と爻辞を説明する部分とから成るが、この二句は前者の説明。(「第二章」注解(44)参照)

(50)「乙女の姿しばしとどめん」(僧正遍昭)　百人一首の中でも人気のある、僧正遍昭(俗名、良岑《よしみねの》宗貞《むねさだ》:八一六―八九〇)作、「あまつかぜ雲のかよひぢ吹きとぢよ乙女の姿しばしとどめん」(『古今集』巻第十七 雑歌上)の結句。「空を吹き渡る風よ、雲をたくさん吹き寄せて、天上の通り路を塞いでくれないか。天女の美しい姿をいましばらく引き留めておきたい」。なお、この歌は、藤原定家の撰による歌集『百人秀歌』では十五番目に置かれ、次の十六番目に置かれた蝉丸の、邂逅と別離を詠んだ歌「これやこの行くも帰るも別れつつ知るも知らぬも逢坂の関」と対になっている。定家は、天女の通り路である「雲のかよひぢ」に、下界の人々の通り路である「逢坂の関」を対句として撰んだのであろう。(本章注解(44)参照)

(51)フランス現代の画家の中には……任せている者もある　九鬼がここで念頭においているのは、いわゆる「シュルレアリスム(超現実主義)」(surréalisme)の画家たちであろう。詩人アンドレ・ブルトン(André Breton, 1896–1966)はその運動のリーダー的存在であった。サルバドール・ダリ(Salvador Dalí, 1904–89)、ルネ・マグリット(René François Ghislain Magritte, 1898–1967)らは、夢や無意識下でしか起こりえない不条理な世界、事物のありえない組み合わせなどを写実的に描いた。なお、九鬼は一九二九年、大谷大学で「偶然性」についてはじめてまとまったかたちで講演を行ったが、そこでは、「描かるべき事物その物を描写の目的とせず、事物の有する色彩相互の偶然的関係のみを考慮する」画家の例としてアンリ・マティス(Henri Matisse, 1869–1954)

を挙げている(Ⅱ、三四七頁)。

(52) そうしてその「世界」とは……「現象界」または「自然」にほかならない　カントによれば、時間(Zeit)と空間(Raum)とは客観的実在性(「絶対的・超越論的実在性」absolute oder transzendentale Realität)をもつものではなく、たんなる「感性」(Sinnlichkeit)の受容性のア・プリオリな直観形式である。そしてこの直観形式はたしかに「物自体」(Ding an sich〔selbst〕)による「触発」(affizieren)を受けてはじめて発動するが、物自体の認識に関わることはできず、われわれに現れるかぎりでの、すなわち「現象」(Erscheinung)であるかぎりでの対象の認識にのみ関わる。われわれは、感性にア・プリオリに具わる時間・空間と、悟性(Verstand)にア・プリオリに具わる概念すなわち範疇によって対象を認識する。カントは言う。「自然に対する最高の立法は、我々自身のうちに、すなわち我々の悟性のうちに存しなければならない」(岩波文庫『プロレゴメナ』一四四頁参照)。「悟性はその(ア・プリオリな)法則を自然から得てくるのではなくて、かえってこれを自然に指示する」(同書、一四六頁参照)。自然ないし世界からわれわれが法則を得るのではなくて、逆にわれわれが自然に法則を与える。カントのいわゆる「コペルニクス的転回」(kopernikanische Drehung)である。ただし、その場合の「自然」または「世界」とは「物自体」としてのそれではなく「数学的自然科学の対象であるいわゆる現象」としてのそれである。なお、「現象界」は「経験界」ないしはギリシア語に由来する「フェノメノン(複数形、フェノメナ)」(phenomenon: phenomena)とも呼ばれるのに対して、「物自体の世界」は「可想界(ヌーメノン:ヌーメナ)」(noumenon: noumena)とも呼ばれる。(本章注解(9)参照)

(53)「たまたま〔遇〕行信を獲ば……」「思いがけずこの真実の行と真実の信を得たなら、遠く過去からの因縁をよろこべ」。

(54) 六師《ろくし》の宿命論とも無因論とも差別し難い一致点を有っている　「六師」とは、プーラナ・カッサパ(道徳否定論者)、マッカリ・ゴーサーラ(宿命論的自然論者)、アジタ・ケーサカンバリン(唯物論者・快楽論者)、パクダ・カッチャーヤナ(無因論的感覚論者、七要素説)、サンジャヤ・ベーラッティプッタ(懐疑論者・不可知論者)、ニガンタ・ナータプッタ(自己制御説、ジャイナ教開祖)という六人の師を言う。バラモン教を批判したこれら六人の思想を「六師外道《げどう》」と言う。九鬼が言及しているのは、それらのうちマッカリ・ゴーサーラの「宿命論・無因論」である。それによれば、一切万物は細部にいたるまで宇宙を支配する原理であるニヤティ(宿命)によって定められている。輪廻するもののあり方は宿命的に定まっており、六種類の生涯を順にたどって浄められ、解脱にいたる。それまで八四〇万劫《こう》(カルパ)もの長い間、賢者も愚者もともに輪廻しつづける。人間のみならず一切の生きとし生けるものが輪廻の生活をしているのは、無因無縁であり、かれらが清らかになり解脱するのも無因無縁である。かれらの生存状態は自分がつくりだしたのでもなく、他のものがつくりだしたのでもない。「業《ごう》」などは存在しない。かれらには支配する力もなければ意志の力もなく、ただ運命と出遇いと本性に支配されて、いずれかの状態で苦楽を享受するのであり、人間の意思にもとづく行為は成立しない。

(55)「一切皆因二宿命造一」(一切皆宿命《しゅくみょう》の造に因《よ》る)……「一切皆無因無縁〔也〕」『大正新脩大蔵経』第一巻 阿含部 上、四三五頁・『中阿含経』巻第三。

(56) ソフォクレスの『オィディプス王』、シェークスピアの『リヤ王』……黙阿弥の『縮屋新助』いずれも名高い、古今東西を代表する「悲劇」作品。

『オィディプス王』「あなたの子はあなたを殺しあなたの妻を娶るだろう」というアポロンの神託をおそれて、両親(テーベの王ライオスと妻イオカステ)は家来にオィディプスを殺すように命じる。不憫に思った家来はオィディプスを殺さずに密かに捨てる。オィディプスはたまたまコリントスの王に拾われて王子として育てられるが、やがて放浪の旅に出る。その旅先で、これもまたたまたまトラブルに遭い、その相手が父とは知らずにライオスを殺害し、スフィンクスの謎を解いてテーベを救い、王妃イオカステ、つまり母と結婚することになる。やがてテーベに数々の災難が降りかかり、前王を殺した犯人をさがしているうちに、オィディプスの出生の秘密が明らかになり、イオカステは自殺し、オィディプスは自らの目をくりぬいて、放浪に出る。すべては「実存的意義の大きい偶然〔邂逅〕」、つまり不条理極まりない「運命」としか言いようがない。九鬼はアリストテレスの『詩学』の中にある「悲劇」論に触れる。「Aristoteles は悲劇の効果として「憐れみと恐れを起してそういう感情の Katharsis〔純化・浄化〕を来たす」*παθημάτων κάθαρσις*〔と言う〕(*Poetica*, VI)。それには色々の解釈がある。主なのは二つである。(1)感情を純化する。憐れみや恐れの情にまじっているものを除いて純化する。(2)感情をすっかりあらい捨ててしまう。憐れみや恐れの情を経過して遂には観者の心から憐れみ恐れその他の種々の感情があらい去られて心がさっぱりする。Aristoteles の考がどうであったかは断定し得ないが、悲劇の効果は事実上よく考えて第二の説を採らねばならぬ。悲劇を見た後の体験は一切の情緒からあらわれて空の空であるという感じのみ残る。悲劇は道徳的人格全体をゆり動かすものである。そうして観者は自己の道徳性を通して一切が空の空であることを感ずるのである」(XI、「講義　文学概論」一五八頁)。九鬼はここでは触れていないが、そのアリストテレスによる悲劇解釈を強く批判したのがニーチェであった。ニーチェによれば、古代ギリシア人が悲劇作品を熱烈に支持したのは、かれらがそれに「感情の κάθαρσις」を求めたからではなく、不条理に満ちたこの人生・世界をありのままに見据え受け容れることができる強靱な魂ないし意志をもっていたからだという。この人生・世界は不条理に満ちているが、それをありのままに「運命」として受け取り愛さなければならないというのである(ニーチェ『悲劇の誕生』参照)。そして結局は、九鬼もニーチェのその「運命愛」(amor fati)に共感を示す。(V、「偶然と運命」三四―三五頁および本章注解(42)参照)

『リヤ王』　ブリテン王リヤ(リア)は、高齢のため退位するにあたり、国を三人の娘に分割し与えることにした。長女ゴネリルと次女リーガンは言葉巧みに王に取り入るが、率直に意見をする末娘コーディリアに怒ったリヤはコーディリアを勘当し、コーディリアをかばったケント伯も追放される。コーディリアはフランス王妃となり、ケントは風貌を変えてリヤに再び仕える。リヤは二人の娘ゴネリルとリーガンを頼るが、裏切られて荒野をさまようことになり、次第に狂気にとりつかれていく。リヤを助けるため、コーディリアはフランス軍とともにドーバーに上陸、父との再会を果たす。だがフランス軍は敗れ、リヤとコーディリアは捕虜となる。ケントらの尽力でリヤは助け出されるが、コーディリアは獄中で殺されており、娘の遺体を抱きかかえるリアは悲しみに絶叫し世を去る。

『縮屋新助』(『八幡祭小望月賑《はちまんまつりよみやのにぎわい》』)　黙阿弥(二代目河竹新七：一八一六―九三)が四代目市川小団次のために執筆した世話狂言。越後の縮売り商人新助は、江戸深川の八幡祭の雑踏で永代橋が落ち多くの死傷者が出たさいに、たまたま舟で通りかかり川に落ちてきた深川の芸者美代吉を救うことになる。美代吉を恋した新助は、同じ越後の商人仲間に美代吉を紹介するが、その場で彼女に愛想尽かしをされ、それを聞いた仲間たちに散々に馬鹿にされて、新助に殺意が芽生えてくる。殺した芸者美代吉は、実は、探し続けていた妹だった。

(57) **愛智者《フィロソフォス》がポロスとペニヤの間の子として**　プラトンは『饗宴』の中で「愛」(エロース：*ἔρως*)についてその性格づけを行う。「愛」は「方策」や「富」などを意味する「ポロス」(*Πόρος*)と「貧窮」を意味する「ペニヤ」(*Πενία*)のあいだの息子である。したがって、「愛」は「富」と「貧窮」の「中間にある者」(*μεταξύ*)という性格をもつ。それは困窮もしないが、富みもしない。そしてそれは「智」と「無智」に関してもその中間にある者である。すでに完全な智者(ソフォス：*σοφός*)であれば智を愛し求めることはしないだろうし、また逆に完全に無智蒙昧である者も智を愛し求めることはないだろう。「愛・智者」(フィロ・ソフォス：*φιλό-σοφος*：哲学者)とは、「智者」と「無智者」との中間にあることを自覚し、「智者」であることを渇望し、あらゆる方策を尽くして永遠に智を「愛」し求め続ける者のことをいう(202e–204a)。「哲学をエロスと呼びしアカデミア昔を今になすよしもがな」「むらぎものこころふるるが哲学のはじめぞと説きアリストテレス」(「短歌ノート」の中の「ギリシア哲学礼讃」と題して詠まれた二首。別巻、一四一頁参照)。

(58) **限界状況**　K・ヤスパース(一八八三—一九六九)によれば、「限界状況」(Grenzsituation)とは、死、苦悩、闘争、罪責といったような、人間が人間であるかぎりだれも免れることができない巨大な壁の前に立って、ただそれに衝突し、挫折するほかない状況のことである。日常性の中にあって忘れ去ってしまっている「自己の死」に突き当たることによって、各人がそれまで意識していた自己自身の存在に対する確実性の挫折を自覚させられる。そして、壁に突き当たって挫折する経験は、人をして頼るべきもののない孤独と絶望とに突き落とす。しかし、このような限界状況に直面したときにこそ「実存的まじわり」や「超越者との出会い」によって、人は実存に目覚めるのであるという。(本章注解(29)参照)

(59) **アリストテレス『形而上学』/モーゼス・マイモニデス**〔『迷える人々の導き』〕/**トーマス・アクィナス**　カントは「神の存在」を証明する方法は三つしかないとした。「存在論的証明」(ontologischer Beweis)、「宇宙論的証明」(kosmologischer Beweis)、「自然神学的証明(目的論的証明)」(physiko-theologischer Beweis〔teleologischer Beweis〕)がそれである(『純粋理性批判』第二部、第二編、第三章、第三—七節)。まず、カントが言う「存在論的証明」は、中世時代にアンセルムスが『プロスロギオン』(*Proslogion*)において提示し、デカルトも踏襲したそれである(『方法序説』*Discours de la méthode*, 4,『(第一哲学についての)省察』*Meditationes de prima philosophia*, 3,『哲学原理』*Principia philosophiae*, I, 14–16)。それはどのようなものか、九鬼が説明するところを引用しておく。「〔アンセルムスの「存在論的証明」を〕三段論法の形で表せば

〔次のようになる〕、（大前提）神はその概念上最高のものである。（小前提）最高のものは概念上我々の悟性の中だけでなく外にも存在する。（結論）ゆえに神は我々の悟性の中だけでなく外にもすなわち現実に存在する」。トマスはこの「存在論的証明」には批判的であった。その理由についても九鬼が述べるところを引用しておく。「最も完全で従って存在をも含んでいる存在者を思惟することはそういう存在者が思惟以外に存在することを証することはできぬ(*S. theol.*, I, 〔q. 2,〕a. 1)(Gaunilo と同じ考)」(XI、「講義 偶然性」二四九―二五〇頁参照)。要するに、「最高のもの」あるいは「最完全なもの」という概念、つまり「神」という概念を「悟性(知性)」あるいは「思惟」の中で考えるからといって、そこから直ちに神が思惟の外にも「存在する」という帰結にはならないというのであり、これはアンセルムスと同時代のガウニロが行った批判であったが、トマスもその批判に同調し、そしてカントもまた「存在論的証明」に対してほぼ同じような批判を行った。次に「宇宙論的証明」であるが、その発端はアリストテレスにあり(『形而上学』第十二巻、第七章)、それをモーゼス・マイモニデス(Moses Maimonides, 1135-1204)が利用し、そしてトマスも継承した。近代のライプニッツにもそれは見られる(『単子論』*Monadologie*, 36-39)。トマスは『神学大全』(*Summa theologiae*, I, q. 2, a. 3, c.)の中で五つの方法(five ways)によって「神の存在」の証明を試みた。「宇宙論的証明」はその三番目に、「自然神学的証明」は五番目に出てくる。その「宇宙論的証明」について九鬼はトマスの原文に即しつつ次のように述べる。「これがすなわち Thomas が Maimonides に倣《なら》った偶然性からの証明。宇宙論的証明なり。現実には生成及び壊滅ということがあるから、存在し、また存在しないことのできるもの(possibilia esse et non esse)がある。すなわち偶然的のものがある。しかし一切が偶然ではあり得ない。なぜならば存在しないことのできるものは或る時には存在しない。「従ってもし一切が存在しないことのできるものであるならば、或る時には何物も無かったこととなる」。しかし、それが真とすれば今もなお何物もないはずなり。なぜならば無いものは有るものによってのみ存在しはじめることができるから。しかし今、何物もないということは明かに誤りなり。「それゆえに一切の存在が可能的な存在ではない。事物の中には必然的のものがなければならない」(Non ergo omnia entia sunt possibilia, sed oportet aliquid esse necessarium in rebus.)。さて、すべての必然はその必然である原因を自己以外に有するか自己のうちに有する。しかるにその必然である原因を自己以外に有する必然が無限に列なることは不可能である。それゆえに「それ自身によって必然の或る者」(aliquid quod est per se necessarium)を認めなくてはならぬ。そうしてそれをすべての人が神と呼ぶ」。そしてトマスによる「自然神学的証明」であるが、これについても九鬼の説明を引用しておく。「これは最も通俗的で昔から用いられたもの。すなわち世界の目的性から神の存在を証明す。〔中略〕すべてのものは一定の目的をもっている。それにとって最も善いことをする。しかし意識を有たぬ自然物は目的の方へ導かれるためには知見をもった存在者を仮定す。矢が射手を仮定するようなものである。その知見をもった存在者が神なり。aliquid intelligens a quo omnes res naturales ordinantur ad finem」(XI、「講義 偶然性」二四八—二四九頁参照)。ただし、九鬼はこのように、「偶然者」は「必然者」にその存在根拠をもつということを言うために、モーゼス・マイモニデスやトマス、そしてまたスピノザやライプニッツなどの「偶然者」と

「必然者」に関する議論を指示するが、しかし、かれらにおける「偶然者」と「必然者」に関する議論は本来必ずしも九鬼の哲学の意図と合致するようなものではない。九鬼は「形而上的必然」と「原始偶然」とは「一者の両面」というのであるが、このようなことはモーゼス・マイモニデスやトマスはもちろんのこと、ほとんどすべての西洋の思想家たちは認めないであろう。なおカントは、「宇宙論的証明」と「自然神学的証明」は根本において「存在論的証明」を前提していて、結局「神の存在」を証明する方法としてはこの「存在論的証明」一つしかないと言う。しかもカントはこの「存在論的証明」そのものは間違った証明であると主張する。「存在(在る)」は概念に付加できる述語ではなく、概念とその指示対象との関係を表す繫辞(コプラ)にすぎないとカントは言う。あるいは、その証明は「論点先取の誤謬」を犯している、すなわちまさに証明されるべきこと(「神の存在」)を前提した論法だということである(XI、「講義 偶然性」二四七―二五二頁参照)。ただしカントがこのように、理論理性による神の存在証明は成り立たないと言うとき、それは神の存在を否定するということではない。われわれ人間の理論理性は神の存在の証明をなしうるような能力ではなく、きわめて限られたそれだということである。

(60) **「自因性」(aseitas)と「他因性」(abalietas)**　ラテン語〈aseitas〉は〈a〉(～によって)と〈se〉(自己)との合成語で「自らによって在ること」を、〈abalietas〉は〈ab〉(～によって)と〈alius〉(他者)との合成語で「他者によって在ること」を意味する。「自因性」(aseitas)とは「存在根拠を自らのうちにもつこと」であり、「他因性」(abalietas)とは「存在根拠を他者に依存する(自らのうちにもたない)こと」である。要するに、それぞれ神(必然者)と世界(偶然者)を意味する。(前注解

参照)

(61) **易の大〔太〕極**　「太極」は、『易経』「繋辞上伝」の「易有太極。是生両儀。両儀生四象、四象生八卦。八卦定吉凶、吉凶生大業」(易に太極あり。是れ両儀を生ず。両儀は四象を生じ、四象は八卦を生ず。八卦は吉凶を定め、吉凶は大業を生ず)に由来する。「太極」は易の八卦の生成過程の根源にあり、そこから陰陽の二元が生じ、天地万物が生成する。

(62) **ヤコブ・ボェーメ……「然《しか》り」(Ja)……「否」(Nein)**　ヤコブ・ベーメは論考「神の啓示に関する問い」において次のように言う。「然り(Ja)は否(Nein)から分離していて、それら二つのものが相互に併存するのではなくて、それらはただ一つのもの(Ein Ding)であるが、自ら二つの始原(zwei Anfänge)へ分離する」(『ヤコブ・ベーメ全集』第六巻、一八四六年)。

(63) **原始偶然は絶対者の中にある他在である。……原始偶然を世界の端初または墜落(Zufall=Abfall)と……ここに起因している**　九鬼はここで「原始偶然は絶対者の中にある他在である」と書きながら、本書の冒頭句「偶然性とは必然性の否定である」を思い浮かべていたはずである。この冒頭句にある「否定」(Negation)という言葉は「他在」(Anderssein)を含意していたことがここに到って判明する。なお、九鬼がここで「墜落(Zufall = Abfall)」と言うとき、この言葉をかならずしも「価値論的」ないし否定的なニュアンスを含むものとして使っているのではない。(本章注解(34)参照)

(64) **ライプニッツは『形而上学叙説』のうちで、必然(nécessaire)と確実(certain)との区別を立てようとしている**　『形而上学叙説』一三および「第一章」注解(5)参照。

(65) **偶然は無に近い存在である**　この「第三章　離接的偶然」の「一四　有と無」は本書の「序説」「一　偶然性と形而上学」に対応している。そこでは次のように言われていた。「偶然性にあって、存在〔有〕は無に直面している。しかるに、存在を超えて無に行くことが、形を越えて形而上のものに行くことが、形而上学の核心的意味である」(一三頁)。(「序説」注解(1)参照)

(66) **偶然はシェークスピアのいうがごとく「底が無い」**　「講義　偶然性」(一九三〇年)にもほとんど同じ文章が見える(XI、二八七頁)。この講義での文章を本書でも使っている。

(67) **「合会有〻別離、一切皆遷滅」**　(合会《ごうえ》には別離有り、一切皆遷滅す)(『大般涅槃経』巻第二　寿命品)。なお、「遷滅」の部分は「遷動」となっているテクストもある。

結　論

(1) **単なる現実として戯れのごとく現在の瞬間に**　「第三章」注解(38)参照。「寄る辺なく、理由なく」「どこからともなく、どこにともなく、どこへともなく」の意か。

(2) **単なる同一化、単なる必然化は一切の汝、一切の偶然性を否定することによって無宇宙論へ導く**　「無宇宙論」はacosmisme(仏語)あるいはAkosmismus(独語)の訳語。acosmismeはギリシア語の否定の接頭辞〈*α-*〉(a-)と「宇宙」を意味する〈*κόσμος*〉(cosmos)との合成語。九鬼はエレア派(パルメニデス)の世界観(宇宙観)、すなわち差異性・偶然性を認めない同一性・必然性の哲学を批判的に評するときこの表現をしばしば使う。原因(causa)と結果(effectus)の関係については二つの解釈が可能である。九鬼はカント風の術語を使ってそれらを「綜合的解釈」と「分析的解釈」と呼ぶ(XI、二二二—二二七頁)。たとえば〈$2H+O \to H_2O$〉という簡単な化学式を例にとってみよう。左辺を原因として右辺の結果が生じるわけであるが、一つの見方(綜合的解釈)は、左辺は気体(水素と酸素)であるが右辺は液体(水)であり、気体と液体とはまったく別のあり方であって、左辺になかったものが右辺に生じ、左辺にあったものが右辺にはないと見るそれである。無から有が生じ、有が無になるという、生成消滅をみとめる見方であり、「万物は流転する」と言って、この世界を偶然性、差異性(differentitas)の世界と見るヘラクレイトスの見方はその典型であろう。

もう一つの見方として、実はそこには何の変化も生じていないとする解釈(分析的解釈)もありうる。なぜなら、右辺(結果)にはもともと左辺(原因)にあった水素原子二個と酸素原子一個以外のものは何もないからである。原因の中になかったものは結果の中にはないし、原因の中にあるものが結果の中にないということはない。同じことになるが、結果の中にあるものはすでに原因の中にあったのであり、結果の中にないものは原因の中にもなかったのである。要するに、原因は結果に等しい(causa aequat effectum)。有は有、無は無である。有から無への、無から有への転化はない。AはAであるという同一性の論理、あるいはトートロジー(同語反復)の論理である(本書六六—七〇頁/VIII、『現代フランス哲学講義』二〇六—二一二頁/IX、「講演 現代哲学の動向」三五三—三五五頁)。生成消滅の世界を臆見(δόξα)として否定し、同一性(identitas)の世界の実在性のみをみとめるエレア派の見方はその典型であろう。〈$2H+O \to H_2O$〉の左辺と右辺の間に実質的な変化はなかったのである。したがって時間の経過も見かけにすぎず、無意味である。

「無時間論」と言ってもよい見方である。生成消滅する時間の世界、差異性・偶然性に満ちているように見える世界はいわば夢・幻で、その根底には同一性・必然性・不変性が支配する真実の世界がある。このような世界観を九鬼は「無宇宙論」と言って批判しているのである。ただし、それにもかかわらず他方で九鬼はエレア派の同一性・必然性の世界観を全面的に否定しようとはしない。「有の意味を同一律によって規定し、同一律に反するものを無とみなしたエレア派の哲学……に一面の真理を承認しない訳にゆかない」(本書二七七―二七八頁)。(「序説」注解(4)「確率論」、「第二章」注解(14)参照)

(3) **道徳法をして例外を許さざる普遍的自然法のごとくにあらしめようとする倫理説は……「何ものをも意志しない意志」……実践上の無宇宙論に陥るであろう** ここで九鬼はカントの「定言命法」(kategorischer Imperativ)もしくは「道徳律」(Moralität)を念頭において、それを批判している。カントは『道徳形而上学原論』において次のように言う。「君の行為の格率が君の意志によって、あたかも普遍的自然法則となるかのように行為せよ」(第二章、岩波文庫、八六頁)。九鬼はすでに大谷大学講演「偶然性」(一九二九年)でも「Kant は「汝の意志による汝の行為の準則が普遍的なる法則となるがごとくに行動せよ」といっている。〔中略〕もしそれが、意志の原則をもって、例外を許さない普遍的自然律のごとくにあれという意味であるとすれば、たしかにそこに弱点が存する。〔中略〕Jacobi はこの点について Kant を非難した」と語っていた(Ⅱ、三四八―三四九頁)。どんな場合でも偽ってはならない、殺してはならない、自殺してはならない、盗んではならないなどと命じるカントの道徳律は、自然法則と同じように例外を認めない絶対的な命法であり、それは、現実に絶えずあれかこれかと迷って生きる具体的人間の行為の準則としては何も生きた力にならないと言いたいのである。「何ものをも意志しない意志」(der Wille, der Nichts will)とはヤコービがカントの定言命法を批判して述べた言葉。また、「死に臨んで偽ったデスデモナ……」は、ヤコービが自分の心(Herz)の立場を述べた「フィヒテ宛書簡」の中の有名な箇所。ヘーゲルも「ヤコービ書評」で引用している(ズアカンプ版『ヘーゲル著作集』第四巻、四四八頁)。ヘーゲルは、具体的個人を捨象した実定法や律法に対するアンチテーゼとして盗みや自殺も意義をもつ場合があるとヤコービを好意的に解釈している。なお、「デスデモナ」はシェークスピアの『オセロ』の登場人物。「テイモレオン」はカルタゴに戦勝したコリントスの将軍、また「オットー」はローマ皇帝 Marcus Salvius Otho、「ダビデ」は『新約聖書』「マルコ伝」などに登場する人物。「無宇宙論」については前注解参照。

(4) **「観二変於陰陽一而立レ卦……」** (変を陰陽に観て卦を立て、剛柔を発揮して爻を生じ、道徳に和順して義を理《おさ》め、理を窮め性を尽くしてもって命《めい》に至る:(むかし聖人が易を作るに当たっては)天地陰陽の変化を観察して卦を作り、剛柔のはたらきを発揮させて爻を作り、この卦爻の示すところに従って道徳に調和順応して義理に違わぬように心がけ、天下の道理を窮め尽くして天命を知るの境地に到達したのである)(岩波文庫『易経』下、二八七―二八八頁参照)。

(5) **根源的社会性/間主体的社会性/「観二仏本願力一、……」** 「間主体性」とは、現象学でよく使われる術語〈Intersubjektivität〉の訳語であるが、「間主観性」と訳されることが多い。九鬼はおそらく実践的・行為的次元を意識して、「間主体性」と訳している。たとえば、相手の悲しみをあたかも自分自身のものであるかのように感じるとき、そこには、ふたりの主観が互いの間をいったりきたりしているかのような状況にある、そのことを「間主観性」と言う。「外なる汝を我の深みに内面化する」(本書二八〇頁)とは、あなた(汝)をあたかも私(我)であるかのように愛するということであろう。「観㆓仏本願力㆒、遇無㆓空過者㆒」(仏《ぶつ》の本願力を観ずるに、遇《もうお》うて空しく過ぐる者無し)とは、本願力すなわち仏の大悲(救いの心)はすでに仏のほうからいつも衆生のもとに届いているのであって、その大悲に気づきさえすれば、凡夫は凡夫のままで救われるということ。本来「遇」は「仏」あるいは「大悲」のほうからわれわれが出遇われること。したがって、九鬼が本文で「我」と「汝」という場合の「汝」も「仏」の意味に解せられないことはないが、「根源的社会性——間主観的社会性」における倫理を問題にしている文脈からして、その「汝」は人間としての「汝」を意味していると思われる。ただし、「我」と「汝」という「間主体的社会性」における倫理の根底にも大悲の心がはたらいていることを見ようとしているのであろう。

(6) **弥蘭の「何故」に対して**　「第一章」注解(11)参照。

「偶然性の問題」手沢本への書込み

(1) **「優曇鉢華《うどんばっけ》の時に……」/「葦牙《あしかび》の如《ごと》……」**　「優曇鉢華」は「霊瑞華《れいずいけ》」と漢訳される。クワ科のイチジクの一種で、三千年に一度だけ咲く花という。仏の出世が稀なことの譬えに使われる。また、「葦牙の如……」は『古事記』の冒頭に見える。「国稚《わか》く浮きし脂《あぶら》の如くして、海月《くらげ》なす漂へる時、葦牙の如く萌え騰《あが》る物によりて成れる神の名は、宇摩志阿斯訶備比古遅神《うましあしかびひこぢのかみ》」。「葦牙」は

「葦の芽」のことで、「宇摩志阿斯訶備比古遅神」は葦の芽を神格化して成長力を表したもの(岩波文庫『古事記』一八頁参照)。

(2)「偶然値㆓林叟㆒、談笑滞㆓還期㆒」　王維「終南別業《しゅうなんべつぎょう》」の最後の二句。「中歳頗好道　晩家南山陲　興来毎独往　勝事空自知　行到水窮処　坐看雲起時　偶然値林叟　談笑滞(無)還期」(中歳頗る道を好む　晩《くれ》に家す南山のほとり　興来たってつねに独り往く　勝事空しく自ずから知る　行きて水の窮まる処に到る　坐《そぞろ》に看る雲の起こる時　偶然林叟《りんそう》に値《あ》い　談笑還《ま》た期《とき》を滞らしむ：中年(三〇歳過ぎ)頃からいささか仏道に心ひかれ、晩年(四〇歳過ぎ)、終南山のほとりに住まいを設けた。感興がわくといつもそこへひとりで出かけてゆく。自然の美をば私だけで鑑賞している。ぶらぶらと流れの尽きるあたりまで歩いていき、雲の湧くのをつい我知らずながめている。そのとき偶然きこりの老爺に遇ったりすると、談笑に時を過ごし、帰るのを忘れる)(岩波文庫『王維詩集』九六―九八頁参照)。

(3)「偶適然自相遭遇、時也」(たまたま適然として自ずから相い遭遇せしは、時《とき》なり：たまたまうまく自然にめぐり遇うのは、時というものである)(新釈漢文大系六八『論衡』(上)「第三巻偶会第十」明治書院、一七三―一七四頁、一九七六年参照)。なお、『論衡』三〇巻八五篇は後漢の王充(二七―九七頃)作。

(4)「八非時《ひじ》」/「一是時」/「八不聞《ふもん》の時節」「八非時」については『国訳一切経印度撰述部』「阿含部」五、一二四「八難経第八」五七七頁、また「一是時《ぜじ》」については、同じく五七八頁、そして「八不聞の時節」については、同じく「阿含部」九・十の『増壱《ぞういつ》阿含経』巻第三六「八難品第四二の一」六四〇頁をそれぞれ参照。なお、「八非時」は八難処、八難解法、八無暇、八不閑、八悪とも言う。『偶然性の問題』以降に書かれたと推定される論考「偶然化の論理」において九鬼は次のように説明している。「地獄、畜生、餓鬼、長寿天、辺地、聾唖、世智弁聡、仏前仏後の八難に対して、そのいずれにも該当しない者が一不難である。八難はまた八非時ともいい、一不難は一是時ともいう。非時とは時のはずみに適しないこと、是時とは適したことにほかならないので、時間的図式に基いて偶然性を言い表わしている」(Ⅱ、三六〇頁)。「原始偶然(x)」に到る経過を示す図式に関しては、本書「解説」四二〇―四二二頁を参照。「原始偶然」の「位置」については「第二章」注解(66)、「第三章」注解(35)参照。

(5) Der letztere (Stammler) glaubte…… 「後者(シュタムラー)は、知性と意志とを、元へ向き返る姿勢と先んじて向かう姿勢というように、前者によって後者が規定されてあること、あるいは逆に後者によって前者が規定されてあることというように対立させることによって、確実に区別できると考えた」(ナトルプ『実践哲学講義』七五頁)。知性は過去に得たものへ返って思惟する能力であるが、意志は未来(の目的)へ向かう能力である。

(小浜善信)

解　説

人生と哲学

幼少年時代

九鬼周造(一八八八―一九四一)にとってなぜ「偶然性」が問題になったのか、そのことを理解するために、幼少年時代から足掛け八年にも及ぶヨーロッパ留学を経て帰国に至るまでの、かれの生の軌跡を顧みておくことも無駄ではあるまい。

九鬼の家系をたどると、戦国時代から安土桃山時代にかけて三重の志摩・鳥羽辺りを拠点とした九鬼水軍にまで遡る。周造の父隆一(一八五〇―一九三一)は、もと摂津三田藩の藩士星崎貞幹の次男貞次郎として生を享けたが、藩主九鬼隆義の命により丹波綾部藩家老九鬼隆周の養子に出て九鬼隆一と姓名を改め、一八六六年に九鬼家の当主となった。明治維新後は福沢諭吉の門に入り、福沢には阿諛追従の徒として疎まれながらも、文部少輔(文部次官)として仕官することになる。一八八五年、森有礼が初代文部大臣になり、森と覇権を争って敗れた隆一は駐米特命全権公使に転出する。かれは、米国で身籠もった妻波津子(一八五九―一九三一)を、欧州視察からの帰国途次ワシントンに立ち寄った文部省時代の部下岡倉覚三(天心)(一八六二―一九一三)に託し、帰国させることになる。これが一大スキャンダルの始まりになるとはだれが予想したであろうか。周造は、そのスキャンダルの渦中に、東京で生を享けることになった。

隆一・波津子夫妻の別居後、子供たちのうち、周造と三兄の三郎は根岸の波津子と、そして姉光子は隆一と暮らしていた。結局、父母は離婚し(一九〇〇年八月二十日)、その後、母は心の病をえて人知れず病院で生涯を閉じることになる。一九三七年、周造四十九歳のとき認《したた》められた「岡倉覚三氏の思出」と題する未発表随筆がある。『偶然性の問題』を上梓して二年後になる作であるが、そこには幼少年時代から大学時代までの家庭、とくに母と天心をめぐる周造の思いが綴られている(V、二三六―二三七頁)。

母は急にひとり京都へ行くことになった。或る夜、岡倉氏は母の膝にもたれている私を顧みながら、荘重な口調でこの児が可愛想〔ママ〕ですといった。父は母を岡倉氏から離すために京都に住まわせたのらしかった。〔中略〕その後、母は京都から帰ってきてまた東京で父と別居していた。〔中略〕或る日曜の朝早く起きて〔根岸の〕母の家の庭で一人で遊んでいると岡倉氏が家から出て門の方へ行かれるのとヒョッコリ顔を見合わせた。その時の具体的光景は私の脳裏にはっきり印象されているが、語るに忍びない。間もなく母は父から離縁され、……………。

この随筆は、『偶然性の問題』公刊前年の一九三四年七月十七日付けの未発表随筆「根岸」と内容上重複の多いものであるが、「根岸」には右の引用文に当たる箇所はなく、「岡倉覚三氏の思出」においてのほうが周造の心情が包み隠されることなく率直に述べられている。かれは、大学時代、天心に対して「母を悲惨な運命に陥れた人という念」をもっていたと言う(同、二三八頁)。

欧州留学

そのような幼少年時代を過ごした周造は、やがて「外交官になるつもりで一高の独法科に入学した」(V、「一高時代の旧友」一〇六―一〇七頁)。一方でまた植物学者になりたいという強い思いをもちながら(V、二二三―二二〇頁)も、結局文科へと転籍することになった。一九〇九年、東京帝国大学哲学科に入学してケーベルに師事、一二年に大学院進学、そして二一年に大学院を退学し、同年十月十七日、次兄一造の未亡人で、二年前に結婚していた妻縫子とともに、ドイツ、フランスを中心とした欧州留学へ旅立つ。その滞欧期間は四期に分けることができる。

【Ⅰ期】一九二二(大正十一)年(三十四歳)から二四年秋にパリへ移るまでの第一回目滞独の時期。ハイデルベルク大学でリッケルトに就く。ただし、後半のほぼ一年間はスイスに滞在し、植物採集と標本作りで過ごす。なお、縫子は二四年暮れから二六年二月頃まで一時帰国している。

【Ⅱ期】一九二四年秋から二七年四月までの、ほぼ二年半にわたる第一回目滞仏の時期。この時期に、短歌「巴里心景」および「巴里小曲」(匿名、S・K)、詩「巴里の窓」および「破片」(匿名、小森鹿三)他を与謝野鉄幹・晶子主宰の『明星』に投稿。二六年十二月には「「いき」の本質」を脱稿。二七年三月、四月に「押韻に就いて」を『明星』に発送。これはこのときには掲載されなかった。サルトルとの出会い。

【Ⅲ期】一九二七年四月末から二八年六月に再びパリへ移るまでの第二回目滞独の時期。フライブルク大学に在籍。フッサール、ベッカーから現象学を学ぶ。フッサールの自宅でハイデッガーに会う。二七年十一月、マールブルク大学に在籍。翌年にかけて、ハイデッガーの講義(カントの『純粋理性批判』、ライプニッツの『論理学』)およびゼミナール(シェリングの『人間的自由の本質』、アリストテレスの『自然学』)に出席。

【Ⅳ期】一九二八年六月から同年十二月帰国の途に就くまでの第二回目滞仏の時期。八月、ポンティニーで講演〈La notion du temps et la reprise sur le temps en Orient〉(「時間の観念と東洋における時間の反復」)および〈L'expression de l'infini dans l'art japonais〉(「日本芸術における「無限」の表現」)を行い、これを『時間論』(*Propos sur le temps*)として刊行。秋頃、パリのベルクソン宅を再訪。第一回目のパリ滞在時にもベルクソンに会っていた。

見られるように、九鬼は、第一回目パリ滞在中に多くの詩歌を詠んでいる。この時期の歌には孤独、寂寥、旅愁を詠んだものが多い。その背景には、「岡倉覚三氏の思出」に綴られていたような幼少年時代の体験があった。未発表詩歌も含め、その中のいくつかを引いておこう。

六つのとしこもりの唄になきし子は三十路してなほ涙にもろし
おやのこと思へばあまりかなしかりしばし忘るるをゆるしてたまへ
(別巻、一一四頁、一二一頁)

老いたまふ父を夢みし寝ざめより旅の枕のぬるる初秋
(Ⅰ、短歌「巴里心景」一七五頁)

母うへのめでたまひつる白茶《しらちや》いろ流行《はやり》と聞くも憎からぬかな

（I、「巴里小曲」一八四頁）

汝等は形而上的の／孤独を知らざるか。／かの厳《いつく》しき実在の姿を／見しことなきか。／／まことの孤独は／束の間も毀《こぼ》ち得ず、／まことの孤独は／愛も友情もこれに触れず。／／内より湧く／不断の寂寥、／苦草《にがくさ》のはかなさ、／蜜の甘さ、／／〔後略〕

（I、詩歌集『巴里心景』所収「巴里の寝言」中「孤独」の一節、一五三—一五四頁）

盃にみちた琥珀の酒／ぼんやりと立つ煙草のけむり／燈火《あかり》はさびしい壁に映り／花瓶の薔薇のはかない情け／／愁へたたましひが一つだけ／巴里の夜《よる》に結ばぬねむり／無為の一日《ひとひ》をまたも葬《はうむ》り／僅かに歎けば白らむ夜明／／あの朝空に迷つてる雲／風の行方《ゆくへ》はすべて故郷《ふるさと》／私もあてどもなく迷はう／／どこの異国にこの身を置くも／ただ「こころ」のみが私の宿／Psyché〔心〕のためにひとりで飲まう

（別巻、「さすらひ」一七四頁）

同じく第一回目滞仏中に詠まれた詩歌には次のようなものもある。

①書棚《ふみだな》の認識論を手にとりていつしか積みし塵を払ひぬ

「普遍的」「客観的」と云ふ文字も今日は皮肉に目礼をする
灰いろの抽象の世に住まんには濃きに過ぎたる煩悩の色
範疇にとらへがたかる己が身を我となげきて経つる幾とせ
（I、「巴里小曲」一八九―一九〇頁）

②直観の哲学はうれし手にふるるHecceitas〔これ性、個物性〕のかをりのゆゑに
（別巻、「短歌習作」一一〇頁）

③僕はやつぱり寂しいよ、／闇を辿る者の孤独、見えざる影を追ふ者の悲哀、／形而上学のない哲学は寂しい、／人間の存在や死を問題とする形而上学が欲しい。
（I、『巴里心景』所収「秋の一日」の一節、一二八―一二九頁）

存在と無

これらの詩歌（①―③）からは九鬼が留学した当初の、ドイツ、フランスを中心としたヨーロッパ哲学の状況と同時に、九鬼自身が求めていた哲学とはどのようなものであったのかを窺うことができる。「認識論」に対する「存在論（形而上学）」、「普遍的」「客観的」に対する「個的」「主観的」、「抽象」に対する「具象」、「分析」に対する「直観」、「光」「生」「存在」に対する「闇」「死」「無」――そのようなものを問題とする哲学を九

鬼は求めていたのである。①の四首は第一回目の滞独中にリッケルトに就き新カント学派(西南学派)の哲学を学んでいた頃の心境を歌ったものであろう。ほぼ同時期にハイデルベルクを訪れていた三木清が、「日本を出てまだ間もないことで、京都以来の論理主義を離れず、カントやゲーテのドイツ以外のドイツを深く理解することができなかった」と後年回想している(『三木清全集』Ⅰ、四一五頁)が、当時の日本の大学でも新カント学派が広く読まれていたことが窺われる。九鬼は、「認識論」的な哲学、「普遍的・客観的」、「範疇」といった概念をキー・ワードにする新カント学派の哲学から満足を得ることはできなかった。

②は「自国におけるよりもむしろ外国において、遥かに大なる尊敬をうけ」(Ⅰ、「仏独哲学界の現状」二三一頁)、西南学派の哲学者たち、たとえばヴィンデルバントやリッケルトなどによっても高い評価を得ていたベルクソンの著作を手にした九鬼が、そこに「生の湧躍」(élan vital)を見出し、生を直観によって生きいきとした流動性においてとらえ、生へ躍入しようとする哲学に触れて、自分の求めていた哲学、つまり具体的な個物を問題にする哲学に出会った喜びを率直に歌ったものであろう。西南学派の哲学よりはパリのベルクソンに親しみを感じていたのである。

しかし③の詩歌では、ベルクソンの哲学には「死(無)がない」という後年(一九三一年)の批判(X、「Heidegger の現象学的存在論」一一〇頁)にも通じるような、この世とこの世の生につきまとう「影」の側面をもありのままに肯定したいという九鬼の心が表白されている。ベルクソン哲学に「Hecceitas〔haecceitas: これ性、個物性〕のかをり」を見たと思った九鬼は、生成流転のこの世に迷う煩悩の身、「浮かみもやらぬ、流れのうき〔浮き・憂き〕身」(I、『「いき」の構造』二〇頁)、つまり個の存在や生は、実は無に侵蝕された存在(XI、「講義 偶然性」二八七頁参照)、死に晒された生であって、その意味ではベルクソン哲学もまだ個物の真の在りように触れる哲学ではないのではないかと思うようになる。

第一回目滞仏時代にそのように歌った九鬼はいよいよ第二回目の滞独へ向かうことになる。そこでは九鬼より一歳年少の若きハイデッガーが成功を収めつつあった。フッサールの存在論的現象学からハイデッガーの現象学的存在論への転回(X、「Heidegger の現象学的存在論」二一—二二および二八頁参照)がなされつつあったのである。九鬼はその現象学的存在論に接して、ベルクソンの「生の哲学」に対する以上にハイデッガーの「死に面した生(無に即した存在)の哲学」に対して、より親近性を覚えるようになる。すなわち、詩篇「孤独」や「秋の一日」、「さすらひ」などに歌われていた孤独、寂寥、旅愁、そして影、無、死といったものへのかれ生来の傾向性に合致するものをそこに見たのである。

メタ・存在論

ところで、九鬼によれば、哲学とは、哲学者の個性ないし体験に基づいて存在一般を全体的・根源的に、かつ論理的に会得する営みであるという（Ⅷ、『現代フランス哲学講義』二―一三頁／Ⅲ、「哲学私見」一〇六―一〇九および一二〇頁参照）。要するに、九鬼にとって哲学とは「存在論」であった。存在論は古来、形而上学と呼ばれてきた。その意味で、差しあたり九鬼の哲学観はアリストテレス以来の伝統的哲学観に連なる。

しかるに、具体的個物の存在（有）は非存在（無）との関係でのみ全体的・根源的に論じることができる。「有は有であり、無は無である」と言うパルメニデス（エレア派）の、無を含まない純粋な「存在」（*τὸ ἐόν*）という思想を継承するギリシア哲学の伝統の中にありながら、本書の冒頭でも触れられていることであるが、そのエレア派を批判してどこまでも無から有へ、有から無へと生成消滅する具体的な個物に即して「存在」（*ὄν*: on）の多様性・多義性を探究しようとしたアリストテレスの存在論（『自然学』$185^{a}21$、『形而上学』$1003^{a}33$ 参照）においてさえ、「無」（*μὴ ὄν*: mē on）が主題として探究の視圏に収められることはなかったと言ってよいだろう。だが、具体的な個物は、その存在の裏面に必ず無の契機を含むものである。その存在は「無に即した存在」(Sein zum Nichts)である。それゆえ「存在論」(Ontologie)は「無論」(Mehontologie)を予想する。九鬼にとって、哲学は形而上学すなわち存在論であったが、その存在論は無論を予想するがゆえに、真の哲学は「存在・無・論」(Onto-mehonto-logie)、あるいは「メタ・形而上学」(Meta-metaphysik)、あるいはまた「メタ・存在論」(Meta-ontologie)でなければならなかった。その意味で、九鬼の哲学観は伝統的な哲学観とは異なる。哲学すなわち形而上学は、文字通り「形を超えた(meta)もの」、つまり「無」をも主題として視圏に収めてなされるべき営みであった。

そして実は、『偶然性の問題』は、まさにその「存在・無・論」、すなわち「メタ・存在論」の具体的な成果なのである。この主著は、その書名を『存在と無の問題』と言いかえてもいいような内容を含んでいる。書名そのものがすでにそのことを暗示している。なぜなら、「偶然性」とは、「たまたましかあること」という意味であるが、その裏面に「そうでないこともありうる」という「無いことの可能性」を含意するからである。そして、「無いことの可能性」を含む「存在」とは「個物の存在」にほかならない。それゆえまた、『偶然性の問題』は『個物の問題』という書名に言いかえることもできるであろう。

無は存在の否定としていわば存在を脅かす。存在を問題と化す。このような「無」に深い関わりをもつ九鬼哲学は、一見すると、個物という具体的なものの存在・生からかけ離れた、きわめて抽象的・思弁的な、悪しき意味での「形而上学」であるように見えるかもしれない。無や死をではなく、存在や生をこそ問題にすべきではないのかと言われるかもしれない。しかし、具体的なものとは何かといえば、動くもの、差異をもつもの、生成消滅するもの、要するに個物である。最も具体的なものは、自らのうちに肯定的な側面と否定的な側面とを併せもつ。自己のうちに自己を否定する契機を孕むと言ってもよい。たとえばこの「私」の生は死への生ないしは死と裏腹の危うい生である。死のない生、無を予想しない存在こそ、具体的・全体的なありのままの姿から離れた抽象的・部分的な生であり存在である。九鬼が、哲学とは「存在を全体として問題にする学」であるとか、「存在一般を会得する学」であるとか言うとき、その「存在全体」、「存在一般」には無ないしは死が否定的相関者として含まれているのである。無あるいは死が忘却され隠蔽されているところでは、存在あるいは生も忘却され隠蔽されている。生か死か、存在か無か、それが問題なのではなく、生と死、存在と無、それが問題なのである。二千数百年に及ぶ西洋哲学の歴史はいわば「無の忘却史」(Geschichte der Vergessenheit des Nichts)であったと九鬼は見るようになる。

「偶然性」に関する諸論考

『偶然性の問題』以前と以後

ところで、『偶然性の問題』がいったい何を問題にし、それにどのような解答を試みたかを見るためには、それ以前およびそれ以後の偶然性に関する諸考察との比較検討も重要である。本書「序」でも述べられているように、偶然性の問題は滞欧中からの九鬼の関心事であったが、一九二九(昭和四)年一月二十九日に帰朝したかれは、同年十月には大谷大学において「偶然性」という題目で講演を行っている。これは、偶然性に関してかれがまとまったかたちで公にした最初のものである。それ以後かれは、講演、講義、論文、随筆など様々の場面で「偶然性」を扱うが、いま、『偶然性の問題』以前と以後に「偶然性」を扱った諸論考を、本書に付された「年譜」から年代順に取り出してみよう。

一九二九年「偶然性」(大谷大学講演)

三〇年「偶然性　其他二、三の哲学問題」(京都帝国大学「特殊講義」)、Boutroux, *De la contingence des lois de la nature*〔ブートルー『自然法則の偶然性』〕(京都帝国大学「講読」）
三二年「偶然性」（博士論文）
三三年「文学概論」（京都帝国大学「普通講義」）
三五年『偶然性の問題』、「秋の味覚」（随筆）
三六年「偶然の諸相」、「偶然の産んだ駄洒落」（随筆）、「かれひの贈物」（未発表随筆）、「哲学私見」、その他、『全集』第二巻「解題」によれば、「偶然性の基礎的性格の一考察」（未完）はこの年の前後と推察され、「偶然化の論理」もこの年以降の論考と推定される。
三七年「偶然と運命」（ラジオ講演）
三八年「驚きの情と偶然性」（「京都哲学会」公開講演、翌年『哲学研究』に掲載）
三九年「偶然と驚き」（ラジオ講演）

これらの他にも、詩篇「偶然性」（I、一三一―一三三頁）、「音と匂――偶然性の音と可能性の匂」（V、一六七―一六八頁、三六年六月以降）などがある。

「否定」と「他在」

さて、本書『偶然性の問題』における考察と、それ以前と以後になされた偶然性に関する諸考察とを比較検討すると、本書では、それ以前に顕在化していなかった観点が明確なかたちで提示され、本書以後では、これを踏まえたうえで、形而上学の対象の中でも最も形而上的なそれ(あえて言えば「神」)へとしばしば関心が向けられるようになったと言える。

まず、以前に顕在化していなかった観点とは、従来不思議なほど看過されてきたが、本書の冒頭句「偶然性とは必然性の否定である」という命題、とくにその中の「否定」(Negation)という術語の意味に関わるものである。たしかに、本書以前の諸考察、すなわち、大谷大学講演「偶然性」以下、講義「偶然性」、博士論文「偶然性」、講義「文学概論」における諸考察のいずれにおいても、偶然性が必然性の否定として論じられていることに変わりはない。本書で詳細に展開されることになる諸局面については、最初の大谷大学講演においてすでにほとんど言及されている。それにもかかわらず、九鬼は、この講演の時点ではまだもっぱら偶然性と必然性との対立関係にのみ目を向けており、偶然性に対して必然性がもつ緊密な内的存立関係には気づいていなかったように思われる。しかるに、次の「講義」、そして「博士論文」と進むに従って、とくに博士論文に関わる田辺元との往復書簡を通しての指摘(第一次刊行『全集』別巻、「月報12」参照)をきっかけに、かれは次第に偶然性に対して必然性がもつ相互否定を媒介にした内的存立関係に気づき始めたと言ってよいであろう。

「博士論文」を仕上げた九鬼は、それにつづく『偶然性の問題』では自覚的に、そのはじめから終わりまで、偶然性に対して必然性がもつ、相互否定を媒介にした内的存立関係に絶えず留意しながら、偶然性の問題について分析を行っていると言えるであろう。すなわち、「偶然性とは必然性の否定である」という件《くだん》の冒頭句は、「絶対的形而上的必然と原始偶然とは一者〔τὸ ἕν〕の両面にすぎない」、あるいは「原始偶然は絶対者の中にある他在〔Anderssein〕である」(本書二六一頁)という明確な意味を秘めて書き出され、結論へ向かって展開される。ヘーゲルから取られたその「他在」という術語の意味を文字通り「他の(別の)在り方」と解してよいとすれば、その冒頭句は「偶然性とは必然性の別の在り方である」、あるいは「偶然性とは必然性の自己否定態である」という意味であったことになる。九鬼自身はよりダイナミックに「必然性の否定が偶然性を産む」(本書一八六頁)とも表現する。もちろん、九鬼のもつ長大な哲学史的展望という背景を顧慮し、また予断を排して先入観なしに『偶然性の問題』そのものを慎重に読めば、その冒頭句がそのような意味を秘めており、それ以下の論述全体が、この冒頭句にいわば即自的に(an sich)含まれている意味を対自的に(für sich)してゆく過程であり、最終的に「偶然性とは必然性の他在である」という結論へ到ることによって冒頭句に伏在していた意味を顕在化し、こうして本書は結論が冒頭へ回帰するという一種の循環構造をもつことは了解されると思う。

しかし、一般に九鬼哲学とはすなわち偶然性の哲学であるというイメージがあまりに強いために、必然性ないしは同一性の哲学、たとえばパルメニデスを代表とするエレア派の存在論やスピノザの必然論のような哲学が九鬼哲学全体において占める積極的な意味が看過されるおそれがないとは言えない。このような看過を避けるためには、『偶然性の問題』自体の慎重な解読についてはむろんのことであるが、それを「偶然性」に関する他の諸論考、ひいては『全集』に収録された他の全作品との関係をも考慮して読み解くことが必要である。また、このこともこれまで見逃されてきたがゆえにとくに強調しておかなければならないが、九鬼は、プラトン、アリストテレスをはじめとする古代ギリシア哲学に生涯憧憬の念をもちつづけ、そしてそれ以来の二千数百年に及ぶ哲学史全体を絶えず視圏に収めながら哲学した思索家であったこと、そしてさらに、かれがインドのヴェーダ思想や様々の仏典、中国・日本の古典に大きな共感を寄せていたことなど、要するに、現代哲学の最前線に身をおいて思索した哲学者という九鬼のイメージからすると意外かもしれないが、かれは一面ほとんど古典学者のような相貌を見せることにも留意する必要がある。

九鬼は「偶然性」については繰り返し論じたのに対して、「必然性」については、少なくとも表立ったかたちではそれを主題として生涯一度も取りあげたことはなかったように見えるにしても、一般に言われるようにかれを「偶然性の哲学者」と呼ぶことは、完全な誤読とは言えないまでも、少なくとも適切ではない。たしかに九鬼は一方で批判的な意味合いをこめて、スピノザ哲学が「必然（永遠）の相のもとに」(sub specie necessitatis〔aeternitatis〕)世界を眺めるそれであるのに対して自らの哲学を「偶然（時間）の相のもとに」(sub specie contingentiae〔temporis〕)世界を見るそれとして特徴づける（Ⅱ、三七三頁）。また、パルメニデスの存在論を「無世界論」(Akosmismus)へ帰するものとして繰り返し批判する。しかし他方で、「有の意味を同一律によって規定し、同一律に反するものを無とみなしたParmenidesの哲学〔同一性・必然性の哲学〕は、二元を脅かすものである。しかも我々はParmenidesの哲学に或る意味の真理を承認しない訳にゆかない。そこにまた人間の喜びと悩みとが潜んでいるのである」とも言う（Ⅺ、二八九頁）〔傍点、筆者〕。かれは、生成消滅の世界ないしは差異性の世界を「臆見」として否定し、同一性（必然性）の世界のみを真実在として認めようとするパルメニデスの世界観に「或る意味の真理を承認しない訳にゆかない」と言うのである。ここでは詳論できないが、そのパルメニデスの同一性あるいは必然性の哲学を究極のところまで徹底してゆけば、そこに偶然性がいわば再生してくることを確認した論考が「形而上学的時間」(講演、一九三〇年／論文、三一年)であった。

『偶然性の問題』は、こうして、偶然性の哲学の復権と同時に、偶然性の哲学とそれの否定である必然性の哲学とを総合しようとした試み、そして偶然性と必然性とがいわば交差するところに現れる「偶然の必然」すなわち「運命」とともに、偶然性、必然性は「三位一体」(trinitas)構造を形成し(本書一四〇—一四六頁、二四四—二五六頁参照)、このtrinitas構造が個物の存在論理学的構造であることを論証しようとした作品であると思われる。

遊戯する神

次に、『偶然性の問題』以後の偶然性に関する諸考察を見ると、そこには全体として新たな知見の付加やそれまでの思想の修正といったようなものは見当たらないと言ってよい。ただ、九鬼の心は或る対象ないしは領域へ、これまでよりは強く惹かれるようになったということは言えるだろう。それは、形而上学の対象ないし領域の中でも最も形而上的な対象、つまり「神」である。ただし、この「神」という表現は九鬼の用語ではなく筆者のそれであり、かれ自身は、少なくとも自らの思想を積極的に表現するさい、その言葉を『全集』中一箇所で(「偶然化の論理」において)しか使っていないと思われる(Ⅱ、三七三頁)。かれは、哲学的議論を行う場合、ハイデッガーと同じように、おそらく自覚的に、「神」という言葉の使用を避けている。

そして、九鬼が自らの思想として積極的に神の存在を語る場合、それは「遊戯する神」を意味する。遊戯する神は戯れにサイコロを転がした。そして一つの目が出た。遊戯以外に目的が、関心があったわけではない。「自足円満な梵が何故に造化するか、完全解脱の境にある自在神が何故に転変するか、という問に対して、数論瑜伽説や吠檀多派の哲学が「遊戯のみ」(līlā-kaivalyam)(『吠檀多経』二、一、三三)または「遊戯のため」(krīḍa-artha)(「マーンヅーキヤ頌」一、九)と答えた」(Ⅱ、「偶然化の論理」三五八頁)。神は、自らの「無目的なまた無関心な自律的遊戯」の結果であるこの世界を見て驚き哄笑する。九鬼は、実質的には『偶然性の問題』以前からしばしばこのような神について触れていた。「無目的なまた無関心な自律的遊戯」という思想について言えば、それはすでに『「いき」の構造』において中心的な契機をなしていたし、詩論(押韻論)でもその重要性が指摘され(Ⅳ、「日本詩の押韻」四四八―四四九頁)、ついにはその思想は宇宙論的・形而上的次元にまで拡大適用されるに至る。現象学の術語を使いながら、「安価なる現実の提立を無視し、実生活に大胆なる括弧を施し、超然として中和の空気を吸いながら、無目的なまた無関心な自律的遊戯をしている」(I、二二頁)〔傍点、筆者〕と言われた「いき」は、そのような「行き方」を理想とする美学、そのような「生き方」を目指す倫理・道徳であった。『偶然性の問題』に至って、その「行き方」は、「無目的なまた無関心な自律的遊戯」をする神の立場に高踏する「生き方」にほかならないこと、すなわちその「生き方」は、遊戯し哄笑する神に、哄笑し遊戯して応答し返す「行き方」にほかならないことが判明する。九鬼によれば、「私」という実存は、サイコロの目のごとくに偶然した世界内に偶然した自由な存在者、その意味で、ハイデッガーとの違いを意識しながら、ハイデッガー的な表現を用いて言えば、「投げ出されて遊戯しつつ応答し返す世界・内・存在」(das geworfen-entspielende In-der-Welt-sein)ということになろう。

『「いき」の構造』における「遊戯」という思想は、こうして『偶然性の問題』において明確に宇宙論的・形而上的次元に高められ、九鬼晩年の「哲学私見」や「偶然化の論理」等では「形而上的遊戯」という思想が一つの中心テーマとなる(I、二三、五七、八一—八三頁/II、三三四頁/III、一二〇頁ほか)。『偶然性の問題』でそのような「無目的なまた無関心な自律的遊戯」をする神の存在論理学的構造を詳細に見届けた九鬼は、その神に以前よりももっと思いを馳せるようになり、そこからまたこの世界と人間の在りようをいわば鳥瞰して、そのありのままの姿を観照するという心境に達していると思われる。

以上のことを踏まえたうえで、『偶然性の問題』が何を、またそれをどのような次元で問題にしているのか、その内容の大筋をたどりながら確認してみよう。九鬼は論理学の四様相、すなわち偶然性、必然性、可能性、不可能性について詳細な分析を行い、それぞれの特徴および相互関係を明らかにしようと試みているのであるが、ここではその詳細に立ち入ることはせず、その理解を前提としたうえで、かれが挙げている具体的な例に即して、かれが何を、どのような次元で問題にしたのか、見てみたい。

本書の概略——偶然の諸相

定言的偶然

われわれは普段何気なしに、たまたまこうなったとか、偶然だれそれに会ったとか言ったりする。このときの「たまたま」とか「偶然」とかいう言葉はいったい何を意味しているのか。九鬼は偶然性を三種に区分する。すなわち定言的(述語的、論理的)偶然、仮説的(経験的)偶然、離接的(形而上的)偶然がそれである。かれが、偶然性をこのように区分する理由は、われわれが「偶然」ということを話題にするとき、その同じ言葉がひとによって異なった意味で使われ、そのために不毛な議論に終わることも稀ではないからである。

「定言的偶然」とはどのようなものか。たとえばわれわれが「クローバー」という言葉(概念)を思い浮かべるとき、同時にそれはほとんど「三つ葉」であることを含意した言葉としてであろう。また、たとえば「人間」という言葉を思い浮かべるときにも、それは「理性的動物」であることを含意したそれとしてであろう。「クローバーは三つ葉である」とか「人間は理性的動物である」とかいう場合、「三つ葉」、「理性的動物」という述語は、「クローバー」、「人間」という主語のうちにすでに暗に含まれていたものを分析的に導き出したものである。だから主語概念と述語概念とのあいだには同一性の関係、必然的な関係がある。ある概念にとって本質的な徴表(メルクマール)は、その概念と必然的な関係で結ばれているのである。

ところで、いまここに四つ葉のクローバーがあり、黄色人種に属する「私」という個的人間が存在する。純粋に論理的次元で考えるならば、「四つ葉」や「黄色」という属性は、三つ葉を本質とする「クローバー」や理性的動物を本質とする「人間」にとってたまたまそうであるという関係しかもたない。一般的に「クローバーは四つ葉である」とか「人間は黄色である」とかは必ずしも言えないのである。この場合、主語と述語とのあいだには同一性・必然性の関係はない。このように、ある概念にとって本質的でない属性は、古来「偶有」(accidentia)と呼ばれてきたが、九鬼はここに必然性の否定として、一種の偶然性を見るのである。純粋に論理的な次元での「偶然性」である。アリストテレスが『カテゴリー論』において「在るもの」(ὄν)を十に分けて挙げた存在範疇、すなわち、実体、量、性質、関係、場所、時間、状況、所有、能動、受動のうち「実体」以外の範疇に属するものはすべて偶有と見られる($1^{b}25$-27)。必然性・同一性の相のもとに世界を解釈しようとする哲学は、このような偶有性という意味での偶然性を、ものにとって本質的な関わりをもたないものとして無視し切り捨てる傾向がある。具体的個物は偶有をもつものとしてのみ存在するから、必然性・同一性の哲学、たとえばエレア派の哲学は、個物を無視する傾向をもつ。要するに、定言的偶然とは個物に関して目撃されるそれであって、「個物および個々の事象の存在の偶然性」と言えるだろう(以上、二三―五〇頁)。

仮説的偶然

しかし、いまここに具体的に存在する四つ葉のクローバーや黄色の人間といった個物を、純粋に論理的な次元で「クローバー」一般や「人間」一般といったような概念のもとに包摂して見るのではなく、アリストテレスが言う〈τόδε〉、すなわち「この」という限定詞(指示詞)の付く「この四つ葉のクローバー」や「この黄色の人間」、つまり具体的個物そのものとして見れば、このクローバーにとって四つ葉であること、この人間にとって黄色であることは無くてよいもの、切り離して考えられるものといったような属性ではなくて、むしろそれらはそれぞれ不可分の関係をもって結びついている。四つ葉でなければこのクローバーではないであろうし、そもそも四つ葉でなければこのクローバーは存在しない。黄色でなければこの人間ではないであろうし、そもそも黄色でなければこの人間は存在しないであろう。たとえば、「九鬼周造」という固有名詞をもった個体は存在しなかったであろう。このように、純粋に論理的次元では偶然的な関係しかもたないと見なされた属性も、具体的・経験的次元では不可分の関係をもって主体(個物)に属しているのである。具体的・経験的次元では、このクローバーから四つ葉ということを、この人間から黄色ということを度外視することはできない。むしろ、それら偶有こそ個物を個物たらしめているものと言ってよいだろう。こうして問題は純粋に論理的次元から経験的次元へと展開してゆくのである。

この世界は、クローバー一般ではなくてこの四つ葉のクローバーが存在し、また人間一般ではなくてこの黄色の私、あるいは黒色のあなた、白色のかれが存在する世界である。では、なぜクローバー一般ではなくてこの四つ葉のクローバーが存在し、また人間一般ではなくてこの黄色の私、あるいは黒色のあなた、白色のかれが存在するのか。一般に、なぜこの世界には差異があるのか。あるいは、なぜこの世界には個物が存在するのか(Ⅲ、一二七頁)。この問いこそは、九鬼が本書の要所要所で触れていた、あの仏典『那先比丘経』(『ミリンダ王の問い』)においてすでに遠く二千年以上前に弥蘭(ミリンダ王)も発し、九鬼自身もまた逢着していた問いであり、かれを「偶然性の問題」の解明へと向かわせた根本動機の一つとなったものである。

世間人頭面目身体四肢皆完具、何故有二長命者一有二短命者一、有二多病少病者一、有二貧者富者一、有二長者一有二卑者一、有二端正者一有二醜悪者一、有二為レ人所レ信者為レ人所レ疑者一、有二明者一有二闇者一、何以故不レ同。

この問いに対しては、差しあたり次のように答えられるだろう。具体的なこの四つ葉のクローバーがいまここに存在することにはその原因ないしは理由があった。たとえば、それが生成する早い段階で芽が風雨によって裂傷を受けたとか、公園で遊んでいた幼児に踏みしだかれたとかいったような原因があったであろう。私が黄色人種としていまここに存在することにもその原因があった。たとえば遺伝子なり自然環境なりによって私はこの黄色の人間としていまここに存在する。経験的次元で具体的な個物に着目する場合、このように因果律によってこの個物の差異性、あるいはこの個物の存在は説明できる。だから、このクローバーが四つ葉であること、この人間が黄色であること、そしてまた、この四つ葉のクローバーがいまここに存在し、この黄色の人間がいまここに存在することは偶然ではない。要するに、無限に多様な差異をもった様々の個物がそれぞれいまここにこういう仕方で存在することにはその原因が存在するのであって、それは何も不思議なことではない。先の問いに対しては、このように答えられるだろう。

しかし、さらに考えてみれば、風雨がこの新芽に当たらなければならなかった、幼児がこの公園で遊ばなければならなかったというような必然性はなかったとも見ることができる。「私」の両親は日本人であった。そのふたりの出会いの結果として「私」はいまここにこうして存在するが、ふたりは出会わないこともありえたはずではなかろうか。風雨は独立の因果系列によって生じ、このクローバーもまた独立の因果系列によっていまここに生じた。母の出生・存在の因果系列と父の出生・存在のそれとはまったく無関係であった。その無関係な二元の因果系列が邂逅した。仮説的(経験的)偶然性とは、このような二元の系列が邂逅するという偶然性である。一者と他者との、私とあなたとの、二元の「邂逅の偶然性」である(以上、五一―一六二頁)。

離接的偶然

これに対しては、さらに次のような反論がなされるであろう。二元の因果系列には出会わなければならない共通の原因があったはずである、その出会いも必然的であったはずである、と。しかしまた、この共通原因自体が偶然的なものであったと考えることも可能である(本書一六〇―一六一頁参照)。この点について、九鬼が『偶然性の問題』の手沢本に書き込んだ図式(本書二八四頁)をもとにして検討してみよう。

その図式によって九鬼が言いたかったことは、たとえば次のようなことであろう。父(甲)と母(乙)は互いに或る病院で偶然に出会ったと感じた。相互に独立の二元の系列がゆくりなく邂逅したのである。しかし、実は、父と母は、友人なり知人なり(丙)の病気見舞いに来たという共通原因をもっていたとも考えられる。すなわち、「偶然」と感じられた父と母との出会いはよくよく見れば実はそうではなくて、出会いの原因があったのであり、必然的であったと考えられる。それゆえ「偶然」という言葉は、出来事や存在の原因をすみずみまで見通すことができないわれわれ人間の無能力ないし無知の産物である。このように、どこまでも因果律を貫徹し、「偶然」ということを否定してすべてを「必然の相のもとに」見てゆく立場もありうる。たとえばスピノザ哲学はそのような立場をとるものであろう。

しかし、そこからいわばもう一つ先へ遡行してみれば、その友人なり知人なりが病気になったということ自体、つまり父と母との出会いの原因となった共通原因自体がまた、独立の二元がたまたま邂逅した結果であるという偶然性に行き当たる。たとえば、見舞いと出会いの共通原因となった友人なり知人なりの病気は、その友人なり知人なりが散歩に出たという独立の系列と、病原菌が浮遊していたという独立の系列とがたまたま邂逅した結果であるという偶然性に行き当たるのである。こうして「必然性」と「偶然性」とが互いにいわば相手を消去しようとして先へ先へと無窮に追いかけっこをしてゆくことになるが、その果てに、この世界・宇宙の存在(の始原)そのものの偶然性に行き当たる。この世界はなぜこのような世界なのか。なぜ個物の世界、差異の世界なのか。弥蘭の問いは依然として問いとして残されたままである。

別のありよう(modus essendi)をもった世界が存在することも可能であったのではないか。いや、そもそもこの世界はなぜ存在する(esse)のか。無数の可能的世界の中からたまたまこの世界がその存在を開始したのではなかったか。存在そのものの偶然性である。この世界は存在することも存在しないこともありえた、その「存在と無」の偶然性、あるいは「無いことの可能」に関わる偶然性と言ってもよい。こうして九鬼は「原始偶然」(x)を目撃することになるが、かれは、まさにこの世界が存在する、そしてその中に自分が存在するという、その「存在の不可思議」に驚くのである(Ⅲ、「驚きの情と偶然性」一五九頁参照)。

かの那先比丘は弥蘭に反問して「此等樹木何故不レ同」(これらの樹木はなぜ同じではないのか)といった。弥蘭はそれに対して「不レ同者本栽各異」(同じでないのは、もとの苗がそれぞれ異なるからである)といって比丘に答えまた自らに答えた。しかしながら、樹木の偶然性が因果律によって苗の偶然性に移されたに止まっている。また『中阿含経』(巻第四十四、「鸚鵡経」)が「当レ知此業有二如レ是報一也」(この行いにはこのような報いがあることを知らねばならない)というときも、『成実論』(巻第十、「明業因品」)が「万物従二業因一生」(万物《まんもつ》は業によって生じる)というときも、あたかも偶然性に因果的説明を与えたかのごとくであるが、その実は偶然性を無解決のまま、「原始偶然」へまで無限に延長したにすぎない。かくて問題は仮説的偶然の経験的領域から、離接的偶然の形而上学的領域へ移されるのである(本書一六一―一六二頁)。

絶対者の存在論理学的構造

「原始偶然」は〈Urzufall〉の訳語(Ⅺ、「講義 偶然性」二七九頁およびⅡ、「博士論文」三〇三頁では「原偶然」という訳語)としてシェリングから取られた術語であるが、いったい「原始偶然」とは何なのか。その構造はどのようなものなのか。「業《ごう》」の観念、輪廻の思想は、徹底的な同一性・必然性をその根本論理としている。それはエレア主義のいわば宗教版である。なぜ鬼に転生したのか。鬼のような前世を送っていたからである。いや、もともと鬼だったのである。原因は結果に等しい(causa aequat effectum)。要するに、AはAである。そこでは徹底した同一律としての因果律が貫かれている(Ⅷ、『現代フランス哲学講義』二〇六―二一二頁/Ⅸ、「講演 現代哲学の動向」三五三―三五五頁参照)。しかし九鬼は、鬼であることの原因を鬼であったことに求めるそのような因果律による説明は、その実「偶然性を無解決のまま、「原始偶然」へまで無限に延長したにすぎない」と言うのである。因果の系列を無窮にたどっていってすべてを説明しようとしても、では、なぜ「はじめに」別の因果系列ではなくてこの因果系列が開始したのかという問いに対して因果律による説明は何も答えていない、というより答えられないのである。言いかえれば、無限の因果系列の帰結であるはずのこの個物が、この私が、なぜ存在するのかという問いに対して因果律による説明は無力である。業ないし輪廻思想は、それがたとえ徹底的な同一性・必然性をその根本論理としているとしても、いや、まさにそうであるがゆえに、では、なぜ「はじめに」別の因果系列ではなくてこの因果系列が開始したのかという問いに対しては、解答を与えられないのである。なぜ鬼に転生したのかという問いに対して、鬼だったからだと答えるのは、問答の無限遡行に陥るだけだからである。

「はじめに原始偶然があった」――九鬼は、経験的次元から形而上的次元へ、いわば「下から上へ」と無窮に遡行していったその果てに、そのような事態を目撃することになった。もちろん、その原始偶然がある「はじめに」(*ἐν ἀρχῇ*)とは、時間の過去の無限延長線上に位置する「はじめに」ではない。原始偶然はむしろ水平的時間のその都度の「現在」にいわば垂直的に絶えず臨在する。ところで、その「原始偶然」の存在論理学的構造に関してかれに示唆を与えたのは、長い西洋哲学史の中で絶えず言及されてきた「自因性」(aseitas)と「他因性」(abalietas)という思想である(本書二五七頁)。自因性とは「自らによって」(a se)在ること、すなわち自らの存在根拠を自らのうちにもつことを意味し、「自己原因」(causa sui: スピノザ)とか「存在そのもの」(esse ipsum: トマス)とか、あるいはまた「不動の動者」(*κινοῦν ἀκίνητον*, movens immobile: アリストテレス)とか呼ばれたもの、要するに神に固有の性格である。他因性とは「他者によって」(ab alio)在ること、すなわち自らの存在根拠を自らのうちにもたないことを意味し、「偶然的なもの」(contingens)とか「被造物」(creatura)とか呼ばれたもの、要するに世界に固有の性格である。

すでに触れておいたように、九鬼はおそらく意識的に、自らの思想表現としては「神」という言葉の使用を避けているが、原始偶然は自因性をもつものとしてかれなりの「神」を意味していると見てよいだろう(本書一九九頁参照)。そしてかれはこの原始偶然を「形而上的絶対者」と言いかえて次のように言う。「絶対者は絶対者なるがゆえに絶対的に一と考えられる。また絶対的に一なるがゆえに絶対的に必然と思惟される。この絶対的必然を形而上的必然と呼ぶことができる」(本書二五六―二五七頁)。もちろんここで言われている「必然」とは、因果律が適用されうる世界の次元で言われるような「経験的必然」ではなく、因果律の届かない領域、むしろ因果律そのものの性格がそこで決定されるような「形而上的必然」である。こうして九鬼は絶対者を「必然―偶然者」として性格づけて、次のように言う。「原始偶然は絶対者の中にある他在である。絶対的形而上的必然を神的実在と考え、原始偶然を世界の端初または墜落(Zufall=Abfall)と考えることの可能性もここに起因している。絶対的必然は絶対者の静的側面であり、原始偶然は動的側面であると考えても差支えない」(本書二六一―二六二頁)。

神と世界

そのような「必然―偶然」あるいは「静的―動的」という存在論理学的構造をもつ絶

対者・神と、他因性をその存在性格としてもつこの世界とはどのような関係にあるのか。九鬼がN・ハルトマンに触れつつ「可能性の全体は必然性と全然合致する」と述べるように(本書一九三—一九四頁参照)、また、「絶対的形而上的必然とは離接的地平において形而上的偶然(可能性)のすべてを部分とする全体である」(本書二六〇頁)というように、絶対者・必然者は「存在の無限の可能性の充満(存在の一〇〇パーセントの可能性全体)」と考えることができる。この可能性全体の中の一つの可能性、九鬼自身の術語で言えば「離接肢全体のなかの一つの離接肢」が、現実へ「スルリ」と偶然する(V、「音と匂——偶然性の音と可能性の匂」一六七—一六八頁参照)。その結果が、「私」の存在を含むこの現実的世界の存在(existentia)である。「存在の無限の可能性の充満」である絶対者をかりに「サイコロ」に譬えるならば、この偶然した現実世界とその中に存在する「私」は、ちょうど無数の「目」をもった「サイコロ」がコロコロと転がって偶然した一つの「目」のようなものである。たまたまこの「目」が出たが、他の「目」が出ることもありえたのである。「私」を含めて、この世界は無数分の一の確率で偶然したのである。九鬼はそのことを説明するために、『中阿含経』の中の譬えを引く。大海に住む寿命無量の盲目の亀が百年に一度海面に首をもたげる。そのとき、漂流していた木片にあいた穴に首がすっぽり入る(本書二二四頁/Ⅱ、「偶然化の論理」三六一頁/Ⅲ、「驚きの情と偶然性」一四〇頁)。

離接的偶然性とは、現実にこの「目」が出ているが、しかしその必然性はなかったという、「無いことの可能」に、言いかえれば「存在と無」に関わる偶然性である。この世界と「私」の存在の偶然性は、そのような「遠い遠いところ、可能が可能のままであったところ」(前出「音と匂」)、つまり原始偶然に由来するそれであった。こうして、パリ時代にはまだ「腑に落ちる」という仕方で了解していたわけではなかった、あのあてどもなく彷徨《さまよ》う魂(Psyché)の由来、「どこにあるのだ、私の故郷は。おお、それは永遠にどこにもない」と言うニーチェの言葉に深い共感を示してもいた漂泊する魂(V、「或る夜の夢」二二〇頁参照)の出所が明らかになる。「原始偶然」――そこが郷愁を誘う懐かしい「私の故郷」、パリ時代に歌っていたあのあてどもなくさすらう魂がそのとき自らの故郷として漠然と予感していた行方、しかしそこへは永遠に帰ることのできない、「遠い遠い」喪われた故郷だったのである(別巻、未発表詩「さすらひ」参照)。

このように、経験的次元から形而上的次元へ、いわば「下から上へ」と無窮に遡行していったその果てに、原始偶然を目撃することになった九鬼は、今度は反転してその原始偶然という始原から、いわば「上から下を」顧みてみる。形而上的な地点から形而下的な世界を俯瞰してみるのである。「必然―偶然」構造をもつ形而上的絶対者が含む可能性ないし離接肢全体という観点から見れば、たどられた因果系列は必ずしも唯一可能な因果系列であったわけではなく、無数の可能的な因果系列のうちの一つにすぎなかったはずである。他の因果系列に従って出来事が生起し、別の因果律に従って開始し展開する自然的・歴史的世界もありえたという意味で、このわれわれの現実世界における出来事がそれに従って生起する因果系列ないし因果律そのものが偶然的なものである。

たしかに、サイコロが振られて、たとえば「1」の目が出た場合、この「1」の目が出るということは、サイコロを振る力や、それが落ちる面などによってすでに決定されていたであろう。「1」の目が出たのは偶然ではなく必然であっただろう。サイコロが手を離れたその瞬間にどの目が出るかは決定されるのである。われわれが「1」の目が出たのは偶然であると言うのは、われわれの能力の有限性によるのであって、「1」の目を結果せしめた微細な諸原因をあますところなく知り得ないというだけである。われわれ人間には偶然と思われることも、実はそうではなくて必然的に生じているのである。サイコロが振られる力やその重さ、また空気抵抗や転がる面など、そのような条件は実際にはほとんど無限にあるだろうが、そうしたいわゆる「初期条件」が決定された時点で「1」の目が出ることは必然であった。九鬼もこのことを否定しているのではない。その意味で、「必然の相のもとに」世界を見るスピノザ哲学も一面の真理をもっている。このような在りかたでの現実世界の存在を前提すれば、ものの存在、出来事すべては、このような仕方で在り、他の仕方で在るのではない原因をもっている。この世界が現実存在するということを前提すれば、パルメニデスのように、「有は有であり、無は無である」と言えるであろう。「我々はパルメニデスの哲学に或る意味の真理を承認しない訳にゆかない」。

しかし、パルメニデスもスピノザも、そこでは「可能が可能のままであった」ところ、そこからこの現実の世界を見るという視点を欠いていた。「さらに高い立場から見ると」(Ⅲ、「驚きの情と偶然性」一六一頁)、つまりサイコロが手を離れる以前にまで遡行して、静的なサイコロそのものを見れば、それははじめにその力で、その場所に放られなければならないといったような必然性はなかったのである。もっと強くあるいは弱く、また別の場所に、放られることも可能であった。そうすれば別の因果系列に従って別の目が出たであろう。場合によっては、サイコロは振られないこともありえたであろう。事実はそうではなかったが。九鬼にとっては、この現実世界の在りよう、そしてその存在を前提するという、まさにその前提自体が問題になっているのである。経験的次元で「下から上へ」遡行してゆけば「必然の相のもとに」見られるこの世界も、離接肢全体(可能性全体)という形而上的次元から、いわば「上から下へ」と目を転じてみれば「偶然の相のもとに」見られる。経験的必然は形而上的(離接的)偶然と呼ばれてよい。定言的および仮説的偶然、つまり「個物および個々の事象」の偶然、「一の系列と他の系列との邂逅」のそれも、結局この離接的(形而上的)偶然に基礎をもち、この地平に至ってはじめて、真の姿でその問題性と意味とが顕わになる。必然性が支配するこの世界を、さらにもう一段の高みから、偶然性の相のもとに観じるこの立場は、九鬼的な「神」の立場と言ってよい(以上、一六三—二七一頁)。「偶然性の認識は具体的全体の立場において、いわば神の立場において、高きよりなされる認識である」(Ⅱ、「偶然化の論理」三七三頁)。二千数百年に及ぶ西洋哲学の歴史は、結局のところパルメニデスを代表とするエレア主義(Eleatismus)に対する、長期に亘る巨大な闘争の歴史であったと言える。九鬼にとってなぜ「偶然性の問題」だったのか。かれはその闘争史を自覚し、引き受け、まさに『偶然性の問題』をもってその歴史にかれなりの仕方で参入し、解答を試みようとしたのである。

必然・偶然・運命

個物の存在

ここまで、『偶然性の問題』が何を、どのような次元で問題にしたか、その概略を見てきた。ここでもう一度、今度は「九鬼周造」という実存に即して、その概略をたどりなおしてみよう。そのことによって、なぜ九鬼は『偶然性の問題』を書いたのか、またこの著作はかれにとってどのような意味をもっていたのかを改めて考えてみたい。

すでに見ておいたように、九鬼周造は、官界に身をおき駐米特命全権公使をも務めた隆一を父に、祇園を出自とすると言われる波津子を母にして、東京で生を享けた。隆一と波津子とのあいだに岡倉天心が関わりをもつことになり、両親は離婚することとなった。周造は妻縫子とともにヨーロッパ留学へ旅立った。帰朝後かれはすぐに京都帝国大学に籍を置くことになるが、奇しくもそこは父が創立に関わった大学であり、またかれは母が関わりをもっていた祇園へもよく足を運んだ。ストア的・知的な世界に通う私とエピクロス的・官能的な世界に遊ぶ私、その「どちらの私が本当の私なのか」と自問することもあった(V、「藍碧の岸の思ひ出」一〇頁参照)が、周造は自分の仕事の一つの総括として『偶然性の問題』を書くことになった。

このように、九鬼個人に関わりのあることを枚挙してゆけば、おそらく際限がないだろう。そうした個人的なことがら、またかれが黄色人種に属するとか、男性であるとか、「九鬼周造」という固有名をもつとか、その他これに類することがらは、「人間」であるかぎりでの「人間」としての九鬼周造にとっては偶有的(偶然的)な属性であって、本質的(必然的)なそれではないと見なすこともできる。「人間」の本質的な徴表は「理性的動物」ということであって、その他の諸属性は偶然的なそれであると考えられる(定言的偶然)。

しかし、「人間」一般という普遍概念のもとに「九鬼周造」という個人を包摂して見るのではなく、まさに「九鬼周造」という固有名をもった実存としてのその個人に着目すれば、かれが黄色であり、男性であり、かくかくしかじかの生まれ、生い立ち、経歴をもつということ、その他どのような些細なことであろうとも、九鬼周造という実存にとってどうでもよいこと、かれから切り離しうることは何一つとしてないだろう。言うまでもなく、かれは人間一般などというものではない。かれは日本人であり、男性であり、その他おそらく数限りない属性(偶有)をもった個体として実存している。それら無限数の属性のどの一つが欠けても「九鬼周造」という個体と厳密に同じそれとは言えなくなるであろう。

二元の邂逅

しかしまた、九鬼が黄色人種に属するひとりとして生まれることは、おそらく遺伝子によって決定され、両親と天心との出会い、出来事も、そしてまたその後の周造の経歴も、すべてその細部にいたるまで決定されていたはずである。すべてそれらにはそうでなければならない必然的な原因があったのであり、偶然的なものは何もない。かれは『偶然性の問題』という書物を書いたが、それはなぜか。その原因ないし動機があったはずである。それは、たんに哲学史上の根本問題に対する学問的関心からというだけではなく、かれの具体的なものへの、すなわち個物への関心あるいは愛に基づくであろう。

そもそもこの世界は「私」の存在を含めて無限に多様な個物の総体である。具体的な個物は無から有へ、有から無へと生成消滅するものである。存在と無という相互否定的契機をそれ自身のうちに含むものである。光と影、愛と憎しみ、喜びと悲しみ、精神と肉体、生と死、存在と無、等々――個物をありのままに見たい、ありのままに肯定したい、ありのままに愛したいという九鬼の思いは、個物がもつ肯定的な側面だけではなく否定的なそれをも全面的に肯定する方向へ向かうことになった。

影には影の幸／日が当らないだけぢやない／氷は氷の味／湯ざましなどの類ぢやない／白髪《しらが》を抜いたつて／くろ髪は生へぬ／宦官だつて／女官にやなれぬ／正号負号は極と極／〔中略〕／陰にほまれあれ／陽にさかえあれ／善よ／香を撒け／悪よ／花咲け

（Ⅳ、『日本詩の押韻』所収「負号量」五一〇―五一一頁／詩篇「秋の一日」をも参照）

個物を愛するがゆえに、個物がもつ存在性とともにその無性(虚無性)をも愛したのである。というより、個物の存在を全面的に肯定する、真に愛するとはそういうことである。そのような意味で、九鬼はいわゆる「唯名論者」(nominalist)である。それゆえ、かれの『偶然性の問題』は、『存在と無の問題』あるいは『個物の問題』と言いかえてもいいような内容をもつことになった。とくにかれは、ほかならぬ自分自身、父と母、そして自分たちが関係をもつことになった多くの人々の存在と出会いを肯定し、ありのままの姿で愛そうとした。九鬼が愛したものは、いまここにゆきずりに出会う、無に晒された脆く果敢《はか》ない個物であった。この現実という夢を、そして夢という現実に「浮かみもやらぬ、流れのうき身」を晒して生成流転する無名の衆生たちを愛したのである。『「いき」の構造』における隠れた主人公であった「アウトサイダー」たち(I、「芸者」四五五頁)、苦界という谷川を流れる病身《わくらば》、行く雲、流れる水のように、どこからともなくやってきて、どこにあるとも知れず、どこへともなく去ってゆく一切の衆生——九鬼の愛の眼差しとその対象は生涯一貫して変わることはなかったのである。九鬼にとってなぜ「偶然性の問題」だったのか、なぜかれは『偶然性の問題』を書いたのか、その理由は、先に述べたように、たしかにエレア派の存在論以来の二千数百年に及ぶ哲学史上の問題としてそれが目の前に現れたからということもあるが、その根底に、かれの幼少年時代の体験に由来する孤独、寂寥、そしてさらにはそのもう一つ根底に、「形而上的の孤独」、「無の深淵」といったものについての、形而上的な次元における深い原体験(Urerfahrung)を経た、個物への愛があったからである。九鬼は、「哲学は固《もと》より体験其物ではないが、体験に基いた認識である」(Ⅷ、『現代フランス哲学講義』一三頁)と言っていた。

おそらく、そのように九鬼の存在、行為の原因を説明することができるであろう。結局、そのようなかれが、こういう仕方でいまここに存在していることの直接的な原因は、かれの両親が出会ったという、二元の邂逅に求められるであろう。こうして、九鬼にのみ属する個的な属性もすべてその存在原因をもち、必然的に九鬼周造という個体に属しているのだと説明できるであろう。

運命としての存在

しかし翻って考えてみれば、父と母が出会う必然性はなかったのではなかろうか。たとえ父と母という二元の出会いをもたらすことになった共通原因とでもいうべきものがあったとしても、その共通原因自体がまた偶然的なものだったのではなかろうか(仮説的偶然)。このように結果から原因へと、いわば「下から上へ」といったように、因果系列を無窮にたどってゆけば、その果てに「原始偶然」を目撃することになる。「はじめに原始偶然があった」。それは「私」がそこから開始したはずの遠いあのとき、あの場所、「私」が生まれたよりももっと遠いあのとき、あの場所だ。九鬼はこの「原始偶然」を絶対者、形而上的必然者と見なす。だから、絶対者の存在論理学的構造を「必然—偶然」という相互否定的契機(J・ベーメの「然り—否」)を自らのうちに含むダイナミックな構造と考える。そしてそこからとって返して、いわば「上から下へ」といったように、絶対者の境域からこの世界と自分の存在を顧みてみる。形而上的必然者は、存在の無限の可能性の充満である。無限数の目をもったサイコロの一つの目が偶然に出るように、無限の可能性の一つが現実存在へと偶然する。無数の離接肢全体の中の一つが実存へと偶然する。九鬼はこのことを「偶然が実存へ偶然する」と表現する(XI、一二二—一二三頁参照)。それがこの現実世界であり、その中に実存する周造であり、また父や母、さらには縫子や天心でもあった。別の目が出ていれば、父や母は、したがって周造も別の生を送ることになったであろう。一切が別の在りかたで展開するような自然的・歴史的世界が存在していたであろう(II、「偶然化の論理」三六七—三七二頁参照)。しかしもちろんサイコロはコロコロコロと転がった。すでに「目」は出ているのである。神は遊戯したのである。目的が、関心が、執着があったわけではない(離接的偶然)。

「必然―偶然」という「静的―動的」構造をもった絶対者自らが、あたかも無限数の目(可能性、離接肢)をもったサイコロのように、静から動へと戯れに転がって、一つの目が出るがごとくに、一つの可能性が現実世界へと偶然化した結果としての有限者、つまりこの「私」とこの現実世界の存在そのものを「運命」(fatum)という。他のとき、別のところ、別様の仕方でではなく、いまここにこうして「在る」という厳然たる「出来事」としてのこの「私」と現実世界の存在自体が一個の運命なのである。絶対者は特別にこの有限者が存在することを意志したわけではない。神は、戯れ以外に目的・関心があって転がったのではない。気づいたときにはすでにこの世界は、そしてこの世界に「私」は、偶然してしまっていたのである。それが、われわれの側から言えば、われわれが存在することを自ら意志し選択したのではないということの真の意味である。「こちら側」からはむろんのこと、「向こう側」からも、この世界、この「私」が存在することを意志したわけではないのである。その意味で、この世界と「私」の存在そのものは徹頭徹尾、無根拠・不条理(kein Grund)であり、無底(no bottom)、「まことの深淵」(der wahre Abgrund)、「無の深淵」に面しているとしか言いようがない(Ⅺ、二八七頁およびⅤ、「小唄のレコード」一七〇頁参照)。それにもかかわらず九鬼は、そのような「運命」ないし「限界状況」(Grenzsituation)としての存在を自ら意志したかのごとくに引き受け愛するのだと言う(本書二五五—二五六頁)。

『偶然性の問題』初版(一九三五年)の手沢本への書込みの中に、「偶然と運命」に関するものもあり(本書二八五頁＊16)、そこでかれが触れているニーチェのいわゆる「運命愛」(amor fati)については、さらにまた三七年一月になされたラジオ講演「偶然と運命」の結論部分でも言及される(V、三四—三五頁)。

ツァラトゥストラは「意志が救いを齎《もたら》す」ということを教えたのであります。〔中略〕人間は自己の運命を愛して運命と一体にならなければいけない。〔中略〕皆さんは今ラジオを聞いておいでになる。〔中略〕〔幾つかの放送局の送る違った波長の電波を〕自由に選択して一定の放送を聞いておいでになるのであります。運命というものは我々の側にそういう選択の自由がなくていやでも応でも無理に聞かされている放送のようなものであります。〔中略〕人間としてその時になし得ることは、意志が引返してそれを意志して、自分がそれを自由に選んだのと同じわけ合いにすることであります。山鹿素行も武士は命《めい》に安んずべきこと、すなわち運命に安んずべきことを教えているのでありますが、安んずるというばかりでなくさらに運命と一体になって運命を深く愛することを学ぶべきであると思うのであります。

満洲事変(一九三一年)、日本の国際連盟脱退(三三年)とつづく不穏な時局にあってなされたこの講演を、体制への心構えといったようなものを説いたそれと見て批判する向きもあるかもしれないが、九鬼の言う「運命愛」は『偶然性の問題』、したがってそれまでのかれの人生と哲学からの帰結であって、時局への迎合などといったようなものではない。九鬼は本書の最後に、これまで概略見てきたような思索の結果を、例によって視覚化・空間化して総括する(本書二六六頁の図参照)。「「必然—偶然者」としての絶対者の性格は各成員、各部分にあって「必然—偶然者」としての運命の形を取ってくる」(本書二六四頁)。偶然性と必然性とはいわばコインの裏・表である。「運命」とは、その「コイン」にほかならない。そしてその「コイン」とは、この世界と自分、また父母や天心、そして不本意ながら結局は求められて離婚することになった妻縫子、ひいては一切衆生がいまここにこうして現に「在る」という、まさにその「存在」という「出来事」の謂いにほかならない。九鬼は、一切衆生を含むこの世界の存在を、偶然性と必然性とが切り結ぶところに成り立つ運命(偶然の必然ないし必然の偶然)と見定めて、それを引き受け愛し、自由な主体の創造の場としようと言う。

九鬼は仏典『浄土論』から「観仏本願力、遇無空過者」(仏《ぶつ》の本願力を観ずるに、遇《もうお》うて空しく過ぐる者無し)という一句をしばしば引く。本来の意味は、いつもすでに仏の側からわれわれ衆生のもとにやってきて寄り添っている大悲に気づきさえすれば、衆生はありのままで救われるということであろうが、九鬼が言いたいのは、偶然した実存としてのわれわれと他者・世界との出遇いの中で、無意味に過ぎ去るものは何一つないのだということであろう。しかし九鬼はさらにそれを「遇勿空過」(遇うて空しく過ぐる勿《なか》れ)と言いかえる(本書二八二頁/XI、「講義 文学概論」一二三—一二四頁/XI、「講義 偶然性」二九〇頁)。かれが言いたいのは、すべてが意味あるものとして立ち現れるか、それとも無意味なものとして過ぎ去るか、それはひとえに偶然した実存としての主体の意志に懸かっているということであろう。

世界肯定の書

先にその一部を引いておいた未発表随筆「岡倉覚三氏の思出」は、右のラジオ講演「偶然と運命」と同年(一九三七年十二月)の作と推定されるものである。次の引用文は、その随筆の後半に綴られた文章である。すでに『偶然性の問題』(三五年)を上梓し、自分や周囲の人々、ひいては一切衆生を含む世界、言いかえれば、愛と憎しみ、喜びと悲しみ、生と死、存在と無等々、要するに「光」と「影」が交錯する世界と神の存在に存在論理学的説明を与え終えた九鬼が、全面的にこの世界を肯定し、美しいと見うるようになった心境を率直に述べている(V、二三七―二三八頁)。

岡倉氏は日本で過される半年の間は本郷の帝大で講師として東洋美術史の講義をしていられた。或る日、私は赤門を入って教室の方へ行くところで、向うから岡倉氏が来られた。〔中略〕私は十年振りばかりで逢ったわけだが直ぐに岡倉氏とわかった。小供の時に見たきりの私を先方で覚えていられるはずはない。私は下を向いたままでお辞儀もしないで行き違ってしまった。私がいったいひっこみ思案だからでもあるが、母を悲惨な運命に陥れた人という念もあって氏に対しては複雑な感情を有《も》っていたからでもある。それが私が岡倉氏を見た最後だった。〔中略〕西洋にいる間に私は岡倉氏の『茶の本』だの『東邦の理想』を原文〔英文〕で読んで深く感激した。そうして度々西洋人への贈物にもした。やがて私の父も死に、母も死んだ。〔中略〕思出のすべてが美しい。明りも美しい。蔭も美しい。誰れも悪いのではない。すべてが詩のように美しい。

『偶然性の問題』は、九鬼が、それを書き終えてはじめて、親しかった人々とかれ自身を含めた一切衆生が「浮かみもやらぬ、流れのうき身」を晒すこの生成流転の世界をありのままに受けとめ愛しうるようになった、その意味で全面的な「世界肯定の書」でもあったのである。

京都鹿《しし》ヶ谷《たに》法然院の九鬼の墓石には、かれを京都に迎えた哲学者・西田幾多郎(一八七〇—一九四五)の絶筆、「見はるかす 山の頂 梢には 風も動かず 鳥も鳴かず まてしばしやがて汝《なれ》も休《やすら》はん」(ゲーテ「旅人の夜の歌」の西田訳)が、その碑銘として刻まれている。晩年に、「訪《と》ひ来れば法然院は冬さびて僧のつくなり入相の鐘」(別巻、一四九頁)と詠んでいた九鬼の心境に、これほどぴったりの歌はないであろう。二十三歳のときカトリックの洗礼を受けていた九鬼が、それにもかかわらず、母の出自の地でもあった京都の、法然ゆかりの仏庵に眠っていることは、かれの意に副《そ》わないことであったとは決して思えない。そこに、死してなお「影」に寄り添おうとした周造の深い愛を垣間見ることができるのではなかろうか。

二〇一二年九月、京都にて

小浜善信

九鬼周造年譜

一八八八(明治二十一)年

二月十五日、九鬼隆一の四男として東京市芝区芝公園十四号地十九番地に生まれる。父隆一は福沢諭吉に学び、文部省に仕官、駐米特命全権公使、帝室博物館総長、貴族院議員、枢密顧問官、議定官、古社寺保存会長等を歴任した。周造誕生当時は駐米公使であった。

一八九四(明治二十七)年　六歳

四月、東京高等師範学校附属小学校に入学。

一八九六(明治二十九)年　八歳

父隆一、男爵位を授かる。

一九〇〇(明治三十三)年　十二歳

四月、小学校卒業と同時に東京高等師範学校附属中学校に入学。中学一年から三年頃までは将来植物学者になるつもりでいたと九鬼自身の述懐がある。

一九〇五(明治三十八)年　十七歳

三月、中学校卒業。

九月、第一高等学校独法科に入学。

一九〇六(明治三十九)年　十八歳

七月、「歴史」の及第点がとれず落第。

天野貞祐、岩下壮一と親交を結ぶ。彼らとの友情は終生変わることがなかった。当時一高には落合太郎、児島喜久雄、辰野隆、谷崎潤一郎、和辻哲郎などがいた。

第一高等学校教授岩元禎より哲学の手解きを受け、文科に転科した。

一九〇九(明治四十二)年　二十一歳

七月、第一高等学校文科卒業。

九月、東京帝国大学文科大学哲学科に入学し、ケーベル博士に師事する。

一九一一(明治四十四)年　二十三歳

六月三日、東京神田聖フランシス・ザビエル教会において洗礼を受ける。洗礼名Franciscus Assisiensis Kuki Shūzō.

一九一二(明治四十五・大正元)年　二十四歳

七月、東京帝国大学卒業。卒業論文は「物心相互関係」に関するものであった。

九月、東京帝国大学大学院に入学。成績優秀により特選給費生となる。

一九一三(大正二)年　二十五歳

この年、大学院研究報告論文として執筆した〈Die geschichtliche Entwicklung des Problems von Glauben und Wissen im Mittelalter〉(「中世時代における信と知の問題の歴史的展開」)を提出。

一九一七(大正六)年　二十九歳

二月二十日、次兄一造死去。

一九一八(大正七)年　三十歳

一月二十三日、分家する。

四月十七日、次兄一造の未亡人九鬼縫子と結婚。

一九二一(大正十)年　三十三歳

七月、東京帝国大学大学院退学、文部省嘱託となる。

十月十七日、ヨーロッパ留学に妻縫子とともに出発する。日本郵船「賀茂丸」により、シンガポール、コロンボ、スエズ、マルセーユを経て十一月末ニースに到着。この後、暫くニースに滞在する。

一九二二(大正十一)年　三十四歳

十月からハイデルベルク大学に在籍。リッケルトの冬学期の講義〈Von Kant bis Nietzsche: Historische Einführung in die Probleme der Gegenwart〉(「カントからニーチェまで——現代の諸問題への歴史的入門」)に出席し、その傍ら、リッケルトの私宅講義として十一月十日からKant, Kritik der reinen Vernunft(「カント『純粋理性批判』」)をアカデミー版全集第三巻を用い、三二二頁より最終章まで学ぶ。また、オイゲン・ヘリゲルにEinführung in Kant's Transzendentalphilosophie〔「カントの超越論哲学入門」〕を学ぶ。

一九二三(大正十二)年　三十五歳

四月、スイスおよびドレスデン、ライプツィヒ、ワイマール、ミュンヘンなどの各地を旅行。五月にはハイデルベルクに戻り天野貞祐と会う。

リッケルトの夏学期の講義〈Einleitung in die Erkenntnistheorie und Metaphysik〉〔「認識論と形而上学序論」〕、〈Philosophie der Kunst〉〔「芸術の哲学」〕に出席。また、ゼミナールでは〈Übungen über den Begriff der Intuition〉〔演習「直観の概念について」〕に出席し、六月六日には三木清の発表〈Wahrheit und Gewissheit〉〔「真理と確実性」〕を聴講する。当時ハイデルベルクにいた日本人留学生は、天野、三木のほか、阿部次郎、大内兵衛、成瀬無極、羽仁五郎らであった。

八月から九月にかけては、アルプス山麓で植物採集と標本作りに毎日を過ごす。

十二月下旬、チューリヒに移る。

一九二四(大正十三)年　三十六歳

五月、スイス各地を旅行。それ以外の時期は、夏までチューリヒに滞在。

秋にパリに移る。

一九二五(大正十四)年　三十七歳

四月に短歌「巴里心景」を、また九月には、短歌「巴里小曲」を『明星』に発表(匿名S・K)。

十月、パリ大学文学部に在籍する。

十二月、詩篇「巴里の窓」を『明星』に発表(匿名S・K)。

一九二六(大正一五・昭和元)年　三十八歳

一月、詩篇「巴里心景」(匿名S・K)を、十月には詩篇「巴里の寝言」(匿名小森鹿三)を『明星』に発表。

十二月、「「いき」の本質」を書き上げる。

ジャン＝ポール・サルトルが九鬼の家庭教師をしたのはこの頃であったとされている。サルトルは、九鬼からハイデッガーの哲学についての話を聞いたという。甲南大学の九鬼周造文庫には、この二人の出会いの証として、「サルトル氏」と題されたノートが遺されている。なお、サルトルはハイデッガーを訪れた際、九鬼の紹介状を持って行ったといわれる。

一九二七(昭和二)年　三十九歳

三月十三日、四月三日の両日、『明星』に「押韻に就いて」を発送したが掲載されず。

四月、詩篇「破片」を『明星』に発表(匿名小森鹿三)。

四月末、フライブルク大学に移り、フッサール、オスカー・ベッカーから現象学の教えを受ける。フッサールの自宅において、ハイデッガーと会う。

十一月、マールブルク大学に在籍。ハイデッガーの冬学期の講義〈Phänomenologische Interpretation von Kants Kritik der reinen Vernunft〉〈「カントの『純粋理性批判』の現象学的解釈」〉を聴講。ゼミナールでは〈Übungen für Fortgeschrittene: Schellings Abhandlung über das Wesen der menschlichen Freiheit〉〈上級者向け演習「シェリングの論考『人間的自由の本質』について」〉に出席。

一九二八（昭和三）年　四十歳

ハイデッガーの夏学期の講義〈Logik (Leibniz)〉〈「論理学（ライプニッツ）」〉およびゼミナール〈Phänomenologische Übungen: Interpretation der „Physik" des Aristoteles〉〈現象学演習「アリストテレス『自然学』の解釈」〉に出席する。

ハイデッガーの著書"Unterwegs zur Sprache"〈『言葉への途上』〉には、この時期九鬼が夫人を連れてハイデッガー宅を訪れ、「いき」について語り合ったという記述がある。

六月、再びパリに移る。

八月十一、十七日にポンティニーにおいて講演〈La notion du temps et la reprise sur le temps en Orient〉〈「時間の観念と東洋における時間の反復」〉および〈L'expression de l'infini dans l'art japonais〉〈「日本芸術における「無限」の表現」〉を行なう。

"Propos sur le temps"〈『時間論』〉をパリのPhilippe Renouard社より刊行。

西田幾多郎の十二月二十一日付田辺元宛書簡には以下の記述がみられる。「九鬼君から仏蘭西で演説した Propos sur le temps といふ小冊子を送つて来ました。とにかく Bildung〔教養〕のある人の様です。かういふ人が講師として居てくれるもよいでせう」。

秋頃、パリのベルクソン宅を訪れる。先のパリ滞在時にも九鬼は一度ベルクソンに会っており、これは二度目の訪問であった。その際、同席した Les Nouvelles Littéraires 紙の主筆ルフェーヴルより「日本に於けるベルクソン」(Bergson au Japon)の執筆を依頼された(と「回想のアンリ・ベルクソン」では述べられているが、一九八一年八月二十八日付澤瀉久敬宛書信でアンリ・グゥイエ氏は、Les Nouvelles Littéraires のために Bergson au Japon を求めたのは自分であるといっている)。これは、十二月十五日付同紙のベルクソンのノーベル賞受賞記念号に掲載された。

十二月、ヨーロッパ留学を終えて、アメリカ経由で帰途につく。途中ワシントンに立ち寄った際にはポール・クローデルと会い、アランの美学について話をしたという。

一九二九(昭和四)年　四十一歳

一月二十九日、日本郵船「春洋丸」にて帰国。船中において「仏独哲学界の現状」ならびに「日本文化」の二篇を書き上げた。

三月十六日、東京大学山上会議所にて開かれた哲学会例会で、「時間の問題」と題する講演を行なう。

四月、京都帝国大学文学部哲学科講師に就任。これ以後、大学の休暇の際に東京の家族のもとに戻るほかは京都で生活することになる。

五月、「時間の問題」を『哲学雑誌』に発表。

七月、「カフェーとダンス」を執筆。

十月二十七日、大谷大学において「偶然性」と題する講演を行なう。留学時からの九鬼の偶然性に関する考察は、この講演によって初めてまとまったものとして示された。

この年度の講義は次の通りである。《特殊講義》現代仏蘭西哲学の主潮。《講読》Bergson, Essai sur les données immédiates de la conscience〔ベルクソン『意識の直接与件に関する試論』〕。

一九三〇(昭和五)年　四十二歳

一、二月、「「いき」の構造」を『思想』に発表。
三月二日、関西日仏学館において日仏文化協会主催により講演「仏蘭西哲学の特徴」(Caractères généraux de la philosophie française)を行なう。また、パリから与謝野夫妻宛に送られた「押韻に就いて」の一部が、この月、雑誌『冬柏』に掲載される(匿名小森鹿三)。

十一月、『「いき」の構造』を岩波書店より刊行。

同二十九日、京都哲学会において「形而上学的時間」と題する講演を行なう。

《特殊講義》偶然性　其他二、三の哲学問題。《講読》Boutroux, De la contingence des lois de la nature〔ブートルー『自然法則の偶然性』〕。

一九三一(昭和六)年　四十三歳

四月、「形而上学的時間」を『朝永博士還暦記念哲学論文集』(岩波書店)に発表。

八月十八日、父隆一死去。享年七十九歳。

十月、岩波講座『日本文学』に「日本詩の押韻〔B〕」を発表。

同十六、十七日、『大阪朝日新聞』に「日本詩の押韻〔A〕」を発表。

十一月二十日、母波津〔波津子〕死去。享年七十一歳。

《特殊講義》Heidegger の現象学的存在論。《講読》Leibniz, Discours de métaphysique; Monadologie, etc.〔ライプニッツ『形而上学叙説』、『単子論』など〕。

一九三二(昭和七)年　四十四歳

十一月九日、京都帝国大学に提出した学位論文「偶然性」により文学博士となる。また、この月、『雄弁』に「形式と実質」(後に「内容と形式」と改題)を発表。

《特殊講義》前学年の続き。《講読》Bergson, Matière et mémoire〔ベルクソン『物質と記憶』〕。

一九三三(昭和八)年　四十五歳

三月、京都帝国大学助教授となる。また、この月の末、「実存の哲学」を岩波講座『哲学』に発表。

《普通講義》文学概論。《特殊講義》仏蘭西現代哲学。《講読》Descartes, Méditations〔デカルト『省察』〕。

九鬼が「文学概論」を担当したのは、四月二十四日から翌昭和九年二月五日まで行なわれたこの年度の講義のみであるが、これは京都帝国大学文学部にこの年初めて開設された講座である。

一九三四(昭和九)年　四十六歳

六月二十三日から四日間にわたり、「夢を語る」を『東京朝日新聞』に発表。

七月十四日、幼少の頃を過ごした根岸の家を四十年ぶりに訪れ、随筆「根岸」を執筆。

十月、「我が人生観」を『理想』に発表。「或る夜の夢」を執筆。

《特殊講義》前学年の続き。《演習》Husserl, Méditations cartésiennes〔フッサール『デカルト的省察』〕。

一九三五(昭和十)年　四十七歳

二月、「自然科学乃至自然科学者に対して何を要求するか」を執筆。

三月、京都帝国大学教授となり、哲学哲学史第四講座を担当。

十月六日、『大阪朝日新聞』に「松茸」(後に「秋の味覚」と改題)を発表。

十二月、『偶然性の問題』を岩波書店より刊行。

《普通講義》近世哲学史。《特殊講義》現代仏蘭西の実証的形而上学(ベルクソンを主として)。

《演習》前学年の続き。

一九三六（昭和十一）年　四十八歳

二月、「偶然の諸相」を『改造』に、「藍碧の岸の思ひ出」を『文藝春秋』に発表。

五月三日と六日の両日、「外来語所感」を『東京朝日新聞』に発表。「村上氏の批評に答ふ」を十六、十七日の両日、同紙に発表。随筆「伝統と進取」が書かれたのもこの頃のことである。また、この月、奈良女子高等師範学校文科会において講演「文学の時間性」を行なう。

六月、「哲学私見」を『理想』に発表。

七月、「祇園の枝垂桜」を『瓶史』に発表。

八月、『スタイル』誌からのアンケートへの回答を執筆。「書斎漫筆」を『文藝春秋』に発表。

九月、『実業之世界』にアンケート回答「私に「力」を与へたものは何か」を発表。

十月、『歴史公論』にアンケート回答「如是我観太閤秀吉」を発表。また随筆「かれひの贈物」、「秋」を執筆。

十一月、九鬼の尽力により、ナチスに迫害されドイツを追われたカール・レーヴィットが東北帝国大学哲学科講師に着任。レーヴィットは、マールブルクでともにハイデッガーに学んで以来の九鬼の友人であった。

同二十五日、『龍谷大学新聞』に「日本的性格に就て」を発表。

十二月、「偶然の産んだ駄洒落」を執筆。また、"Propos sur le temps" の La notion du temps et la reprise sur le temps en Orient が、和久信章によって『禅学研究』に「東洋的時間について」という題で訳出される。

《普通講義》近世哲学史。《特殊講義》カント及びカント以後の哲学。《演習》Bergson, La pensée et le mouvant〔ベルクソン『思想と動くもの』〕。

一九三七(昭和十二)年　四十九歳

一月一日、『大阪朝日新聞』に「青海波」を発表。

一月二十三日、ラジオによる講演「偶然と運命」を午後六時二十五分から三十分間にわたって行なう。

二月、「日本的性格」を『思想』に発表。

三月十六日、下呂温泉を訪れ、「飛騨の大杉」を執筆。これは七月に『瓶史』に掲載。

四月、「風流に関する一考察」を『俳句研究』に発表。

五月、「山部赤人の秀歌」を『文学』に発表。また、この月二十六日、第三高等学校で講演「日本的性格について」を行なう。

六月ごろ、「京都」を執筆。

七月十五日から十七日にかけ「一高時代の旧友」を『東京朝日新聞』に発表。

八月、京都大学の夏期講習会において「現代哲学の動向」と題する講演を行なう。

十月、「時局の感想」を『文藝春秋』に発表。

十二月末、「ダンスホール禁止について」を執筆。

随筆「東京と京都」、「岡倉覚三氏の思出」が書かれたのもこの年のことである。

《普通講義》西洋近世哲学史。《特殊講義》前学年の続き。《演習》前学年の続き。

一九三八(昭和十三)年　五十歳

一月、『大阪朝日新聞』学芸部からのアンケートへの回答「美しき日本の着物を護れ」を執筆。

二月、「京の冬」と題する短歌六首を『文藝』に発表。

三月、「自分の苗字」を『文藝春秋』に、また、『巴里心景』から十三首を、「巴里にありし頃」と題して『新万葉集』巻三に発表。

四月、「芸術と生活との融合」を『短歌研究』に発表。

五月、「情緒の系図」を『中央公論』に発表。

十月、「人間学とは何か」を理想社『人間学講座』に発表。

十一月十九日、京都哲学会公開講演会で、「驚きの情と偶然性」と題する講演を行なう。

《普通講義》西洋近世哲学史。《特殊講義》十九世紀の哲学。《演習》Bergson, L'Évolution créatrice〔ベルクソン『創造的進化』〕。

一九三九(昭和十四)年　五十一歳

二月、「驚きの情と偶然性」を『哲学研究』に発表。

三月五日、ラジオ講演「偶然と驚き」を午後六時二十五分から三十分間にわたって行なう。

六月、「近世哲学の創始者」と題して創元社版『デカルト選集』推薦の辞を書く。

八月十五日、旧満洲国ならびに中華民国視察に出発。

九月、帰国。『人間と実存』を岩波書店より刊行。

十月、「故浜田総長の思出」を京都帝国大学文学部考古学教室刊行『浜田先生追悼録』に発表。

十二月二十九日、『大阪朝日新聞』に「二千六百年の前夜」を発表。

《普通講義》西洋近世哲学史。《特殊講義》現代哲学の動向。《演習》前学年の続き。

一九四〇(昭和十五)年　五十二歳

四月、長年住み慣れた南禅寺草川町から洛外山科に転居する。山科の新居は、数寄屋造りの住宅・植木から、日時計に至るまで九鬼自らの設計考案によるものであった。

十一月、「文学の形而上学」を『新文学論全集』(河出書房)第一巻に発表。

十二月三日、岩下壮一死去。享年五十一歳。

《普通講義》西洋近世哲学史。《特殊講義》現代哲学(前学年の続き)。《演習》前学年の続き。

なお、翌昭和十六年は、《普通講義》西洋近世哲学史。《特殊講義》独逸の新カント学派と仏蘭西の科学の哲学。《演習》前学年の続き、と発表されたが、実際には行なわれなかった。

一九四一(昭和十六)年　五十三歳

二月五日付『京都帝国大学新聞』に「ベルクソンの思ひ出」と題する談話が掲載される。

三月、「回想のアンリ・ベルクソン」を『理想』に発表。

四月、「岩下壮一君の思出」を『カトリック研究』に発表。

四月十日、腹膜炎と診断され京都府立医科大学附属病院に入院する。二十九日、短歌二首を成瀬無極に贈る。

五月六日、午後十一時五十分逝去。享年五十三歳。十一日、遺言により洛東鹿ケ谷法然院にて告別式。戒名の文恭院徹誉周達明心居士は京都大学での同僚小島祐馬の創意によるものである。

六月二十二日、法然院境内の墓に葬られる。墓碑は昭和二十年に完成したが、その銘「九鬼周造之墓」と側面のゲーテの詩の一句「見はるかす 山の頂 梢には 風も動かず 鳥も鳴かず まてしばし やがて汝も休はん」は西田幾多郎の絶筆である。

九月、『文芸論』が、児島喜久雄の装幀と中井正一の協力により、岩波書店より刊行される。

十月、遺稿集『をりにふれて(遠里丹婦麗天)』(児島喜久雄装幀)が岩波書店より刊行される。

一九四二(昭和十七)年

十一月、詩歌集『巴里心景』が、天野貞祐編集、児島喜久雄装幀・挿絵により甲鳥書林より刊行される。

一九四三(昭和十八)年

五月、遺言により蔵書の処理を依託された天野貞祐が、蔵書を甲南高等学校に寄託する。

一九四四(昭和十九)年

十一月、講義ノートに基づく『西洋近世哲学史稿』(上)が、天野貞祐編集により岩波書店より刊行される。

一九四八(昭和二十三)年

五月、『西洋近世哲学史稿』(下)が、岩波書店より刊行される。

一九五七(昭和三十二)年

六月、フランス哲学に関する諸講義のノートを澤瀉久敬が一冊に纏めた『現代フランス哲学講義』が岩波書店より刊行される。

一九六六(昭和四十一)年

三月、『偶然性の問題』の澤瀉久敬による仏訳“Le problème de la contingence”が東京大学出版会より刊行される。

一九七六(昭和五十一)年

二月十五日、『九鬼周造文庫目録』が甲南大学哲学研究室より刊行される。

一九八〇(昭和五十五)年

三月六日、天野貞祐死去。享年九十五歳。

十一月、『九鬼周造全集』(岩波書店)全十二巻の刊行開始。

一九八二(昭和五十七)年

三月、岩波版『九鬼周造全集』完結。

『九鬼周造全集』編者作成(『九鬼周造全集　別巻』より)。
〔　〕内は本書注解者による補足。

偶然性《ぐうぜんせい》の問題《もんだい》

2012年11月16日　第1刷発行
2025年10月24日　第7刷発行

著　者　九鬼《くき》 周造《しゅうぞう》

発行者　坂本政謙

発行所　株式会社 岩波書店
〒101-8002 東京都千代田区一ツ橋 2-5-5

案内 03-5210-4000　営業部 03-5210-4111
文庫編集部 03-5210-4051
https://www.iwanami.co.jp/

印刷・精興社　製本・中永製本

ISBN 978-4-00-331463-0　Printed in Japan

読書子に寄す

——岩波文庫発刊に際して——

岩波茂雄

真理は万人によって求められることを自ら欲し、芸術は万人によって愛されることを自ら望む。かつては民を愚昧ならしめるために学芸が最も狭き堂宇に閉鎖されたことがあった。今や知識と美とを特権階級の独占より奪い返すことはつねに進取的なる民衆の切実なる要求である。岩波文庫はこの要求に応じそれに励まされて生まれた。それは生命ある不朽の書を少数者の書斎と研究室とより解放して街頭にくまなく立たしめ民衆に伍せしめるであろう。近時大量生産予約出版の流行を見る。その広告宣伝の狂態はしばらくおくも、後代にのこすと誇称する全集がその編集に万全の用意をなしたるか。千古の典籍の翻訳企図に敬虔の態度を欠かざりしか。さらに分売を許さず読者を繫縛して数十冊を強うるがごとき、はたしてその揚言する学芸解放のゆえんなりや。吾人は天下の名士の声に和してこれを推挙するに躊躇するものである。このときにあたって、岩波書店は自己の責務のいよいよ重大なるを思い、従来の方針の徹底を期するため、すでに十数年以前より志して来た計画を慎重審議この際断然実行することにした。吾人は範をかのレクラム文庫にとり、古今東西にわたって文芸・哲学・社会科学・自然科学等種類のいかんを問わず、いやしくも万人の必読すべき真に古典的価値ある書をきわめて簡易なる形式において逐次刊行し、あらゆる人間に須要なる生活向上の資料、生活批判の原理を提供せんと欲する。この文庫は予約出版の方法を排したるがゆえに、読者は自己の欲する時に自己の欲する書物を各個に自由に選択することができる。携帯に便にして価格の低きを最主とするがゆえに、外観を顧みざるも内容に至っては厳選最も力を尽くし、従来の岩波出版物の特色をますます発揮せしめようとする。この計画たるや世間の一時の投機的なるものと異なり、永遠の事業として吾人は微力を傾倒し、あらゆる犠牲を忍んで今後永久に継続発展せしめ、もって文庫の使命を遺憾なく果たさしめることを期する。芸術を愛し知識を求むる士の自ら進んでこの挙に参加し、希望と忠言とを寄せられることは吾人の熱望するところである。その性質上経済的には最も困難多きこの事業にあえて当たらんとする吾人の志を諒として、その達成のため世の読書子とのうるわしき共同を期待する。

昭和二年七月

岩波文庫の最新刊

ラフカディオ・ハーン著／平井呈一訳
東の国から
―新しい日本における幻想と研究―

旅の途上、夢のあわいに浦島伝説の世界へと入りこんだような「夏の日の夢」他、〈詩人の直観と哲人の思索〉により近代日本の肖像を描く十一篇。（解説＝西成彦）
〔赤二四四-六〕 **定価一二七六円**

泉鏡花作
夜叉ケ池・天守物語

時代を越えて「今」もなお甦り続ける鏡花の傑作戯曲二篇を収録。文字を読みやすくし、新たな解説を加えた。（解説＝澁澤龍彥・吉田昌志）
〔緑二七-三〕 **定価五七二円**

プラトン著／岩田靖夫訳
パイドン
―魂の不死について―

刑死の当日、ソクラテスは弟子たちと「魂の不死」の探究に挑む。イデア論の可能性を切り開くプラトン哲学の代表的対話篇。改版。（解説＝岩田靖夫・篠澤和久）
〔青六〇二-二〕 **定価九三五円**

今月の重版再開

飯島虚心著／鈴木重三校注
葛飾北斎伝
定価一四三〇円
〔青五六二-一〕

A・ハミルトン、J・ジェイ、J・マディソン著／斎藤眞、中野勝郎訳
ザ・フェデラリスト
定価一二七六円
〔白二四-一〕